海外留学指南

（2018 年）

主　　编　文　祺　霍自祥

副 主 编　梁全义

编　　者　尚淑荣　张凤林　王　栋　赵雅明

张凤梅　李秀芳　屈金华　陶建文

赖经洪　刘　杨　涂爱华　韩华玉

齐　雅　陆占吉　李英平　朱　涛

安　然　毛智毅　刘　平　黄春霞

北京理工大学出版社
BEIJING INSTITUTE OF TECHNOLOGY PRESS

图书在版编目(CIP)数据

2018 年海外留学指南 / 文祺，霍自祥主编. —北京：北京理工大学出版社，2018.3

(高考报考指南系列丛书)

ISBN 978 – 7 – 5682 – 5423 – 6

Ⅰ. ①2… Ⅱ. ①文… ②霍… Ⅲ. ①留学教育 – 概况 – 世界 – 2018 Ⅳ. ①G649.1

中国版本图书馆 CIP 数据核字(2018)第 050960 号

出版发行 / 北京理工大学出版社有限责任公司

社　　址 / 北京市海淀区中关村南大街 5 号

邮　　编 / 100081

电　　话 / (010)68914775(总编室)

　　　　　(010)82562903(教材售后服务热线)

　　　　　(010)68948351(其他图书服务热线)

网　　址 / http://www.bitpress.com.cn

经　　销 / 全国各地新华书店

印　　刷 / 北京万友印刷有限公司

开　　本 / 787 毫米 × 1092 毫米　1/16

印　　张 / 19.5　　　　　　　　　　　　责任编辑 / 多海鹏

字　　数 / 403 千字　　　　　　　　　　文案编辑 / 多海鹏

版　　次 / 2018 年 3 月第 1 版　　2018 年 3 月第 1 次印刷　　责任校对 / 周瑞红

定　　价 / 48.00 元　　　　　　　　　　责任印制 / 边心超

图书出现印装质量问题，请拨打售后服务热线，本社负责调换

前言

QianYan

　　随着我国海外留学人员的迅速增加，留学热潮已展现出从精英到大众的特征。但是，有关海外留学知识的普及却远远不能满足留学者的迫切需求。许多欲申请海外留学者及家长对海外的教育制度、教育体系、学校教学质量知之甚少，只是盲目地追求世界名校和热门专业，不能根据欲留学者的自身条件选择合适的国家、院校和专业，往往既浪费了金钱，又耽误了时间。还有一些家长为了达到让子女尽快出国的目的，仓促地选择了一些非正规的海外院校，最终导致了孩子的学历、学位证书不能得到中国教育部门的认可。更有甚者，一些海外的非法教学机构与我国的极少数中介机构相互勾结，为了达到骗取钱财的目的，发放假学历和假学位证书坑害留学者，等等，不少学子损失惨重、苦不堪言。那么，如何才能顺利留学呢？

　　在此，建议学子们对心仪的国家、院校和专业，从以下几个方面进行全方位的综合分析：

　　第一，要详细了解目标国家的全球知名大学、留学优势、奖学金、留学打工和留学费用等，这是留学成功的前提；

　　第二，根据自身的条件和爱好选择适合自己的海外院校及专业，这是留学成功的关键因素；

　　第三，全面了解海外院校语言考试和入学考试的形式、特点和评分标准，以及如何办理留学申请和签证，这是留学成功的根本保障。

　　但是，到目前为止，市面上比较翔实地介绍上述留学方面知识的图书凤毛麟角，一些专家和学者还在不断地深入探索中。这是由于自费出国留学在我国起步相对较晚，虽然发展迅猛，但是从事该方向研究的人才较少，相应配套建设落后等，造成该方面的理论研究滞后。

　　基于此,为了让那些准备踏出国门的学子能够对未来的生活有一个良好的认知和预期,能够从物质和心理上提前做好准备,去迎接不一样的人生考验,我们组织了有关专家和学者编撰了本书,**按留学国家(美国、英国、澳大利亚、韩国、日本、加拿大和新加坡等二十多个留学热门国家)分篇通俗易懂地介绍了怎样选择留学国家、院校和专业;留学资金的准备和护照办理;各国的全球知名大学;留学优势;奖学金的申请;留学打工注意事项;留学费用;语言考试和入学考试;留学申请和签证;出国行前准备及入境禁忌等内容。**

　　本书适合高中学生、普通高校学生,以及学生家长和有志出国深造的广大社会人士阅读。

　　本书在编写过程中,得到了海外留学相关部门的领导、专家和学者的大力支持,在此深表谢意!

　　由于时间仓促,编者水平有限,再加上本书涉及面较广,如有疏漏之处,请广大读者批评指正!

　　(特别声明:本书提供的所有信息仅供参考,不承担留学过程中纠纷连带责任。)

高考报考指南系列丛书编委会
2018 年 1 月于北京

目录 Contents

怎样选择留学国家、院校和专业

成功留学青年学者友情提示 ……………………………………………… 1
选择留学国家要考虑教育水平和自身经济能力 ………………………… 3
选择留学院校,要全方位求证院校实力和认可度 ……………………… 5
选择留学专业要适合自己的天赋和未来职业规划 ……………………… 11

怎样准备留学资金和办理护照

留学资金准备:严格按签证官的"霸王条款"办理 …………………… 19
护照:凭借录取通知书、邀请函和存款单申办 ………………………… 30
护照的延期、换发及补发:要及时申请办理 …………………………… 31
护照的变更和保管:做好备份,分开存放 ……………………………… 32

美国:众多学子梦寐以求的留学胜地

美国有哪些全球知名大学 ………………………………………………… 36
美国留学优势:国际性的教育环境 ……………………………………… 38
美国奖学金:多如牛毛,几百美元至十几万美元不等 ………………… 41
留学打工:可以合法兼职打工 …………………………………………… 51
留学美国的费用:与美国的教育质量成正比 …………………………… 53
托福考试:100多个国家认可的英语水平考试 ………………………… 53
美国院校入学考试:SAT、ACT 考试 …………………………………… 60
研究生入学考试:GRE、GMAT 考试 …………………………………… 62

法学院和医学院入学考试:LSAT、MCAT 考试 ………………… 68

美国留学申请条件和签证技巧 ……………………………… 71

出国行前准备及入境禁忌早知道 ……………………………… 82

英国:纯正英语是你通往成功的必要桥梁

英国有哪些全球知名大学 ……………………………………… 91

英国留学优势:教育质量高,享受免费医疗 ………………… 93

英国奖学金:研究生比本科容易获得奖学金 ………………… 93

英国留学打工:允许打工,可以依法维权 …………………… 99

留学英国的费用:不同地区费用差别很大 …………………… 100

雅思考试:国际英语水平测试 ………………………………… 100

英国留学申请条件和签证技巧 ………………………………… 106

出国行前准备及入境禁忌早知道 ……………………………… 113

澳大利亚:南半球的教育航母

澳大利亚有哪些全球知名大学 ………………………………… 118

澳大利亚留学优势:教育水平高,学费生活费低 …………… 119

澳大利亚奖学金:主要取决于学业成绩优秀 ………………… 120

澳大利亚留学打工:家庭成员也可以合法打工 ……………… 120

留学澳大利亚的费用:除了学费还有额外收费 ……………… 121

澳大利亚留学申请条件和签证技巧 …………………………… 121

出国行前准备及入境禁忌早知道 ……………………………… 122

韩国:实现理想,通向成功的捷径

韩国有哪些全球知名大学 ……………………………………… 126

韩国留学优势:专业课程领先,就业前景广阔 ……………… 127

韩国奖学金:多数大学设立留学生奖学金 …………………… 128

韩国留学打工:就读期间可以合法打工 ……………………… 128

留学韩国的费用:大学学费居世界前列 ……………………… 128

韩语能力考试:TOPIK 考试 ……………………………… 129

韩国留学申请条件和签证技巧 ………………………… 131

日本:大学学科几乎涵盖所有的学术领域

日本有哪些全球知名大学 ………………………………… 134

日本留学优势:就业发展空间大 ………………………… 135

日本奖学金:要通过审查笔试面试关获得 ……………… 135

日本留学打工:打工机会多,时间灵活 ………………… 136

留学日本的费用:费用相对较高,学费次年递减 ……… 136

日语水平考试:JLPT(日语能力测试) ………………… 137

日本留学申请条件和签证技巧 ………………………… 139

出国行前准备及入境禁忌早知道 ……………………… 142

加拿大:世界上最适合人类生活的地方

加拿大有哪些全球知名大学 …………………………… 147

加拿大留学优势:教学质量高,容易就业移民 ………… 148

加拿大奖学金:硕士、博士研究生获奖机会多 ………… 149

加拿大留学打工:工作签证通过可以打工 ……………… 150

留学加拿大的费用:修的学分越多学费就越多 ………… 150

加拿大留学申请条件和签证技巧 ……………………… 151

出国行前准备及入境禁忌早知道 ……………………… 155

新加坡:美丽的海滨之国,岛上花园遍布

新加坡有哪些顶尖大学 ………………………………… 158

新加坡留学优势:华人占80%,不存在种族歧视 ……… 159

新加坡奖学金:基本上都能申请到奖学金 ……………… 159

新加坡留学打工:通过申请工作准证才能打工 ………… 160

留学新加坡的费用:费用低廉,适宜工薪阶层家庭 …… 160

新加坡留学申请条件和签证技巧 ……………………… 160

出国行前准备及入境禁忌早知道 ………………………………… 163

新西兰：最不缺少的就是草地和蓝天

新西兰有哪些全球知名大学 ………………………………… 166

新西兰留学优势：享受完美教育和优惠移民 …………………… 167

新西兰奖学金：留学各阶段都有奖学金 ………………………… 167

新西兰留学打工：用人单位注重学习成绩 ……………………… 168

留学新西兰的费用：比其他英联邦国家费用低廉 ……………… 168

新西兰留学申请条件和签证技巧 ………………………………… 169

出国行前准备及入境禁忌早知道 ………………………………… 173

法国：学生融入职业环境的深度领先发达国家

法国有哪些全球知名大学 ………………………………… 178

法国留学优势：拥有丰富的高等教育资源 ……………………… 179

法国留学打工：获得法国当局许可可以打工 …………………… 181

留学法国的费用：第一年费用较高 ……………………………… 182

法语水平考试：TCF、TEF、DELF 和 DALF 考试 ……………… 183

法国留学申请条件和签证技巧 …………………………………… 188

出国行前准备及入境禁忌早知道 ………………………………… 194

俄罗斯：航空航天和军事尖端技术世界一流

俄罗斯有哪些全球知名大学 ………………………………… 196

俄罗斯留学优势：世界著名学府众多 …………………………… 197

俄罗斯奖学金：奖项多，发放的规定也多 ……………………… 198

俄罗斯留学打工：打工要带上各种证件 ………………………… 199

留学俄罗斯的费用：中国一般家庭都可以接受 ………………… 199

俄罗斯留学申请条件和签证技巧 ………………………………… 200

荷兰：经济上的巨人和花园式的国家

荷兰有哪些全球知名大学 ………………………………… 204

荷兰留学优势：全英文授课，专升本方便 ……………………… 205

荷兰奖学金:种类较多,适合中国学生 …………………………… 207

荷兰留学打工:毕业前可以合法打工 …………………………… 208

留学荷兰的费用:学习费用低于其他欧美国家 ………………… 208

荷兰留学申请条件和签证技巧 …………………………………… 208

出国行前准备及入境禁忌早知道 ………………………………… 211

德国:现代教育的发源地之一

德国有哪些全球知名大学 ………………………………………… 213

德国留学优势:部分高校无须考试免费就读 …………………… 214

德国奖学金:禁止一人同时拥有两份奖学金 …………………… 215

德国留学打工:德语水平好容易找到工作 ……………………… 216

留学德国的费用:公立大学一般不收学费 ……………………… 217

德语水平考试:德福和 DSH 考试 ……………………………… 218

德国留学申请条件和签证技巧 …………………………………… 222

出国行前准备及入境禁忌早知道 ………………………………… 225

爱尔兰:因经济发达而赢得"欧洲小虎"美誉

爱尔兰有哪些全球知名大学 ……………………………………… 228

爱尔兰留学优势:教育体制严谨,文凭世界认可 ……………… 229

爱尔兰奖学金:成绩优秀将会获得高额奖学金 ………………… 230

爱尔兰留学打工:多数费用可通过打工解决 …………………… 231

留学爱尔兰的费用:低于英美发达国家 ………………………… 232

爱尔兰留学申请条件和签证技巧 ………………………………… 232

出国行前准备及入境禁忌早知道 ………………………………… 236

西班牙:留学生与本国学生享受同等待遇

西班牙有哪些全球知名大学 ……………………………………… 240

西班牙留学优势:教育水准世界一流,签证快 ………………… 241

西班牙奖学金:进修奖学金和艺术类奖学金 …………………… 241

留学西班牙的费用:在欧洲属于比较低的 ……………………… 242

西班牙语水平考试:DELE 考试,终生有效 …………………… 243

西班牙留学申请条件和签证技巧 ………………………………… 245

出国行前准备及入境禁忌早知道 ·············· 247

意大利：在西方最早发展高等教育设立大学的国家

意大利有哪些全球知名大学 ················· 249

意大利留学优势：学历世界公认，可技术移民 ······· 250

意大利奖学金：申请条件比较严格 ············· 251

意大利留学打工：学习成绩达到规定可以打工 ······ 252

留学意大利的费用：公立大学免收学费 ·········· 252

意大利语水平考试：PLIDA、CILS、CELI 和 IT 考试 ···· 253

意大利留学申请条件和签证技巧 ·············· 255

出国行前准备及入境禁忌早知道 ·············· 258

马来西亚：高校毕业生颁发英美等国著名大学证书

马来西亚有哪些全球知名大学 ··············· 261

马来西亚留学优势：卓越的教育规划及质量 ········ 262

马来西亚奖学金：主要依据学业成绩获得 ········· 263

马来西亚留学打工：移民局批准后可以打工 ········ 263

留学马来西亚的费用：每年 7 万马币左右 ········· 264

马来西亚留学申请条件和签证注意事项 ·········· 264

马来西亚入境禁忌早知道 ·················· 266

乌克兰：原苏联科技、文化和教育中心

乌克兰有哪些全球知名大学 ················· 269

乌克兰留学优势：科教水平一流，就业前景好 ······· 270

乌克兰奖学金：申请资格以理工科为主 ·········· 271

乌克兰留学打工：不鼓励留学生课余时间打工 ······ 271

留学乌克兰的费用：相当于就读国内大学费用 ······ 271

乌克兰留学申请条件和签证技巧 ·············· 272

出国行前准备及入境禁忌早知道 ·············· 273

波兰:600 年前就开始接收欧洲留学生

波兰有哪些全球知名大学 ……………………………………………… 275

波兰留学优势:就业率高,转道欧盟捷径 ……………………………… 276

波兰奖学金:只有足够优秀,才能获得奖学金 ………………………… 277

波兰留学打工:几乎不可以打工,收入很低 …………………………… 277

留学波兰的费用:花费远低于欧盟其他国家 …………………………… 277

波兰留学申请条件和签证技巧 ………………………………………… 278

出国行前准备及入境禁忌早知道 ……………………………………… 279

奥地利:教育科研发达,留学费用较低

奥地利有哪些全球知名大学 …………………………………………… 281

奥地利留学优势:留学性价比高 ……………………………………… 282

奥地利奖学金:种类、名目繁多 ………………………………………… 283

奥地利留学打工:寒暑假期可以打工 ………………………………… 284

留学奥地利的费用:支出较少,主要是生活费 ………………………… 284

奥地利留学申请条件和签证技巧 ……………………………………… 285

出国行前准备及入境禁忌早知道 ……………………………………… 287

希腊:大学多为英美高校的分校

希腊有哪些全球知名大学 ……………………………………………… 290

希腊留学优势:学校含金量高,入学条件宽松 ………………………… 291

希腊奖学金:申请比较严格,不易获得批准 …………………………… 291

希腊留学打工:有学生居留证、税卡即可打工 ………………………… 291

留学希腊的费用:不到英美等国的一半费用 …………………………… 292

希腊留学申请条件和签证技巧 ………………………………………… 292

出国行前准备及入境禁忌早知道 ……………………………………… 294

匈牙利:教学水平与美国、欧盟名校相近

匈牙利有哪些全球知名大学 …………………………………………… 296

匈牙利留学优势:有机会获取英美学历和移民 …………………………… 297

匈牙利奖学金:自费留学生很难获得奖学金 …………………………… 297

匈牙利留学打工:只能以实习方式打工 ………………………………… 298

留学匈牙利的费用:比其他欧盟国家要经济划算 …………………… 298

匈牙利留学申请条件和签证技巧 ………………………………………… 298

出国行前准备及入境禁忌早知道 ………………………………………… 300

怎样选择留学国家、院校和专业

 成功留学青年学者友情提示

青年学者 A 出国留学前一年"憋足了气",一口气申请了五所美国常青藤大学,结果两所院校向她伸出了橄榄枝,并且提供了全额奖学金,由于她留学规划做得比较充分,第二年顺利出国留学,经过五年的刻苦攻读,取得优异成绩。随后进入美国高盛投资银行工作,之后是扶摇直上,不久晋升为银行高管。她认为要想成功留学,必须注意以下几个方面:

 确定最佳留学申请策略,做好充分的海外留学准备

一般情况下,出国留学深造有以下三个途径可供选择:

一是公派留学;

二是获得国外大学的资助留学;

三是先被国外大学录取,然后自筹费用,或者出国后边学习边打工挣学费、生活费。

选择海外留学,路子很宽,选择也很多。一旦有决心出国留学深造,就要有一个切实可行的留学规划,定好目标并朝着目标稳步前进。

随着中外交流的加深,全球化的浪潮日益高涨,中国的教育事业日益与世界接轨。很多高中生很早就走出去参加暑假课程,参与各项国际比赛,并取得了优秀成绩,成为小有名气的"学霸"。他们走出去参加暑假课程,参与国际比赛活动及获取的奖项也为进一步申请海外大学创造了有利条件。

(1)对于"学霸"、尖子生而言,可以直接申请海外的顶级大学,并力图得到学校的全额奖学金。

（2）对于成绩比较好，算不上"学霸"的学生，如从中学申请读大学，多数会以自费留学为主。对他们来说，可选择学科齐全、信誉好的公立大学，这些大学学费比较合理，教育质量也比较可靠。

（3）对于在国内学业不够好，但家庭经济条件较好者，父母希望把孩子送到国外"镀金"，建议还是要谨慎些，一是不要被所谓的"野鸡大学"所骗，需选择实实在在办学而不是以挣钱为主要目的的学校；二是家长要管好自己的孩子，不要以为花大价钱就能把孩子培养成才。

（4）对于那些在国内读完大学，准备到国外读硕士或博士的青年学生来说，以下几个关键要素要尽早思考准备：

大学成绩、社会活动、托福和 GRE 成绩、教授推荐信、个人兴趣、对学业和生涯发展方向的陈述。

这些材料不容小觑，它们是你取得奖学金或资助的"法宝"，尤其是申请理工科专业的学生。因为国外大学，尤其是比较好的大学，多数研究生导师手里都握着可观的科研基金，他们乐于接受有学术前途而且能够助其一臂之力的青年学子。

（5）对于大学毕业生，并已在国内读研或工作几年的青年学者，因为有工作经历，也有了一些研究成果，最佳的留学方案是寻找合适、对口专业的一流大学，力争得到他们赞助。因为一流大学的研究基金一般会较多，为新研究生提供赞助的机会也较多。

海外的大学总的来说自由思潮开放，相比之下，一些公立大学比私立大学条条框框多些，而私立大学比较开放，那里可谓是自由派的天下。申请大学时，一旦强势的教授满意和推荐，研究生院连研究生入学的标准考试成绩都不需要看就同意录取，这样的情况也时有发生，这确实是一条大学申请捷径，虽然不鼓励大家都走"捷径"，尽量走常规程序，但"捷径"的确存在，前提是你必须优秀，具有足够的实力。

尽快适应学习环境，努力学习，力求开局良好

获得大学录取通知书之后，不但要做好充分的海外留学准备，还要培养坚强的意志，勇于接受锤炼，专心致志学习，尽力做到名副其实。

留学生活是从一种亦苦亦累的状况开始，由于重任在身，故任何困难都必须克服，任何辛酸苦辣都是不足一提的。直到你修得正果，回头看，艰苦的留学经历其实是你人生一种丰富的体验，会成为一生中鼓励自己积极向上的持续动力。

留学生活，除了刚到国外短期内一时的不适应，一段时间后就慢慢习以为常。国外博士教程十分严格，博士研究生除了做选题研究、写博士论文外，还必须学完一系列规定的课程，获得足够学分才能毕业，而不是单纯做博士选题研究。硕士生依校而定，有的需要写论文，有的达到学分规定即可毕业。

那一年，A 虽然是一名优秀留学生，但在上第一节课时，竟然傻眼了。她感觉教授

讲课如同在讲"天书",专业内容一点也听不懂,参考书章节又很多,很难抓住重点。她只好硬拼了,下定决心,开局不能失利,测试成绩决不能拿个 C 或 D。她硬着头皮一页一页地钻研教科书,比其他同学付出更多的努力,使出"洪荒"的劲儿,测试时终于获得一个 B。这个不错的成绩,其实是她在该大学三年里取得的唯一一个 B,其他科目都在A－以上。

要以优良的学习成绩取得学位,最重要的是要专心致志投入学业。国外院校的图书馆,一般是 24 小时开放,不论是白天还是黑夜,图书馆里总有伏案埋头苦读的学生。一般理科生读博,还要帮助教授管理实验室,经常是半夜三更都要到实验室值班,检查设备和实验结果,周末、假日照常工作。

 ## 不仅学习成绩要好,还要培养优良的学风和专业道德

国外大学,有些老教授会亲自带上学生到图书馆,手把手教学生如何利用那一本本厚厚的索引查阅参考文献,并要求对自己文章的每一个论点都要认真交代,如果是引用前人的,一定要注明出处,列入参考文献。科研成果是谁的就是谁的,不能有半点剽窃行为。国外导师在这一点上做得特别好,学生做的研究成果,如果能够发表,导师真正有参与才会署名,不会把名字放在研究生的前面,尽管研究成果是在教授的资助和指导下完成的,也不会和学生争名夺利。

 ## 做人、做事要靠谱,要具有强烈的责任心

留学生 A 在给教授当助教期间,发生了一件令她至今难忘的事。那一天下了大雪,她的车子被雪覆盖了,清理积雪花了很长时间,结果上课时迟到了,十分尴尬。下课后教授严厉地批评了她,之后她向教授做了诚恳解释,由于清理积雪花费太多时间,教授虽然表示原谅了,但她内心一直纠结、自责,清理积雪耽误时间是真的,但是天气不好,她没有做好充分准备,这也是真的。从此,她在当助教或上课时再也没有迟到过。

做人、做事,必须靠普,要有责任心,才能得到别人的信任,才能有好朋友。在留学生涯中,才能让你的导师、同学觉得你值得信赖,他们才会乐意培养你、帮助你。

海外留学生涯,是人生一段难忘、珍贵的经历。正在国外留学或正在考虑海外留学的青年学子们,要好好把握这段美好的岁月,真正做到学有所成、学有所用;要让自己智商、情商和体商全面发展,无愧于社会,无愧于父母,无愧于人生,无愧于自己宝贵的青春。

 # 选择留学国家要考虑教育水平和自身经济能力

海外留学对于个人和家庭来说是一项耗时、耗资的大事,也是人生道路上的一次重

大选择。因此,准备留学的学生和家长必须认真思考即将面临的种种困难和考验,以便合理地策划留学方案。海外留学目的国的选择,最重要的考虑因素是该国的教育水平和自身的经济能力。另外,出于全面考虑,还应了解留学国家的地理位置、经济水平、历史文化、气候环境和对留学生的优惠政策等。

如何根据自己的实际情况来选择合适的留学国家呢?部分学生和家长存在以下几个方面的认识误区:

(1)海外留学,必须去美国。除了美国,其他国家都不考虑。美国是个留学的好地方,但是美国对留学签证要求非常高,通常只有获得全额奖学金的人员才有把握获得签证。因此,到美国留学要考虑能否顺利获得签证。

(2)选择有亲戚朋友关系的国家留学。在海外,亲戚朋友的关系不像国内那么亲密,大家都为自己的事情忙忙碌碌。由于家长对海外亲戚抱有很大的期望,孩子出国后并不能如愿,最后也往往影响了亲戚关系。出国留学的目的,一是接受国外的优质教育,二是锻炼和培养自己的独立生存能力。在国外没有亲戚朋友的帮助,从某种意义上讲更能锻炼自己。

(3)一定要进入世界名牌大学学习。事实上,世界名牌大学招收名额非常有限,而提出申请的人却多如牛毛,如果不是出类拔萃的学生是很难迈入名牌大学的,所以对大多数学生来说,申请名牌大学并不是最佳选择。有些家长非常迷信国外大学的排行榜。事实上,西方国家的正规大学,他们的教学水准都相当高,并且对大学的教育质量控制得相当严格,西方国家的权威机构很少对大学进行排名,只有一些民间杂志和报纸根据他们自己的标准主观地进行排名。

那么,如何才能比较合理地选择留学国家呢?我们建议如下:

(1)家庭经济条件优越,首选教育发达国家。高中生处于即将成年但还未成熟的阶段,往往缺乏必要的自理能力和独立生存能力。学生初到一个完全陌生的环境,离开父母的悉心照料,生活自理就成了一个比较突出的问题。如果家庭条件允许,高中生留学最好选择那些成熟的留学国家,比如美国、英国、澳大利亚和加拿大等。

(2)家庭经济条件不宽裕,考虑新兴留学国家。那些刚刚打开国门接受国际生留学的国家,比如意大利和阿根廷等,这些国家的教育水平也很高,生活费用相对发达国家也低廉许多。这些新兴留学国家因为对国际生刚开放不久,考虑到树立整体国家教育形象,往往会提供最好的教育,在收费上也会采取国民待遇,甚至有些国家会采取减免一些学费政策来吸引国际生源。

(3)选择英语语种国家,可以考虑美国、英国、澳大利亚、加拿大和新西兰等,其中澳大利亚和新西兰是现在比较热门的移民国家。

(4)选择非英语国家用英语授课的国家,可以考虑荷兰等国家。

(5)选择非英语国家用当地语言授课的国家,可以考虑法国、德国和日本等国家。

选择留学国家是留学成功的重要条件之一,留学者要慎重考虑,切忌草率行事、人云亦云,否则有可能给自己造成时间、金钱和精力上的不必要损失。总之,选择留学目的国,不仅要考虑该国的教育水平,还要结合自身的经济能力。

选择留学院校,要全方位求证院校实力和认可度

院校选择概述

海外留学,在选择留学院校时,要全方位求证院校的实力和认可度,并且要坚持适合原则。

那么如何全方位求证院校的实力?

在确定专业的前提下,可以参考某所大学在该专业领域的学术声誉、研究成果、师资水平、院系规模、录取难易、毕业生就业率、就业底薪及地理位置等一系列的数据指标,做横向与纵向的比较,再选择适合的院校。

在选择院校时,可以按照以下几个方面进行综合考虑:

(1)院校提供的课程是否被相关机构所认证。

(2)院校类型。

①公立或私立学校。

②专业院校或综合性院校。

(3)院校规模:

①在校学生人数和每个班级的学生人数。

②院校图书馆、实验室、体育及娱乐场馆等设施。

③教职员工与学生的比例。

④校区规模。

(4)院校地理位置:

①城市的生活指数。一般大城市的生活费用会比小城市高,主要反映在房租上。

②城市的气候条件,是冬暖夏凉还是四季分明。

③城市的人口及中国学生的人数等。有些人喜欢中国人较多的城市,因为容易相处、照应方便;而有些人则选择中国人较少的城市,认为有助于融入当地的社会生活。

选择有名气的国际大都市留学,能够感受到繁华和浓重的商业气息,还能拥有较多的打工机会。但是竞争激烈,留学时获取奖学金的概率相对较小,并且物价高、人情冷漠也是个不争的事实。在国外一些经济发达的国家,城乡之间的差异较小,一些中小城市同样能够提供便利的学习及生活条件。

（5）院校的住宿：

①院校提供哪些住宿条件，是学校学生公寓还是家庭寄宿。

②学校如果不能提供学生公寓，是否能够方便地找到其他住所，院校在此方面是否给予帮助。

③若在校外住宿，从住所到学校教学楼的交通是否方便、需要多长时间。

（6）院校的福利及服务：

①院校有哪些福利及专为学生提供的服务。

②院校是否提供新生入学准备会。

③院校是否有学生就业指导中心。

（7）院校的外语辅导课程：

①院校是否提供外语学习辅导课程。

②院校有哪些类型的外语学习辅导课程。

③课时长短及费用。

（8）国际学生服务：

①院校有哪些设施及服务专为国际学生提供，如新生接机等。

②校内是否有国际学生社团。

③国际学生的比例。

（9）校园生活：学校提供哪些课外活动。

选择留学院校，还要求证该院校是否是中国教育部门承认学历的院校，这一点非常重要。

中国教育部门认可的国外院校名单，可以从教育部涉外教育监管网和教育部中国留学网查询核对。另外，还可以通过多家留学机构就同一个问题进行咨询求证。

对于中国学生来说，在选择海外院校时，不要太在意院校的排名，即使一些权威机构的排名也有很大的局限性，只能作为参考，不能单凭排名作为衡量院校教育质量的标准。

留学院校虽然可以选择几所、十几所，理论上可以选择几十所，但是在书面申请时最好控制在几所到十几所范围内，因为到真正就读时，适合自己的也就是其中的一所。这也就是人们常说的"哈佛、耶鲁虽好，但并非人人适合"。

总之，在选择留学院校时，即使院校名称再大气，也要务必全方位求证院校的实力和认可度。

 ## 院校申请材料及准备

▶▶▶▶ **院校申请须知**

1. 录取委员会

海外院校每个院系都有自己的录取委员会，他们主要负责决定是否录取申请者，即使材料开始是寄到研究生院,也会很快地转到所申请的院系。一般研究生院的录取委员会主要由教授组成,这就是为什么联系某些教授有时会有非常大的作用,因为很有可能这些教授就掌握着录取的大权。还有某些研究生院采取投票制度,即所有评委一起投票,差额选举,决定最终的申请人。

2. 院系秘书

学院基本上都有一个重要的行政调度者——院系秘书,他(她)通晓申请过程中的绝大多数细节,并能够积极地回答各种问题,帮助申请者解决问题,他(她)通常被称为秘书,或者是协调员,他(她)甚至可以对申请者提出建议,并帮助申请者评估竞争力。虽然这个(些)人并没有最后的决定权,但是他(她)却对是否录取有着很大的影响力。

如果申请者对申请程序有任何问题或者疑问,可以发信或者打电话联系这个(些)人,而不是直接联系系主任之类的重量级人物。

3. 截止日期

各学校的申请截止日期不同,时间一般从当年12月跨越至次年2月。建议大家将这样的重要信息认真统计起来,随时检索,建议先联系截止日期比较早的学校。

4. 申请费

大多数学校对申请费的要求是非常严格的,但也不排除一些对申请费采取灵活缴费方式的学校。建议将所有学校的申请费及要求列表统计,以便于自己统一到银行办理汇票或是网上支付。

5. 考试分数

一般所需要提交的标准化考试包含 IELTS/TOEFL、GRE、GRE SUB(部分学校和学科要求、部分学校和学科强烈建议)。值得一提的是,这些考试成绩很重要,但不是决定性的,国外院校最看重的是申请人的学术能力。通常,标准化考试只是起到一个敲门砖的作用。国外院校录取学生是一个综合评审的结果,因此,即使某一方面有欠缺,也可以通过其他方面的优势来弥补。

6. 推荐信

推荐信从字面上不难理解,就是找到了解你的人(通常是教授等与学术方面相关的人)来推荐自己。推荐信是使校方能从客观了解申请者的学术能力、背景及各方面的途径,因此经常会起到很大的作用,特别是你所申请学科领域中的专家级人物的推荐信。写推荐信要避免空泛的评论,尽量多写些具体的事例和内容。推荐人(通常是3个)也要根据不同角度仔细挑选,以体现自己全面发展的优势。

7. 个人陈述

个人陈述是自我推荐的重要一环,一定要注意两点:一是扬长避短,努力把自己最优秀的方面展示出来;二是推荐信的内容实质要远远重于文采,如果申请者不能正确地认识到这一点,将会浪费许多时间和精力。

8. 面试

有些学校或院系会要求面试申请者,面试通常分为电话和面谈两种,主要是教授考察一下申请者的材料是否属实,以及口语、专业知识、沟通交流等方面是否符合要求。

9. 未成文的申请

申请人与教授之间的书信来往及相互之间的印象都是录取的因素之一,所以,申请的很大一部分并非都是书面的。

▶▶▶ 申请材料的准备

虽然申请材料的准备十分烦琐,但也不得有丝毫马虎。整套申请材料包括:填写完整的入学申请表;各种奖学金资助申请表;财产证明表;TOEFL 等必要考试成绩复印件(同时要求国外考试中心寄送成绩);2～3 封教授推荐信;学习成绩单(中英文各 1 份);个人简历;学习计划;学历证明及国外院校要求的其他文件。

在准备申请材料时应认真对待,一封知名教授的推荐信或者一份制订详尽、切实可行的学习计划通常会在申请奖学金资助上起到决定性作用。

 ## 院校申请

▶▶▶ 严守申请材料提交时间

院校一般都有自己的申请截止日期,申请人可以通过网站或是电话确定最后期限,保证学校在其截止日期之前能够收到申请文件。

▶▶▶ 申请材料格式标准化

国外一些院校要求申请人必须填写"统一申请表格",申请人则一定要遵守这个规定。如果没有按照规定要求,申请材料就不合格,因为没有人会花时间去审阅不合格的申请材料。如果申请者不知道所申请的院校是否要求填写统一申请表,最好通过电子邮件等形式与院校进行核实;如联络不畅,建议学生在申请时,可以同时填写一份统一申请表格及一份普通申请表格。

▶▶▶ 及时缴纳申请费

在以往的申请中,忘记缴纳申请费用的例子屡见不鲜,但没有院校会主动提醒申请者补交,自然就错过了成功申请的机会。另外,千万不要在申请材料中夹带现金,因为学校没有人负责收取现金。一般在提交申请材料时,最好以汇款或是提供信用卡卡号的形式及时缴纳申请费用。

▶▶▶ 提交原始的官方成绩单

官方成绩单指的是申请者的成绩单最好加盖院校的公章,而且是学生档案中的原始

中文格式的成绩单。仅提供一种语言的成绩单是不够的,申请材料中一定还要附加一份英文格式的对照成绩单,最好同样加盖院校的公章。

▶▶▶ 亲自动手写自荐信

作为国外院校的招生官员,他们希望所有申请者都能自己撰写申请自荐信,不希望专业机构或他人代写。因为自荐信是招生官员判断申请者英文水平的重要依据之一,并且在自荐信中,一定要说明为什么要申请这个院校、计划如何完成学业及有哪些能力支持申请者完成自己的学习计划。一定要向招生官员表明,选择他们的学校是基于对该校有一定的了解,并且该院校及某个专业非常适合申请者的特性与发展。

▶▶▶ 材料不要寄错地址

海外部分大学的招生官员曾经说过:"在以往的申请中,经常有人将其他院校的申请材料寄给了我们,这很不好。碰到这样的事情,我们唯一的做法就是放弃你。"所以申请者一定要避免发生此类情况。

▶▶▶ 保持一定的联系频率

如果申请者的申请提交了很长时间仍没有反馈信息,可以通过电子邮件询问。国外院校一般欢迎学生咨询,但也不要天天追问。给申请院校发送电子邮件也是让申请院校从另一个侧面了解申请者英文水平的机会,有助于申请者获得录取通知书。

▶▶▶ 申请者与院校直接核实

虽然语言考试成绩和其他条件都比较满意,但一些院校明确表示需要有条件录取,此时最好亲自与院校确认一下,而不要盲目听从一些留学中介的说法,尤其是那些资质不清的中介。

总之,选择国外院校一定要登录官方网站查询,详细了解、多方核实,切忌盲目听从留学中介的介绍。

📖 院校招生面试

海外院校通常在某一阶段或固定时间到中国进行招生宣传活动,在活动过程中的面试,主要是使学生和这些学校相互了解。正规面试一般是在申请递交后,学校认为有必要进行面试。非英语国家大学的面试,一般会通过电话进行。通过面试,学校决定是否发放预录取通知书。能否被正式录取,还要看学生的语言和学术成绩。但对于留学非英语国家的人员来说,面试是决定预录取的关键因素。

▶▶▶ 面试前,要搜集资料、整理信息

无论是电话面试还是校方来华面试,面试之前学生一定要详细阅读该校的简介,并尽量熟知该校的情况,使学校面试官有一种申请人确实对本校很感兴趣、认真且有备而

来的感觉。面试前,浏览该学校网站、参看学校的宣传资料是基础性的准备,重要的是挖掘关于这所学校的独特信息。列出面试提纲,认真考虑如何措辞,并以适当的方式表述申请者的强项,不要过分张扬,也不要太过谦虚。在面试的时候,可以多谈一些自己参加的学校课外活动、兴趣爱好、曾经或正在参加的义务工作、社区活动及有特殊影响的事件等。

▶▶▶ 面试中,要注重面试礼仪

在面试的时候,要注重在衣着、礼仪等细节上下功夫。衣着得体大方、语言文雅、态度认真,不化浓妆或喷洒过多的香水;在电话面试过程中一定要注意语速均匀,不能忽快忽慢。在面试中,面试官会请你提出问题,因此建议提前准备3—4个关键性的问题。

在面试结束时,无论结果如何,一定要对面试官表示感谢。

▶▶▶ 面试后,要致谢面试官并保持联系

在面试结束后,最好给校方面试官发送一封感谢的电子邮件,礼节性的致谢,用以加深印象。此后可保持密切的联系。

▶▶▶ 面试注意事项

1. 检查并确认所有面试材料

面试时,必须出示所有材料的原件,如果忘记携带或暂时没有这些材料的原件,请不要着急,也可以在面试以后提供。

2. 注意听问题

面试时,无论面试官问简单问题还是专业问题,如果没有听清提问,可以请面试官放慢速度再说一遍,以免答非所问。

3. 介绍自身专业的背景

重点介绍自己的学习经历、成绩和取得过什么证书。

4. 明确表达自己对所选专业的了解和对课程的兴趣

比较全面地了解所学专业及课程;阐述选择该专业、学校的目的及日后发展方向。

5. 留学是经过深思熟虑的理性化结果,并有详尽且符合自身的学习计划

表达自己对留学海外已有了充分的心理准备和深入的了解,并根据自身愿望做好了安排。

6. 尽可能地用留学目的国的语言表达,并表现出被其浓厚文化所强烈吸引

对留学目的国的历史、文化产生浓厚兴趣,希望更全面、深入地了解,学习更多的先进理念。使用留学国家的语言进行表达,以拉近距离、增进好感。

7. 如有需要,带上能够展示自身的才艺作品(如音乐、绘画、手工艺等)

携带可以全方位体现自身才华的物品,表现出学习 + 生活才是多彩的人生理念。

8.放松心态、自如应对,不卑不亢、有礼有节

无论面对的面试官是何种肤色、何种态度,都要一视同仁、以礼相待。对于面试结果不但要有基本的把握,而且要始终保持平和的心态。

选择留学专业要适合自己的天赋和未来职业规划

合理选择留学专业

一般情况下,海外留学若选择了某个专业,就意味着选择了某种人生道路,甚至意味着选择了今后的生活内容、性质和层次。对于海外留学这种高投资、高消费行为,学生及家长要仔细考虑,理性看待留学的国度、学校和未来职业的专业。选择留学专业应适合自己的天赋和未来职业规划。

其实,留学专业的选择同样具有风险。有的人逻辑思维能力强,有的人形象思维好,有的人有表演天赋,留学应该选择一个自己擅长的专业,才能有动力,才会有所成就。选择专业要考虑社会需要,社会需求量大的专业,就业会顺利些。从早期的加拿大移民就可以看出专业的重要性,移民打分只看专业,并不看重学校的排名。所以,过分看重学校的排名等级观念是留学的最大误区,选择专业尽量要与将来的就业结合起来,要结合自身的优势,并且不断地努力学习,将来才有可能有所收获。

(1)根据个人特长选专业。要结合自身的专业特长和兴趣爱好,选择较易发挥自己潜力的专业,这样将会学得比较轻松,并且取得成功的概率也较大。

(2)根据自身专业背景选专业。申请某个专业要有一个合理的申请动机,基于一个专业基础而进一步深造往往是最好的申请理由之一。如果在某个专业方面,你原来的学业成绩优良,并且也希望在该专业领域有进一步的研究与发展,那么你就可以选择该专业,并继续深造。

(3)根据职业目标选专业。选专业就是要提前为就业做准备,要根据自己的职业发展目标和就业市场的走向,选择有发展潜力的专业。建议留学者可以先在国内工作一两年时间,对相关工作有一定了解后再出国留学,这样选择专业时就会有的放矢。

(4)先选定专业大类,再考虑院校。目前,很多留学者先选院校后选专业,其实这种做法不科学。在国外,综合实力弱的学校并不意味着没有好的专业,而综合实力强的学校也并非所有的专业都名列前茅。因此,先选定专业大类,然后再考虑选择有优势的院校。

(5)切忌盲目追捧热门专业。无论是热门专业还是冷门专业,都不会一成不变。IT、金融、商科等热门专业虽然文凭含金量高,但入学竞争异常激烈,而且由于扎堆现象严

重,有些专业领域已出现人才饱和现象。因此,选专业不能盲目追捧热门专业。

(6)弄清专业设置,以免选错专业。要注意,有些情况下,名称相同或相似的课程可能学习内容大相径庭。因此,申请人要仔细阅读学校网页或招生简章的相关介绍。

温馨提示

海外留学,选择具体专业不宜过早,可以先选定专业大类。在许多院校,并不是一入校就必须定下具体的专业。学生在入学的第一年就会果断做出专业的选择,多是因为导师做保证能够尽快拿到学位。但是大学和高中不一样,在高中时所喜欢的课程可能和在大学所选择的课程不一样,也许还会让人失望。因此,选择具体专业不宜过早,至少在大学的第二年前不要轻易选定具体的专业,以免后悔。

留学专业分类

▶▶▶ 经 济

专业范围:经济学、金融学、统计学、财政税务、贸易。

应用经济学、农业经济学、银行学、贸易、贸易法、消费学、经济学、经济政策、金融信息、金融研究、国际经济、宏观经济学、微观经济学、会计学、簿计学、信用管理、金融/会计(通用)、金融筹集、金融控制、金融管理、公共金融。

▶▶▶ 管 理

专业范围:各类管理、市场营销、公共资源。

商业咨询实践、商业咨询服务、企业研究、雇佣关系学、管理工程、环境管理、农业管理、劳动和工会研究、管理科学、非营利性组织管理、消费者保障、特许经营、市场研究、市场营销、产品管理、公共关系、促销学。

▶▶▶ 语 言

专业范围:语言学、语言与文化研究。

语言学、应用语言学、文学与文化研究、英语文学、英语、跨文化沟通与国际关系。

▶▶▶ 法 律

专业范围:各种法律。

诉讼学、犯罪学、诉讼辩护学、通用法律、民法、宪法、刑法、国际法、法律实施、特定国家法律、法律实践。

▶▶▶ 人文艺术

专业范围:文学、宗教、神学、艺术、戏剧、音乐、电影、人类学、设计学。

艺术、艺术与设计(通用)、特定文化与历史艺术、社会艺术、工艺欣赏、美术(通用)、艺术史、艺术伦理、设计学、戏剧学、艺术研究、现代文学/电影、音乐研究（通用）、音乐教育、表演艺术、音乐欣赏、作曲与编排、音乐历史、谱曲、音乐学、音乐工业、舞蹈、剧院与戏剧艺术、戏剧创作、传统哲学、认识论、道德规范、玄学、哲学方法、哲学系统、哲学理论。

▶▶▶ 社　科

专业范围：历史、哲学、政治学、社会学、国际关系学、外交学、心理学。

美洲研究、古代史、人类学、应用心理学、亚太事务、亚洲研究、认知学、人口学、开发研究、教育心理学、女性研究、时事研究、政府/议会研究、国际政治、政策研究、政治学、特定区域/国际政治、战略研究、工会研究、行为心理学、儿童心理学、催眠术疗法、心理测试、心理学（通用）、专业心理学。

▶▶▶ 教　育

专业范围：各类教育。

教育学、教育心理学、英语教学、数学教育、音乐教育、科学教育、教育职业/教育指导、教育/学校管理、教育/培训/理论、特定专业培训。

▶▶▶ 理科学

专业范围：数学、物理、化学、地质、地理、力学。

应用化学、通用化学、无机化学、有机化学、物理化学、理论化学、地球化学、应用科学、航天学、声学、能源管理、地理学、地质学、地球物理、经济地理、特定地区地理、海事地理、物理地理、社会地理、代数理论、计算数学/控制论、离散数学、几何学、数学分析、数学逻辑/集合论、通用数学、特定应用数学、统计数学/概论/运算研究、应用物理、化学物理/地质物理、电磁学、物理机械学、光学、通用物理、理论物理、热能物理。

▶▶▶ 建　筑

专业范围：通用建筑学、建筑保持维护、特定应用建筑设计、建筑科学、建筑施工管理、土木工程、土地规划、风景设计、房地产管理。

▶▶▶ 工程技术

专业范围：机械、制造、船舶、航空、材料。

化学工程、市政工程、材料工程、工程研究、水文学、工业关系、制造工艺管理（流程控制）、材料学、光学仪器、定量计算方法、设计工艺、绘图设计、蓝图起草、三维设计、航空学/防卫工程、电子/电器维修、电机工程、电子工程、工程技术（通用）、机械工程、金属加工、能源工程、铁路交通工程、公路交通、造船/海运/近海工程、电子通信、工具加工、交通维护、焊接。

▶▶▶ 新闻传播

专业范围：新闻学、广告学、传播学。

通用传播学/媒体、沟通技巧、影视/摄影学、印刷与出版、新闻学、传媒学、文案写作、通用新闻学、特定专业新闻学、新闻（时事）新闻学、摄影新闻学、媒体新闻学、新闻稿写作、广播新闻学、电视新闻学。

▶▶▶ **信息科学**

专业范围：计算机及其软硬件、互联网络、电子、邮电、通信。

通信、计算机科学、微电子学、电子商务、信息科学/系统、计算机科学/系统、计算机技术、计算机运用、信息系统、信息运用、图书馆管理、软件工程、互联网软件运用、软件操作系统运用、文本/图表/多媒体软件运用。

▶▶▶ **生　物**

专业范围：动植物学、细胞学、生理学、兽医学。

通用生物、特定环境生物、细胞生物学、遗传学、微观生物学、分子生物学、寄生虫学、动物学、基础生物学、生物学、植物学、乳制品学、营养学、兽医学。

▶▶▶ **医　学**

专业范围：临床学、保健营养学、药物学、护理学。

解剖学、口腔医学、人类营养学、免疫学、医疗试验、医学物理学、医学、药学、护理学、药物学、物理、治疗学、放射线医学、特定功能用途医学、精神病学、外科学。

▶▶▶ **农　林**

专业范围：农学、林学、牧场资源、土地学、食品科学、园艺、养殖。

农业经济学、农业科学、农业管理、园艺学、土地规划、田园学、种植学、土壤学。

▶▶▶ **环　境**

专业范围：生态学、环境学、水利、环境工程。

生态学、自然资源工程、环境管理、环境科学、海洋科学、自然资源。

▶▶▶ **纺织与服装**

专业范围：服装设计、纺织工程、纺织机械。

制衣、时装/纺织设计、时装附件制作、制帽、编织品、纺纱、编织。

▶▶▶ **旅　游**

专业范围：酒店、烹饪、导游、旅游、酒店管理、旅游学。

▶▶▶ **体　育**

专业范围：各种体育运动、运动学、运动生理学、运动与休闲、健身运动。

体育、体育科学、综合体育学、公共体育学、户外学、体育教育、体育教练学、体育组织学、残疾人体育组织、通用体育研究。

留学热门专业

▶▶▶ **商科管理专业**

商科管理专业一直是海外留学生的首选，虽然由于经济危机的影响，商科管理专业的奖学金减少，就业亦受到阻碍，但此专业仍然稳居首位。商科管理类专业排名居前的大学有：

美国的哈佛大学、斯坦福大学、西北大学、宾夕法尼亚大学、麻省理工学院、密西根大学安娜堡分校、得克萨斯大学奥斯汀分校、加州大学伯克利分校、北卡罗来纳大学教堂山分校、纽约大学等。

英国的牛津大学、剑桥大学、伦敦大学帝国理工学院、伦敦政治经济学院、拉夫堡大学、华威大学、圣安德鲁斯大学、巴斯大学。

澳大利亚的墨尔本大学、新南威尔士大学、悉尼大学、莫纳什大学、昆士兰大学。

加拿大的蒙特利尔大学、西安大略大学、西蒙菲莎大学等。

▶▶▶ **会计专业**

会计专业排名居前的大学有：

美国的得克萨斯大学奥斯汀分校、伊利诺伊大学厄本那—香槟分校、宾夕法尼亚大学、杨百翰大学、南佛罗里达大学、密西根大学安娜堡分校、圣母大学、印第安纳大学伯明顿分校、纽约大学、密歇根州立大学。

英国的华威大学、伦敦经济学院、爱克塞特大学、拉夫堡大学、爱丁堡大学、曼彻斯特大学、斯特拉斯克莱德大学、格拉斯哥大学。

澳大利亚的新南威尔士大学、南昆士兰大学、查尔斯达尔文大学、新英格兰大学、悉尼科技大学、麦考瑞大学、南十字星大学。

加拿大的西安大略大学、多伦多大学、皇后大学、维多利亚大学、阿尔伯塔大学、阿卡迪亚大学、西蒙菲莎大学、英属哥伦比亚大学、布鲁克大学等。

▶▶▶ **IT 计算机专业**

计算机排名居前的大学有：

美国的麻省理工学院、斯坦福大学、伊利诺伊大学厄本那—香槟分校、加州大学伯克利分校、佐治亚理工学院、加州理工学院、康奈尔大学、普渡大学西拉法叶校区、卡内基梅隆大学。

英国的剑桥大学、牛津大学、伦敦大学帝国理工学院、南安普敦大学、格拉斯哥大学、爱丁堡大学、圣安德鲁斯大学、伦敦大学皇家霍洛威学院、华威大学、约克大学。

加拿大的多伦多大学、英属哥伦比亚大学、蒙特利尔大学。

澳大利亚的查尔斯特大学、悉尼科技大学、迪肯大学、南昆士兰大学、新南威尔士大学、埃迪斯科文大学、皇家墨尔本理工大学、堪培拉大学、麦考瑞大学等。

▶▶▶ 工程专业

工程专业排名居前的大学有：

美国的麻省理工学院、斯坦福大学、加州大学伯克利分校、佐治亚理工学院、伊利诺伊大学厄本那—香槟分校、卡内基梅隆大学、加州理工学院、南加州大学、密西根大学安娜堡分校、康奈尔大学、得克萨斯大学奥斯汀分校、普渡大学西拉法叶校区。

英国的剑桥大学、布里斯托大学、伦敦大学帝国理工学院、拉夫堡大学、南安普敦大学、卡迪夫大学、巴斯大学、谢菲尔德大学、诺丁汉大学、纽卡斯尔大学。

加拿大的西蒙菲莎大学、多伦多大学、谢布克大学。

澳大利亚的悉尼大学、新南威尔士大学、墨尔本大学、澳洲国立大学、莫纳什大学、昆士兰大学、西澳大学等。

▶▶▶ 酒店管理

酒店管理专业排名居前的大学有：

美国的内华达大学、康奈尔大学、强生威尔士大学、休斯敦大学、佛罗里达国际大学、佛罗里达州立大学、密歇根州立大学、宾夕法尼亚大学、普渡大学。

英国的利物浦约翰摩尔斯大学、萨里大学、拉夫堡大学、布鲁内尔大学、赫特福德郡大学、伯明翰大学、巴斯大学、西敏寺大学。

加拿大的贵富大学、维多利亚大学、卡尔加里大学。

澳大利亚的格里菲斯大学、昆士兰大学、麦考瑞大学。

▶▶▶ 金融专业

金融专业排名居前的大学有：

美国的宾夕法尼亚大学、纽约大学、芝加哥大学、密西根大学安娜堡分校、得克萨斯大学奥斯汀分校、加州大学伯克利分校、麻省理工学院、北卡罗来纳大学教堂山分校、哥伦比亚大学、弗吉尼亚大学、印第安纳大学伯明顿分校、卡内基梅隆大学、伊利诺伊大学厄本那—香槟分校。

英国的华威大学、伦敦经济学院、爱克塞特大学、拉夫堡大学、爱丁堡大学、曼彻斯特大学、斯特拉斯克莱德大学、格拉斯哥大学。

澳大利亚的悉尼大学、新南威尔士大学、墨尔本大学、澳大利亚国立大学、莫纳什大学、麦考瑞大学。

加拿大的阿尔伯塔大学、英属哥伦比亚大学、西蒙弗雷泽大学、圣玛丽大学、布鲁克大学、麦克马斯特大学、渥太华大学、皇后大学、多伦多大学、蒙特利尔大学等。

▶▶▶ 经济学专业

经济学专业排名居前的大学有：

美国的麻省理工学院、芝加哥大学、哈佛大学、普林斯顿大学、斯坦福大学、加州大学伯克利分校、耶鲁大学、西北大学、宾夕法尼亚大学。

英国的牛津大学、剑桥大学、伦敦政治经济学院、伦敦大学学院、华威大学、艾克斯特大学、杜伦大学、圣安德鲁斯大学。

澳大利亚的澳洲国立大学、墨尔本大学、新南威尔士大学、悉尼大学、莫纳什大学。

加拿大的英属哥伦比亚大学、多伦多大学、蒙特利尔大学、皇后大学、西安大略大学、麦克马斯特大学、滑铁卢大学、约克大学、阿尔伯塔大学、麦吉尔大学等。

▶▶▶ 法律专业

法律专业排名居前的大学有：

美国的耶鲁大学、哈佛大学、斯坦福大学、哥伦比亚大学、纽约大学、加州大学伯克利分校、芝加哥大学、宾夕法尼亚大学、西北大学、密西根大学安娜堡分校。

英国的剑桥大学、牛津大学、伦敦政治经济学院、诺丁汉大学、中央兰开夏大学、伦敦大学国王学院、伯明翰大学、阿伯丁大学、伦敦大学玛丽皇后学院、杜伦大学。

澳大利亚的悉尼大学、墨尔本大学、新南威尔士大学、拉筹伯大学、澳大利亚国立大学、昆士兰大学、莫道克大学、悉尼科技大学。

加拿大的多伦多大学、麦吉尔大学、约克大学奥斯古德大厦法学院、渥太华大学、皇后大学、戴尔豪西大学、阿伯塔大学、维多利亚大学、英属哥伦比亚大学。

▶▶▶ 护理专业

护理专业排名居前的大学有：

美国的华盛顿大学、加州大学旧金山分校、宾夕法尼亚大学、约翰霍普金斯大学、北卡罗来纳大学教堂山分校、密西根大学安娜堡分校、伊利诺伊大学、马里兰州大学、匹兹堡大学、耶鲁大学。

英国的爱丁堡大学、朴次茅斯大学、萨里大学、约克大学、伦敦大学国王学院、曼彻斯特大学、谢菲尔德大学、南安普敦大学、利物浦大学、格拉斯哥大学。

澳大利亚的悉尼大学、墨尔本大学、莫纳什大学、阿德雷得大学。

加拿大的麦克马思特大学、麦吉尔大学、英属哥伦比亚大学、谢布克大学、多伦多大学。

▶▶▶ 教育学专业

教育学专业排名居前的大学有：

美国的斯坦福大学、范德堡大学、加州大学洛杉矶分校、哥伦比亚大学教育学院、俄勒冈大学、哈佛大学、加州大学伯克利分校、华盛顿大学、密西根大学安娜堡分校、宾夕法尼亚大学等。

英国的剑桥大学、东英吉利大学、斯德灵大学、艾克斯特大学、阿伯丁大学、邓迪大学、爱丁堡大学、布莱顿大学、瑞丁大学、杜伦大学。

澳大利亚大学的格里菲斯大学、悉尼大学、墨尔本大学、拉筹伯大学、邦德大学、南澳大学。

加拿大的多伦多大学、英属哥伦比亚大学、阿尔伯塔大学等。

怎样准备留学资金和办理护照

留学资金准备:严格按签证官的"霸王条款"办理

留学资金准备是海外留学签证申请环节中最复杂的一部分。如果准备不当,即便申请人资金雄厚也会被拒绝;有了合适的准备,即便是一个来自普通家庭的申请者刚刚够签证所需要的存款,也会成功获得签证。一谈到留学资金准备,就要谈留学资金担保,首先要了解什么是担保金。

📖 担保金的内涵

关于留学资金准备中"担保金"这一词的概念,许多人没有真正理解。担保金,首先是指担保人(通常意义上的担保人多半是父母)有足够资金实力能够承担申请人在留学期间的一切学习生活的费用;其次担保人要有充足合理的证据,证明担保的资金是担保人合法所得;第三要出示相关证据证明,这些资金是有充分计划性考虑准备的。所以对于资金担保有存款时间的要求,而申请前刚刚存入的存款,即会被理解成申请人对于申请留学没有谨慎的考虑和计划(所以没有提前准备好资金),或者资金的来源不明。

▶▶▶ 担保人

一般意义上指申请人的直系亲属(父母、配偶),如果申请人有工作及储蓄,他(她)也可以作为部分或全部担保。每个国家对于担保人的要求都有不同规定:一般国家只认可父母、配偶或本人做担保人,有些国家有特殊规定,如澳洲认可申请人本人、配偶、父母、祖/外祖父母和兄弟姐妹作为留学资金担保人或留学贷款申请人。澳洲修改后的学生签证政策规定,申请人的伯/叔、舅、姑、姨如果是常驻澳大利亚的澳大利亚公民、永久居民或新西兰公民,那么他(她)们可作为留学资金担保人或留学贷款申请人。其他非认可范围内的担保人,奉劝朋友们不要试,想要打破签证官的惯性思维模式,闯关的可能性极小。他们认为不是血缘关系、配偶关系的亲属来做担保人,他们也有其他家庭成员的负担,那么为你的申请做担保,势必会影响他们的家庭经济负担,在将来该家庭出现不可预计的经济问题或需要重大开支时,他们首先考虑到他们自己家庭的经济需要,那么你的留学费用便会被放在第二、三位,你的费用便会有问题,由此而导致你将来可能会打黑工或因费用问题无法完成学业、非法滞留,等等——这会违反他们的移民政策,所以他们就会拒绝你。

▶▶▶ 担保金金额

有人将担保金金额理解为申请某个国家的担保金是多少(一个固定数字),这种理解是错误的。不同国家对担保金金额的要求不同,同一个国家针对申请人的背景不同,要求也是不一样的。之所以有金额多少的规定,归根到底的原因就是要求担保人显示能够提供负担申请人在赴该国读书期间(包括如果读书计划有显示,将来潜在可能继续深造读书的时间)的全部费用开销,不同背景的申请人,申请的项目不同,费用幅度都不相同,一般会有个大概预算的范围。在计算担保金额时,要在除上述的费用开销外,按照略高出一定幅度来准备,以备不可预计费用的开销。

▶▶▶ 担保金来源证明

(1)担保资金存款的前次银行账目出处(证明这笔钱之前也属于你的,也在银行里);忌讳:有些人没有任何银行账户记录,声称担保金在存成一笔固定的存款前,就放在家里的保险柜。这是非常不可取的做法。银行历史记录你或许没有保留,或许觉得到银行开具会很麻烦,但是这些记录一定要提供。如果没有,请给出合理的有说服力的证据。否则,签证官会认为这些存款是借来的!

(2)担保金存款不是来自银行,而是来自某种交易行为得来,比如卖房子、车子等有价值的动产、不动产。注意要保留买卖合同等相关票据作为证据,需要的是确凿的证据。另外,此种方式担保最好是作为部分担保,而且卖房、车应不影响家庭的正常生活需要,因为,如果家庭仅有的房子卖掉来作担保,你们家庭人员住哪里呢?另外如果担保资金全部来自这种买卖所得,没有其他存款的话,会给签证官留下一种负面的印象——这是你们家庭仅有的财产,没有其他富余的存款,这样会给你们的家庭造成巨大的经济压力。

(3)担保金来自股票买卖所得,可以请证券交易机构提供交割单证明。但是要记住,最好不要全部用股市转出来的钱做担保,这样会被签证官认为家庭收入都拿去炒股(没有其他富余的资金),风险系数太高,今后家庭收入的稳定性他们也无法评估。

▶▶▶ 担保人背景

关于担保人背景,有两层含义:一方面是担保人的工作背景、收入背景,这些可以体现在收入证明、职务证明、职称证书、劳动合同、工作履历等书面材料中;另一方面是担保人的社会关系、社会背景及其他经营性、投资性的收入状况,签证官从而能够评估担保人的资信度、诚信度、收入水平是否能满足提供的担保金需要。简单来说体现为一个收入水平与担保金是否吻合的问题(注意:没有说社会背景低些就不好,或社会地位一定要显赫、财力十足才可以做担保,签证官并不认为"越有钱、越有权"就越可信,这是误解)。只要是符合事实的担保人的正常收入,并且这些收入多年积累下来能够满足提供担保的金额所需,并且不会对该家庭今后的生活造成很大影响,签证官都会认为是合理而可信的。

▶▶▶ 时间性(存款历史)

许多申请人都受到这个问题的困扰。现在很多家庭对于资金理财体现了多样性,不仅仅是放在银行做活期、定期的储蓄,还有各种各样的投资、基金、保险或者其他方式的生意投资,资金都是在使用、在流动,一旦有学生准备出国留学时,才开始考虑到要做担保储蓄,开始存钱了。对于使领馆方面而言,他们希望一旦申请人考虑留学的计划(这笔留学的开支毕竟不是小数目),该家庭应该为这笔资金做好充足合理的安排,提前做好应对储蓄,同时不影响家庭正常生活开支的需要。这些表现了对申请人留学计划的充分支持、谨慎安排、合理调度的姿态;不仅仅体现在资金的支持,也体现在该家庭有很大决心为申请人的留学做长期的准备,一旦学生在留学期间有经济上的任何(正常)需要,该家庭都不会因为他们在生活中、经济上发生的任何变化,而影响到对申请人经济上的支持。所以,他们要求存款要有一定时间的期限。

另一方面,签证要求体现资金的可追溯性。可追溯,即资金有历史证据显示仍然是担保人的所属,或者来自银行,或股市,或生意投资。

▶▶▶ 资金安排

担保资金的安排是体现担保人为申请人的资金担保付诸实践的第一步,体现担保人最终对资金安排的执行情况。很多担保人对于资金安排其实有一个很大的误解,认为一定要把资金重新拿出来,放在某处(某银行),集中储蓄,才会被使领馆认可。其实,如果还没有开始做一定的储蓄,才需要把资金抽调出来做储蓄安排;如果担保人自身的存款时间很长,有长期储蓄的习惯,那么保持既有状况最好。签证官审核担保人的资金首先是看他们本身的资金基础好不好,有良好储蓄背景的资金体现一个担保人经济的稳定性,这样的情形本身是最受签证官欢迎的,不需要做任何改变,资金动了反而把自身的优势破坏了。

关于担保金到底是应该存定期还是活期,还是定活两便,众说纷纭。每个国家的使领馆因具体规定而有所不同。一般来说,定期存款是最好的,是最受使领馆认可的一种方式。但是,签证官审核一份签证材料最关键的原则是合理性,符合自身背景的同时也要符合使领馆的基本原则,两者略有冲突时,只要有合理原因可以解释说明,最终也会被签证官所接受。关于资金安排要注意以下几个方面：

（1）大多数国家要求担保金为定期存款；其次是活期存款，且在担保期间内没有使用。

（2）银行的储蓄是被使领馆铁定认可的形式，此外邮政储蓄澳洲不认可，英国认可；国库券大多英联邦国家都认可；信用社不太认可（英国认可，具体要酌情分析）。

（3）股市的储蓄不认可，需要从股市转出来存成定期；投资在某某投资公司的投资储蓄资金（有高额的利息回报），一般使领馆不认可，因为使领馆很难评估这种投资公司的经营稳定性、担保人与投资公司投资行为的真实性，除非有确凿的证据，建议尽量不采用这种方法。

（4）担保人的担保储蓄要与担保人背景相吻合，比如，一个基本上在 A 城市生活和工作的人，他有很多担保金都是来自 B 城市的存款，尽管存款的户名是他本人，若没有合理的解释，签证官很难相信他在 B 城市存款的理由（存储不方便），容易被怀疑为非担保人本人的存款，或非正常收入的存款。

（5）"保持既有状况"这一观点，还有一点需要注意，小额多笔定期存款固然很好，大额定期存款有合理的解释也是会被接受的，不要人为地、想当然地做改变。

其实，说到底，担保金没有什么诀窍，只要做适合的准备，一切真实的资金背景都是受使领馆欢迎的。如果过于技巧性地在担保金上做文章，失去了合理性这个最关键的原则，那么再有钱的、背景再好的担保人，签证也不好通过。

▶▶▶ 家庭收入持续稳定性

签证官在审核担保人提供的资金是否满足要求的同时，也要考虑担保人提供的这笔资金会不会对他今后的家庭生活造成很大负担，从而会导致今后申请人在留学期间产生经济问题。这点基于两个方面来考量，一是评估担保人工作背景，二是是否具有可持续性、可发展性及稳定性。

📖 海外部分国家对留学生担保金的具体要求

各个国家对留学经济担保的要求是不同的。在此简述几个留学热门国家的经济担保要求：

▶▶▶ 加拿大

担保要求银行存款存期 6 个月以上，另追溯 12 个月资金来源。从股市转出的资金，股市历史可计算。一般信用社、邮政储蓄不太认可。

▶▶▶ 英　国

必须是银行存款存期在 6 个月以上，另追溯 6 个月资金来源。邮政储蓄、国库券、信用社存款认可。

▶▶▶ **澳大利亚**

必须是银行存款 6 个月以上,如果银行同意对你发放留学贷款,贷款同意证明即可作经济担保。一般邮政储蓄、信用社不太认可。

▶▶▶ **新西兰**

银行、股市资金均可。资金历史一般要求 6 个月以上。

▶▶▶ **爱尔兰**

必须是银行存款,并且存期在 6 个月以上,股市历史不算。

▶▶▶ **荷　兰**

必须是银行外币存款(一般是欧元或美金),但不要求存期。

▶▶▶ **美　国**

如果有奖学金,只需要提供其他部分费用额度的资金实力证明。若没有,则需要提供充分的费用额度的资金证明,有一定存期即可。

资金担保背景材料说明

▶▶▶ **资金证明**

签证时可以使用的资金证明,就是你留学时可以支配使用的资金,只要是银行开具的、随时可以兑现的都可以。目前有效的资金证明只有银行的活期存款、定期存款、国库券、信用卡、储蓄卡、定活两便的存折、本外币一本通;凭证式国库券、其他地方可以提现金的资金,比如股市里的钱、借款、集资款、公司经营资金等都要转成以上银行的单据,签证官才认可,不然就只能作为辅助的经济证明,不计入担保金内。

▶▶▶ **存　单**

银行给出定期存款的凭证,上面有账户名、存款日、起息日、利率、存期等。如果是自动转存,存款日、起息日可能不一样。

▶▶▶ **活期存折**

活期存折是记录活期存款存取记录的银行记录本,里面按照时间记录资金的存取日期和金额。

▶▶▶ **定期一本通**

定期一本通是银行对于定期存款记录的本子,里面按每一笔资金记录存取,即存入一笔资金 A 打一行记录在第一行,再存入资金 B 的时候隔行记录在第三行,等第一笔资金 A 取出的时候,取出记录打印在第二行。

▶▶▶ **存款证明**

存款证明是签证以前你要求银行依据你的存款开具的证明。

开具存款证明有两个目的,一是当你提供相关资金的复印件是为了证明这笔资金的真实性,由银行开具存款证明来证实,该复印件需与原件一致;二是开具存款证明,该笔资金一般会冻结一定期限,而这段期限在使领馆签证官审理签证时,资金是不可挪动的,就足以保证签证官确信在签证审理时你所提交的所有资金都符合目前的情况。签证以后存款证明复印件留下,原件会退回。存款要冻结多长时间,是否能提前解冻,什么形式的资金才能开具存款证明请向当地银行咨询。

▶▶▶ **国　债**

国债分为记名式和不记名式。

使领馆方面虽然对于国债是什么形式的没有具体要求,但是我们签证的时候不能用不记名式国债,因为看不出所有者。

记名国债分为记账式和凭证式两种:记账式国债的柜台交易是指商业银行通过其营业网点与投资人进行国债买卖,并办理托管与结算的行为。

记账式国债有比较强的流通性和未来利益的不确定性,所以不要作为资金证明为好,但是可以作为资金来源解释或者是辅助证明。所以银行通常只给凭证式国债开证明,而签证的时候也最好用凭证式国债。

▶▶▶ **股　票**

买卖股票的方式通常有以下几种:①建设银行龙卡;②工商银行活期存折;③证券公司资金账户;④沪深两市股东卡。

当股票以股票的形式在股票账户里面的时候,是不能当作资金证明的,只能作为家庭经济实力的辅助证明。如果要用股市的资金,就必须卖掉股票,资金归入证券公司的资金账户以后,再转入银行账户。如果要使用来源于股票买卖的资金,需要提供对账单,通常就是到证券公司的柜台打印。

对账单上包括很多内容,重要内容如下:

(1)资金账号。

(2)客户名称。

(3)货币种类。

(4)最新可用资金。

(5)最新资产总值。

(6)流水明细。

①日期——买卖股票划拨资金那一时刻的日期。

②业务名称——银行转存,股金划出,等等。

③资金发生额——每笔/或每次股票交易时的股票对应的交易资金额。

④证券账号和证券名称。

⑤价格——买卖股票当时的成交价格。

⑥数量——买卖股票的数量。

(7)全部汇总市值。卖出股票的时候至少应该看到股金划入和转至银行两个明细。

每个证券交易机构的对账单格式不同,包含的明细内容也不尽相同,但尽可能要包括上述信息,以便能够清楚证明来源的真实性(比如有些对账单连客户信息都没有反映出来,就无从证实对账单是反映担保人的信息了)。

▶▶▶ **纳税证明**

纳税证明不是必需的,但如果你的担保人是:

(1)私营企业的法人。

(2)私营企业主要合伙人。

(3)股份有限公司或者有限责任公司法人或大股东。

(4)留学资金是企业资助的。

以上这四种情况必须提供营业执照和纳税证明,而且最好是半年以上的。通常情况下,提供的纳税证明包括企业所得税、企业营业税、企业增值税、企业代缴的个人所得税、消费税等。如果不能提供原件,复印件副本上盖一个公司财务章也可以。

一般来说,如果年收入10万元以上最好提供纳税证明。

▶▶▶ **亲属担保**

父母担保是最好的担保形式。要提供父母的工作证明和收入证明。如果户口在一起,要提供户口本的原件和复印件;如果户口不在一起,要提供亲属公证。一般在户口所在地开具证明。如果不方便,在父母户口所在地开具证明也可以。

其他亲属担保除了要提供他的工作证明和存款证明以外,还要提供亲属公证。最重要的是要使签证官相信,亲属有足够的经济能力和合乎逻辑的理由提供留学资金,同时,承担留学费用不会对该亲属家庭的经济和其未来子女造成明显的影响。

▶▶▶ **企业担保**

一般来说,应届毕业生接受企业的资金留学是不合理的。如果是对企业有重大贡献,企业愿意为你出资担保留学,希望在你学成回国后为企业带来更好的回报,这是一个比较合乎情理的理由。

企业担保需要提供:营业执照、纳税证明、财务报表、企业出资的财务手续、企业出资划账到你个人账户上的银行手续;你以前和这个企业的工作合同,企业对于资助你的陈述(为什么资助,怎样资助等),你对企业的承诺等材料。

▶▶▶ **资金来源**

首先,收入是最直接的资金来源,但是一般人短期的收入可能不足以提供留学的资金,所以需要提供其他解释。1年以上的存款一般不用解释。

(1)如果是活期存折销户或者定期存单提取,应该提供相应的利息清单。

(2)如果是活期转出成定期,原来的活期存折就可以作为资金来源的解释材料。

(3)父母年底分红收入,需要提供基本材料,如股东证明或股份证明、相应年度的分红派息报表等。

(4)如果是股票交易,要有股票对账单并加盖证券公司鲜章。

(5)国债交易要提供利息清单。

(6)彩票中奖要经过公证处公证。

(7)房屋车辆买卖要提供合同并公证。

(8)房屋拆迁费需要上级房管部门开具证明。需要出示拆迁合同,必须包括房管局当时核定下来的房产面积,拆迁每平方米费用、拆迁补贴及最后拆迁费用的银行存单。

(9)遗产如果有经律师事务所办理的遗嘱,也可以作为证明。

(10)房租要提供房屋租赁合同和纳税证明。

(11)固定资产出租要提供租赁合同和纳税证明。

(12)没有利息清单的可以和银行商量,复印银行保管的那一联利息单并盖章。需要原来的账号或存单的复印件。

▶▶▶ **营业执照**

父母(担保人)是企业经营者、法人、大股东的要提供营业执照。

提供营业执照的主要目的是证明担保人所在的公司是不是正规公司(相关重要信息:注册资金、成立时间、有效时间、每年是否正常年检等)。

有些企业的营业执照在快到期(未年检)或者已经过期时最好办理完相关完善手续后再提供,否则不但无效反而会有副作用。

▶▶▶ **学习计划**

学习计划(个人描述、教育背景说明、留学计划、归国发展计划)是反映你未来的计划和你目前在学术和职业方面的发展情况。

(1)对课程要有全面的了解,要明确选择这门课程及学完这门课程对自己将来的发展有什么好处。还需要知道专业研修的课程和学期安排,并且需要向签证官表明你是一位渴望求知的学生。

(2)了解就读的学校,也就是一些大概的背景知识,比如位置、成立时间等基本信息。这部分信息要简明扼要。

(3)申请留学签证时,签证官不会欢迎有移民倾向的学生,所以在申请签证时不能表现出毕业后不回国的意图。特别是对于那些给人感觉有很强移民倾向的人,为了尽量减轻签证官的怀疑,要充分利用自己所能看到、听到和接触到的资源,认真调查将来所要从事的行业在中国的现状,总结出有说服力地去学习这个专业的理由,同时向签证官表明自己将来回国后的具体明确、可行而又充满希望的职业规划。

▶▶▶ 收入及工作证明(一般工作人员的情况)

(1)收入和工作证明可以是一份也可以是两份。

(2)尽量把工作收入证明打印在印有公司抬头的信纸上,信纸上需有单位名称、电话、地址。

(3)收入证明的日期要离你的签证日期比较近,相差10天左右最合适。父母(如果不在一个公司)收入证明的格式一定要分开,并加以区别,最好用两种形式书写,以避免引起怀疑,因为不同公司工作人员的书写习惯也不同,打印出的证明如果连排版、字体、措辞都一模一样,签证官会联想到这些材料是出自一个人的手笔——也许就是申请人本人!

(4)内容包括:公司成立时间、经营范围、父母工作时间、职务及表现,以上内容应简明扼要。还有最近两三年的收入(工资、津贴、奖金、年底分红),最后收入证明的明细要尽可能的详细,包括职务变化、收入构成、时间等。

(5)收入证明的几种情况:

①如果你的父母都有工作,并且都在职,让你父母都开具收入证明。即使资金都是你父亲出的,最好也让你母亲开具收入证明。

②父母有工作但是都退休了,这种情况要开具你父母原来在职时的工作证明和收入证明,还要把退休前与退休后的收入分别列出。如果不开具收入证明,就要提供你的资金的合理来源。

③父亲有工作,母亲没有工作或者已经退休,资金都是父亲提供的,这种情况下,只需提供父亲的收入证明即可。如果存款中有一次性大额(大于10万元)的存款,那么父亲有较高的收入才比较合理,具体问题要具体分析。

▶▶▶ 准假信

因为签证官希望看见一个对自己的职业和人生有计划、有想法的人,一个人不能仅仅因为出国而出国,因为留学而留学,他们希望你能说明你出国留学的目的,尤其是有工作的人,放弃已有的工作,一定要有更充分的理由。单位要同意放行;或者辞职。

如果不能提供准假信,可提供雇主推荐信。用公司抬头信纸打印,上面有公司负责人签字、盖章、公司地址、电话、传真和网站,内容主要包括申请人的姓名、工龄、职位、月薪,了解你将赴国外读书,对你的工作表示满意,并欢迎回国以后来公司工作,并不承诺保留你的职位。

如果准假信和推荐信都不能提供,则需要提供辞职信,这可以体现你整个留学过程的完整性。

如果以上全部都不能提供,你需要提供工作证明和收入证明,同时准备向签证官解释你为什么要出国。适当的理由有:觉得自己的专业知识需要补充,现在收入太低,等等。

有工作的人证明出国的目的,最理想的办法就是提供单位的准假信了。准假信的基本作用就是说明你毕业以后会回单位工作,单位支持你留学并且暗示你留学以后会在原单位有更广阔的发展空间。这样就一举解决了签证时候的两个大问题:留学原因和归国计划。准假信应该用公司抬头信纸打印,有公司负责人签字、盖章,公司的地址、电话、传真和网站,内容主要包括申请人的姓名、工龄、职位、月薪,准许你在某国读书、起始日期,保留你在公司的职位,欢迎你毕业以后回国工作,并且因为你的留学可能会带来加薪、升职,等等。

▶▶▶ **家庭资产陈述**

对于个别资金准备情况比较复杂的人,需要提供家庭财产陈述,以帮助签证官更清楚地了解审核申请人的家庭资产情况。复杂的情况包括:

(1)个体经营者,有自己投资经营的生意。

(2)资金来源多样,家庭财产形式多样。

(3)资金短期存入大额款项,具体问题要具体分析。

(4)资金周转频繁,有多笔账户信息。

(5)家庭经营背景形式多样,历史比较复杂。

▶▶▶ **亲属公证**

亲属关系是指以婚姻为基础、血缘为纽带及收养而形成的相互关系。办理亲属公证,由申请人户籍所在地的公证处受理。

申请学生签证的时候,如果留学申请人和资助人户口不在一起,或者不是直系亲属(即父母),则要提供亲属公证。

办理亲属公证应提供的材料:

(1)申请人的居民身份证、户口簿。

(2)已出境的,提供护照或有效旅行证件和通行证的复印件。

(3)已注销户口的,应提交原户籍所在地公安派出所出具的户籍记载情况的证明。

(4)当事人所在单位人事、组织或劳资部门出具的亲属关系证明,当事人所在单位无人事、组织、劳资部门的,由该单位上级主管部门予以证明。

(5)如果户口在学校,就让学校户籍科出示证明。还可以让派出所、公安局出示。

(6)关系人的护照、旅行证的复印件,或其他可以证明关系人身份及住址的证明材料。

办理亲属公证过程中,应注意以下一些问题:

（1）国内申请人办理亲属公证时，需本人亲自到公证处申请。

（2）申请人与关系人之间的亲属关系要真实。

（3）因姻亲而发生的亲属关系，需要提供结婚证原件；在国外政府登记结婚的，需提供经两国认证的婚姻状况公证书。

（4）对于要求办理具有封建色彩的"义父""干娘"等关系的公证申请，公证处是不予受理的。

（5）对申请人申办与国外亲属之间的亲属关系，公证处一般只办理四代以内的亲属，包括姨表、姑表亲关系。

▶▶▶ 结婚公证

（1）结婚公证是指有涉外业务权的公证处，根据申请人的申请，依法对结婚的法律事实，证明当事人与其配偶（姓名、性别、出生年月日）在××省××市（县）登记结婚的真实性及合法性。结婚公证书主要用于出国签证，如出国探亲、定居和继承财产等。

（2）当事人应提供的证明材料：

①当事人夫妻双方的居民身份证和户口簿及其复印件，已注销户口的，应提交所居住地派出所出具的户籍记载情况证明。

②当事人为外籍人、华侨、港澳同胞的，应提交本人所属国（或地区）身份证及复印件。

③当事人结婚证原件及复印件和夫妻双方的照片。

④代理人代为申请的，还须提交授权委托书和代理人的身份证件及复印件。

（3）申办结婚公证应注意的事项：

①结婚证书遗失的，凭原婚姻登记机关补发的《夫妻关系证明书》出具结婚公证书。

②对于未进行结婚公证的，应先补办结婚登记手续，然后凭结婚证书出具结婚公证书，登记时间为结婚时间。

③双方均是我国自费留学生，在国外登记结婚，回国后，为了去第三国而申办结婚公证的，公证处可凭当事人提供的经原婚姻缔结地国外交部或授权的机构认证，并经我驻该国使领馆认证的结婚公证书，公证处为其出具夫妻关系公证书，但不能出具结婚公证书。

▶▶▶ 遗产继承

《中华人民共和国继承法》第三十条规定："继承在中国境内的不动产适用中国的法律。"以房产遗嘱为例，办理房产继承公证应提交的材料：

（1）被继承人的死亡证明。

（2）房屋产权证明。如尚未取得产权证，则提交购房契约及付款凭证。

（3）如被继承人有遗嘱，则提供其遗嘱及当地法院或有关部门认定该遗嘱合法、有效的证明。

（4）如被继承人无遗嘱，提供下列材料：第一顺序继承人，即配偶、父母、子女的亲属关系证明（全部）；如无上述亲属，则提供无上述亲属的证明及第二顺序继承人，即全部兄弟姐妹、祖父母、外祖父母的亲属关系证明。全体继承人签署一份声明书，声明被继承人无遗嘱。

（5）继承人签署一份委托公证处代办产权过户的委托书。

（注：上述文件均需当地公证处公证并经认证。）

虽然资金可以用遗产证明，但视不同情况还需要准备其他材料。

护照：凭借录取通知书、邀请函和存款单申办

用学校的录取通知书办理护照

收到学校的录取通知后，按国家规定先去本地教委开具同意你出国自费留学的证明，然后带证明到公安机关办理护照。

用邀请函办理护照

这种方法现在比较流行，但操作起来也不简单。首先要备齐申请资料，包括邀请函、邀请人的护照复印件、信封等。然后持这些资料去公安局指定的翻译公司翻译。递交材料时，你还要向公安部门简单陈述一下你和邀请人的关系，例如你们是怎么认识的，为什么会邀请你去之类的问题。

用美元存款单办理护照

先去银行存入数千美元，然后凭存款单复印件、户口簿、身份证复印件申请护照。这种方法操作起来很简单，递交材料时无须回答问题，根据相关规定的时间就可以拿到护照，出境卡上除了姓名、性别、出生日期、护照号码外，还有目的地和出境事由。

通过正规旅行社办理护照

一般来说，付给旅行社一部分手续费，他们会帮你办好一切。通常做法是先给申请人办一个团签出境卡的护照，然后等出发时再换卡。这种方法既省钱又省力。

护照的延期、换发及补发：要及时申请办理

 ### 申请条件

持有中国因私普通护照的本市常住户籍居民或华侨,具有下列情况之一的,可申请延期、换发或补发:

▶▶▶ **护照延期**

(1)护照有效期满前6个月以内(92版护照及护照首次签发时年龄不满16周岁的除外)。

(2)护照有效期不足外国使领馆签证期限的。

▶▶▶ **护照换发**

(1)护照已经延期两次,即将期满,不能再延期的。

(2)护照有效期内签证页用完。

(3)护照被损坏(自受理之日起3个月后再予换发)。

(4)护照出现质量不合格的问题不能继续使用的。

(5)护照被涂改,已接受出入境管理部门的处罚,处罚执行终结3个月后。

(6)其他经原发照机关或上级主管部门认可的特殊情形。

▶▶▶ **护照遗失补发**

(1)居民出境前遗失护照的。

(2)居民短期出境,在国外遗失护照回国后申请补发的。

(3)定居国外的中国公民,短期回国后遗失护照申请补发的。

申请材料

(1)提交填写完整的《居民因私出国护照申请表》,附申请人准备浅蓝色底正面半身彩照(规格为48毫米×33毫米)两张(其中一张贴在申请表上)。

(2)提交相应的身份证明材料。常住户籍人员提交居民身份证、户口簿复印件,交验原件;华侨提供中国护照及国外定居证明复印件,交验原件或工作证明等。

(3)与申请事由相应的证明材料:

①因私护照加注。提交原护照签发机关页及个人资料页复印件(交验原件)。其中属持照人使用外文姓名或前往国有关签证上的外文姓名与汉语拼音不一致申请加注的,须提交前往国的入境签证,或入境许可,或移民申请通知书等材料复印件,交验原件。

②护照延期。提交原护照签发机关页及个人资料页复印件,交验原件。

③护照换发。提交原护照签发机关页及个人资料页复印件。护照损坏申请换发的,提交损坏的护照。

④护照遗失补发。提交申请人遗失护照情况说明(情况说明须注明"因遗失护照所引起的任何纠纷由本人自己承担")。本市居民短期出境在国外遗失护照回国后申请补发的,还须提交驻外机关签发的《中华人民共和国旅行证》复印件。

(4)公安机关认为确有必要的其他证明材料。

请用黑色或蓝黑色笔填写申请表,所提交复印件使用 A4 纸张复印,并按顺序装订上述所列提交的申请材料。

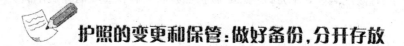

护照的变更和保管:做好备份,分开存放

护照的变更

持照人的护照内某些项目如需变更和加注,须到原发照机关提出变更和加注申请。发照机关受理后,一般在一周以内即可办妥手续。

申请护照项目的变更和加注手续,须按不同项目分别提供有关申请材料:

▶▶▶ 更正出生日期

如持照人需要更正原护照内的出生年月日的,须提交本人书面申请和本人户口簿、身份证等材料。

▶▶▶ 加注外文姓名

持照人姓名(含外文译名,即用汉语拼音字母拼写的姓名)的其他拼写形式需要加注的,申请人必须提交本人书面申请和加注原因的证明材料,发照机关受理后,即可加注在护照备注页上。

▶▶▶ 加注近期照片

持照人因面容变化较大,或护照使用过久照片不清晰等原因,可以向发照机关提出加注申请。申请时,必须提交书面申请和本人近期照片两张。

▶▶▶ 注销或添加偕行儿童

随同成年人一起出国的未满 16 岁的儿童与成年人共同使用同一本护照时,这个儿童称为偕行儿童(一般为成年人的子女、个别为持照人的被监护人)。如持照人需要添加偕行儿童,须提交持照人的书面申请亲属监护关系证明、户口簿及两张一寸照片(需注销偕行儿童的,提供成年人照片;需增加偕行儿童的,提供成年人与儿童的合影照片)。

▶▶▶ 变更"出境事由"和"前往国家"

持照人的有效护照并附有出境登记卡,需要变更"出境事由"和"前往国家"的,可分别按下列要求到原发照机关申请变更手续。

(1)在未获得前往国签证时,须提供的材料有:

①变更事由的相关证明材料(如邀请信和担保书等)。

②本人的申请书。

③本人所在单位的证明(须有负责人签字和盖章)。

④发照机关受理批准后,可换发新的出境登记卡,同时,收回原出境登记卡。

(2)已经获得前往国家或地区的有效签证后,因签证种类与护照内出境登记卡的"出境国家"或"前往国家"不一致,须变更"出境事由"和"前往国家"的,须提供的材料有:

①变更事由的相关证明材料(如邀请信和担保书等)。

②申请人所在地公安派出所的"注销户口证明",或"短期出国人员登记单"本人书面申请。

发照机关受理批准后,可换发新的出境登记卡,同时收回原出境登记卡。

我国有关部门规定,护照备注页不办理持照人姓名、性别、身份、婚姻状况、身份证号码和护照有效期等内容变更的加注手续。如持照人的身份、婚姻状况发生变化,应按换发新护照的手续办理。

为遗失后查找和向公安机关报案方便,以及应前往国办理签证的要求等,护照是可以复印的。一般复印第一页和第二页即可。如有效签证和延期、加注、偕行儿童等内容,也可以复印保存。签证空白页则不必复印。

📖 护照的保管

护照是重要的国际旅行证件,为了旅行和日常生活的方便,无论什么时候,都应该增强护照保管意识:

(1)拾获他人护照,应尽快交还本人,或寄送给原发照机关,或交给附近的使领馆处理。

(2)原中国公民加入外国国籍后仍应妥善保存原中国护照,或将其送使领馆注销(与外国护照或国籍证明一并递入,注销后的中国护照将退还本人)。

(3)要注意检查护照的有效期,在有效期满前6个月内申请延期,以免护照过期。

(4)不要轻易随身携带护照。护照不使用时,应将护照存放在防火、防水、防盗或自己清楚的安全地方。

(5)将护照复印一份,与护照分开存放,以备护照万一遗失后使用。必要时,也可到公证处公证护照复印件留存备用。

（6）外出旅行确需携带护照时，注意不要将护照随意放在车内或手提包内，应将护照贴身携带。

（7）最好不要将护照与身份证等其他证件一并携带外出。确需同时外出使用时，也不要将护照与身份证等放在一起，或将数本护照放在一起，以免同时遗失，造成无任何身份证件的尴尬情况。

（8）公众场所需要使用护照时，要注意减少护照的使用次数。离开时，应确认护照已妥善保管。

（9）切勿将护照作为抵押品。

（10）万一护照遗失，应尽快报告使领馆注销，避免被他人所用。

①护照在国内没有出境之前丢失。应向当地派出所报案，并索取报案证明，在当地市级以上出入境管理处指定的报纸登报声明；携带本人身份证及户口本去当地出入境管理处办理补办护照手续，办理手续规定周期为3个月；取得护照后，与使领馆取得联系，递交报案证明和报纸登报丢失声明复印件，办理补贴签证手续。

②护照在国外丢失。

A.携带本人护照及签证复印件去中国使领馆，申请挂失办理。使领馆会给当事人出示一张临时身份证明，供短期内使用。等护照办理完毕后，再补贴签证。

B.也可以将中国驻外使领馆出具的有关证明寄回国内，在户口所在地由家人帮助申请补发护照手续，取得护照后再寄往国外办理补办签证手续。

③出境后，返回国内丢失护照。可持本人在国外的身份证明（主要指在国外的居留证、注册的学生证、就职证明等）申请补发护照。

美 国

众多学子梦寐以求的留学胜地

 美女学霸拒绝了哈佛大学，选择了麻省理工学院

从 2017 年 1 月 22 日开始，美女学霸王某相继参加了麻省理工学院、哈佛大学、宾夕法尼亚大学、康奈尔大学等 7 所大学的博士学位面试。虽然美国 7 所顶尖大学向她提供了博士学位的全额奖学金，但她最终选择了麻省理工学院。

她为什么会被七所全球顶尖大学争相录取呢？

王某小学在西部一地级市小学就读，初中在省会城市中学学习。据任课老师回忆，她刚上初中时成绩并不突出，但她很快就适应了学校的教学模式和节奏，尤其是她的理解能力很好，只要老师教过的内容，她都能举一反三。她心灵手巧，人品好，同学们都很喜欢她。她不仅会刺绣、缝纫、做饭，还擅长音乐、美术。初三时，多数学生都在一门心思备战中考。她却和同伴专注设计"诗情画意"网页，之后获得该省中小学生电脑制作活动网页设计初中组一等奖。

在她的学业生涯中，从来没有上过课外辅导班。她的父母对她一直采用宽松的教育方式，给她充分的自由和尊重，没有期望她以后能够成名，只希望她做自己喜欢的事，并且能从中得到快乐。

虽然她初中的学习成绩是名列前茅，可她的内心深处是想出国深造。她 15 岁时，选择了独自去美国上高中。国外的学习生活异常辛苦，与通常人们所理解的出国留学大相径庭，去美国留学追梦的孩子们更需要拥有自律精神，才能在繁重的学业压力中找到适合自己的节奏和平衡点。刚到美国，首先要过语言关，她和舍友们常常一起拿着录音笔，将课堂上老师的讲课内容录下来，下课后反复听，直到听明白为止。历经三年的不懈努力，她成功考入波士顿的布兰迪斯大学，成为一名本硕连读的大学生。

一转眼,就到了她申请读博的时间,由于她才华横溢,哈佛大学和麻省理工学院等大学纷纷向她伸来橄榄枝,她果断选择了梦寐以求的麻省理工学院。

她总结了被七所名校争相录取的原因:

(1)她进入布兰迪斯大学学习时,就经常通过网站了解自己将来读博所学专业的学校排名,确定心仪的学校后进行了申请。

(2)她最终被名校录取与申请时提供材料有重要的联系,材料包括她在本硕学习阶段的学业成绩,基本上都是 A;还有 GRE 成绩;所在学校教授的推荐信;以及一篇介绍自己的文章,四年来做了什么,包括自己的实验项目,类似于在业界知名杂志上发表的论文等。

(3)她认为被名校录取,学习成绩优异不是唯一的条件,主要是做了什么实验项目和研究成果。当别人回国享受假期的时候,她总是为了钻研和学习忙碌在实验室。别人给她打电话,她经常不会第一时间接听,往往是过了几个小时后回电话,说她刚从实验室回来。

综上所述,可见她的留学生涯一帆风顺的原因不是她的运气有多么好,而是她提前做好了留学生涯规划,既严格执行、调整留学规划,又不断完善修正留学规划。

🔍 美国有哪些全球知名大学

麻省理工学院、斯坦福大学、哈佛大学、加州理工学院、芝加哥大学、普林斯顿大学、康奈尔大学、耶鲁大学、约翰霍普金斯大学、哥伦比亚大学、宾夕法尼亚大学、杜克大学、密歇根大学安娜堡分校、加州大学伯克利分校、西北大学、加州大学洛杉矶分校、加州大学圣地亚哥分校、卡耐基梅隆大学、纽约大学、布朗大学、威斯康星大学麦迪逊分校、华盛顿大学、德克萨斯大学奥斯汀分校、伊利诺伊大学厄本那－香槟分校、佐治亚理工学院、北卡罗来纳大学教堂山分校、波士顿大学、俄亥俄州立大学、莱斯大学、宾州州立大学公园分校、圣路易斯华盛顿大学、普渡大学西拉法叶分校、加州大学戴维斯分校、马里兰大学学院公园分校、南加州大学、加州大学圣塔芭芭拉分校、匹兹堡大学、艾茉莉大学、密歇根州立大学、明尼苏达大学双城分校、加州大学尔湾分校、达特茅斯学院、弗吉尼亚大学、佛罗里达大学、科罗拉多大学博尔德分校、罗切斯特大学、德州农工大学、伊利诺伊大学芝加哥分校、亚利桑那州立大学、范德堡大学、凯斯西储大学、圣母大学、乔治敦大学、亚利桑那大学、塔夫斯大学、马萨诸塞大学阿默斯特分校、迈阿密大学、北卡罗来纳州立大学、罗格斯大学、加州大学圣克鲁兹分校、印第安纳大学伯明顿分校、纽约州立大学水牛城分校、加州大学河滨分校、叶史瓦大学、波士顿学院、夏威夷大学马诺阿分校、东北大学、乔治华盛顿大学、伦斯勒理工学院、弗吉尼亚理工学院、纽约州立大学石溪分校、堪萨斯大学、犹他大学、科罗拉多大学丹佛分校、伊利诺伊理工学院、华盛顿州立大学、布兰迪斯大学、维克森林大学、佐治亚大学、康涅狄格大学、特拉华大学、爱荷华大学、德克萨斯大学达拉斯分校、佛罗里达州立大学、俄勒冈州立大学、杜兰大学、田纳西大学、新墨西哥大学、韦恩州立大学、美利坚大学、爱荷华州立大学、科罗拉多州立大学、马里兰大学巴尔的摩分校、纽约市立大学、克拉克大学、德雷塞尔大学、里海大学、雪城大学、辛辛那提大学、内布拉斯加大学林肯分校、俄克拉荷马大学、南佛罗里达大学、威廉玛丽学院、霍华德大学、密歇根理工大学、肯塔基大学、俄勒冈大学、佛蒙特大学、印第安纳普渡大学、新学校大学、休斯敦大学、马萨诸塞大学波士顿分校、密苏里大学、南卡罗来纳大学、克拉克森大学、路易斯安那州立大学、密苏里科技大学、罗格斯大学纽华克分校、史蒂文斯理工学院、天普大学、纽约州立大学阿尔巴尼分校、阿拉巴马大学、弗吉尼亚联邦大学、伍斯特理工学院、克莱蒙森大学、史密斯学院、南卫理公会大学、德州理工大学、中佛罗里达大学、丹佛大学、怀俄明大学、杨百翰大学、佛罗里达国际大学、佐治亚州立大学、堪萨斯州立大学、芝加哥洛约拉大学、新罕布什尔大学、塔尔萨大学、奥本大学、贝勒大学、纽约州立大学宾汉姆顿分校、福坦莫大学、乔治梅森大学、肯特州立大学、马凯特大学、迈阿密大学（俄亥俄）、新泽西理工学院、俄亥俄大学、俄克拉荷马州立大学、圣地亚哥州立大学、阿肯色大学、密西西比大学、蒙大拿大学、圣地亚哥大学、旧金山大学、太平洋大学（加利福尼亚）和犹他州立大学。

哈佛大学

哈佛大学坐落于美国马萨诸塞州剑桥市，是一所享誉世界的私立研究型大学，是著名的常春藤盟校成员。该校曾经培养出 8 位美利坚合众国总统，上百位诺贝尔获奖者曾在此学习和工作，其在文学、医学、法学、商学等多个领域拥有崇高的学术地位及广泛的影响力，被公认为当今世界最顶尖的高等教育机构之一。哈佛大学同时也是美国本土历史最悠久的高等学府，其诞生于 1636 年，最早由马萨诸塞州殖民地立法机关创建，初名新市民学院，是为了纪念在成立初期给予学院慷慨支持的约翰·哈佛牧师。学校于 1639年 3 月更名为哈佛学院。1780 年，哈佛学院正式改名为哈佛大学。

耶鲁大学

耶鲁大学坐落于美国康涅狄格州纽黑文，是一所世界著名私立研究型大学，最初由康涅狄格州公理会教于 1701 年创立，1716 年迁至康涅狄格州的纽黑文。耶鲁大学是美国东北部老牌名校联盟"常青藤联盟"的成员，也是八所常春藤盟校中最重视本科教育的大学之一。作为美国最具影响力的私立大学之一，耶鲁大学是美国历史上建立的第三所大学，其本科学院与哈佛大学、普林斯顿大学本科生院齐名，历年来共同角逐美国大学本科生院美国前三名的位置。耶鲁大学曾经培养出 5 位美国总统、19 位美国最高法院大法官、16 位亿万富翁等等。耶鲁大学的教授阵容、课程安排、教学设施方面堪称世界一流。截至 2015年，耶鲁大学的教授和校友获得了 52 个诺贝尔奖和 5 个菲尔兹奖。耶鲁大学图书馆拥有

1500万册藏书,在美国大学图书馆系统中排名第二 。耶鲁校园的260座建筑物涵盖了各个历史时期的设计风格,曾被一名建筑评论师誉为"美国最美丽的城市校园"。

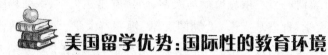

美国留学优势:国际性的教育环境

美国大学留学优势

▶▶▶ 高等教育质量,全球第一

在最新的世界大学前100强排名中,美国大学的数量占到了近半数,并且第一名及第二名均为美国的大学。在配套设施、师资水平、教育支出、教学等级,甚至教育环境及整个社会对教育的认知及重视程度上,毫不夸张地说美国的高等教育质量是全球第一的。同时,美国的高等教育学历在全世界得到广泛的承认和推崇。

▶▶▶ 杰出的学术地位

美国的高等教育系统以其纵横各领域的优秀课程设置一直走在世界的前列。在这里,本科课程,无论是传统的科目还是注重实用性的课程都一样出色;研究生课程,学生往往有机会可以同该领域当今世界最好的专家一起学习工作。美国颁予的学位因其杰出广受国际认同。

▶▶▶ 众多的课程选择

美国的高等教育系统能够迎合不同人的不同选择。有的美国高等院校侧重海外教育;有的侧重实用工作技能;有的则专长技术领域、艺术或者社会科学。因此,无论想读什么专业,你都可以在美国找到几所可以提供相关课程的大学。

▶▶▶ 最新的科技

拥有走在世界前列的科技和教学方法,并为学生提供最好的教学设备和资源,美国大学因此而自豪。即使你学习的专业好像同科技不相干,你仍然可以通过学习最终熟练使用新科技从而获得最新资讯,并同时与世界各地的同行保持联系。

▶▶▶ 研究、教学和专业培训机会

如果你正在读研究生的话,就有机会在参与研究和教学的过程中获得宝贵的经验,而且所得报酬还可以补贴你的学习生活费用。这些实际工作技巧在你将来的事业中将会受益无穷,同时让你学到很多在普通的课程学习中学不到的东西。

对很多美国大学来说,国际学生为课堂和实验室带来了新技巧和新思维,作为研究人员和教师,这些都是非常宝贵的。因此,不少美国的研究生课程同时为学生提供专业培训,以帮助他们能够成为助理教员或者助理研究人员。

▶▶▶ 灵活有效的学分制

美国高校实行学分制，只要学生完成了必修课程和规定学分就可以毕业并获得相应的学位。因此，经过周密的计划和实施，学生完全有可能在三年内完成本科课程，或在一年内完成硕士课程；也可能同时获得主修加辅修学位、双学位或三个学位，而不需要花费两至三倍的时间和费用。

▶▶▶ 留学生关怀服务

所有高等学府都设有国际学生部，帮助来自海外的学生在生活和学习上适应新环境。从刚入学的迎新活动到毕业就业，需要准备个人求职资料，你都会感受到来自学校和社区对你的关怀。

▶▶▶ 丰富多彩的校园生活

美国的大学为学生提供广泛的学术、文化和体育活动，为你的留学生活增添乐趣，同时你还可以结交新朋友。

▶▶▶ 国际性的教育环境

国际性的教育环境将会让你受益颇多，可以培养你的自信、独立及多元文化中的工作技能，而这些特质都是当今世界就业市场所需要的。这些都将会为你开拓美好的事业前景。

▶▶▶ 良好的签证形势

美国1000多所招收国际学生的大学基本都提供高质量的本科教学，其中有一半左右提供研究生教学。从这一点来说，留学美国拥有广泛的选择范围和更大的机会。同时，不同类别的院校满足不同背景条件的学生，有留美愿望的学生多数能找到合适的大学。近些年来，美国移民局开始放宽留学签证的尺度，甚至很多被其他国家拒签的学生最后都成功拿到了美国签证。相信在消除了对美国签证难的疑虑和误区后，美国会成为越来越多中国学生留学的首选。

美国高中留学优势

为什么每年总有很多中学生去美国留学？到美国高中留学，学生接受了新的教育理念，得到了更为全面的发展，从而具备了更多软技能。美国的高中教育造就了比尔·盖茨、史蒂夫·乔布斯和马克·扎克伯格等时代精英，虽然他们大学辍学，却依然创造出伟大的企业。可见，美国的高中非同寻常。那么，美国高中到底还有哪些优势？

▶▶▶ 修满学分即可毕业，学习的课程没有严格规定

美国的高中实行学分制，和我们国内高中不同，高中学生修满一定学分后就可以毕业。在美国上高中，没有什么严格规定要求学生必须上哪几门课程，每个学校会根据自

己的办学理念来设置自己的课程体系。大多数学校要求修满 20～23 个学分就可以毕业。在这 20 多个学分里,学生可以选择必修课、选修课,以及大量的高难度课程。因此,美国中学没有一个清晰的班级的概念,同一年级的学生可以选择不同难度的课程。举例来说,同样是 11 年级的学生,同样选择了数学课,但难度会有很大不同,学生在不同的课堂上学习不同的内容。

▶▶▶ 选择自己擅长的领域,充分发掘自己的潜力

才华横溢的学生在高中学习期间可以学习大学一二年级的学术性课程。这样的教学理念和国内是明显不同的。在国内,所有学生上同样的课程,在题海中为了更高的分数而努力,真正在某方面有天赋的学生也必须和其他同学一样重复同样的习题,而没有时间充分发挥自己的特长;另外一些没有天赋的学生,由于必须和其他学生做同样的题目,只能在不断积累的挫折中成长,慢慢失去了自信。可以说,美国的课程体系设置完美解决了这个问题。有天赋的学生甚至可以提前修完大学的课程,而在某方面没有天赋的学生,也可以很好地完成较低级别的课程,从而有更多时间去发展自己真正擅长的领域。马克·扎克伯格能在大学低年级就创建 Facebook,无疑和他的各种兴趣在中学阶段得到良好发展有关。

美国留学高中除了充分发掘学生的天赋并给予充分发展的机会,还有利于学生快乐地成长。现代的"幸福理论"认为,人只有做自己擅长并喜欢的事,才能获得幸福。而这种选择的权利和幸福的感觉,往往能极大地激发学生学习的自主性。

有一个小男孩,据说医院诊断他患有多动症,他从小在学校就不受老师、同学欢迎,不仅学习不好,往往还闯祸,家长经常承担很大的思想压力,无奈之下送到美国高中留学。出人意料的是,到了美国短短一个多月的时间,因为选择了喜欢的课程和课外活动,孩子变得积极乐观,老师和同学们挺喜欢他,在和母亲沟通时,甚至谈到了对自己未来学业的规划。小男孩一系列惊人变化,不仅让父母喜出望外,也让周围邻居感慨万千,纷纷登门打听美国高中留学详情。

在国内,不受学校欢迎的小男孩留学美国高中后,在不同的课程体系下,竟然能迸发出巨大的学习动力,面目改变如此之大,让我们再次感叹美国的课程体系的设置完美至极。

▶▶▶ 中学开设大量的课程,可以按需选修

美国的中学,尤其条件比较好的私立中学,往往会开设大量的课程。例如,大家熟知的安多佛菲利普斯中学开设了 300 多门课程,包括环境科学、心理学、哲学和宗教、汉语等。那么,这么多的课程是可以随便学的吗? 当然不是,学校会明确哪些是必修课,哪些

是选修课,哪些课程是达到一定要求才能学的。而大学在录取时,往往也有相应的要求。以普渡大学为例,学校要求申请者在高中阶段完成以下课程的学习:8 个学期数学,6 个学期实验科学(包括生物、物理、化学、天文、生理学等),8 个学期英语,6 个学期社会科学和 4 个学期外语。对申请工程院的学生还要求必修一些相关的课程。

在保证了必修课,也就是在学生形成基本完整的知识体系的基础上,大量的选修课给了学生全面发展的机会。互联网时代的发展,跨界已经成了新常态,美国的学生从中学阶段就可以接触到不同的学科和不同的领域,这大概就是美国能够产生这么多创新型公司的原因之一吧!

▶▶▶ 美国中学的授课和考试多样化

在国内中学,虽然教育改革如火如荼,但证明学生的实力只能在考场上,能否升学甚至改变人生命运靠的还是那"一考定终身"的高考。而在美国,授课和考试形式是多样化。各种兴趣小组的作业培养了学生团队合作精神;各种论文培养了学生独立思考和查阅资料的能力;各种报告培养了学生做 PPT 的能力;各种社团活动培养了学生的领导力……各种能力培养在潜移默化中形成。秉持着同样的教育理念,美国大学在招生过程中除了硬性的成绩单和标准化考试成绩外,对各种软技能也提出了多种要求。

近年来主流媒体报道数据显示,到美国高中留学,比在国内完成高中学业的学生更容易被美国大学录取。美国高中对学生的培养方式更符合美国大学的招生要求;到美国高中留学除了对进入美国大学有利之外,对于学生综合素质的培养也更加有利,还可以获得未来在职业发展中非常重要的软实力。

美国的高中教育模式不得不让人敬佩,难怪那么多家长挤破头都想把孩子送往美国高中留学。

美国奖学金:多如牛毛,几百美元至十几万美元不等

很多学生都有美国留学的梦想,其中多数人选择了自费留学,但往往会因为生活压力所迫四处打工,疲于奔命,反而没有足够精力应付语言和学业。事实上,美国的奖学金多如牛毛,国家有国家级奖学金,学校有校级奖学金,系里有系里的奖学金,还有一些社会团体设立的多种形式的奖学金,有些是基金会、企业、公司、工厂或私人捐助给学院的,这类奖学金有几十万种,金额从几百美元到十几万美元不等,大部分只提供给美国公民,供给海外学生的很少;非美国公民或外国留学生主要争取学费奖学金,但并不容易。通常学校越大奖学金越多,学校、专业越知名奖学金就越多。

奖学金分类

美国高校奖学金(校内奖学金)分为:非服务性奖学金、服务性奖学金和学校贷款

三种。

▶▶▶ 非服务性奖学金

非服务性奖学金申请比率最大,其金额也最多,包括学院奖学金、助学金、全免学杂费及其他一些依学院本身而定的奖励,不同院校在金额和份数上有很大差别。

▶▶▶ 服务性奖学金

服务性奖学金是指助教金和助研金两种,一般颁发给研究生、博士生,本科生在少数学院也能获得助研金,但比率相对很小。服务性奖学金供给学生一定数额的现金,同时大多数学院又免学杂费,但要求获得此类资助者每周担任 12 ~ 20 小时的辅助教学或研究工作。

▶▶▶ 学校贷款

学校贷款的金额一般相对较少,且多数美国高校只把贷款颁发给本国学生,而不颁发给国际学生。

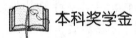 本科奖学金

▶▶▶ 按需求评定的奖学金

Need-based 奖学金是依据学生家庭经济状况给的,主要考虑的要点是父母收入、家庭资产、家庭大小和其他因素。Need-based 是申请人最希望得到的奖学金,奖学金形式一般有助学金、奖学金、贷款和校园工作等几类。Need-based 奖学金对于本国的申请者来说是非常丰厚的,许多大学 80% 以上的一年级学生都能以不同的方式获得 Need-based 奖学金。但是对于国际学生来说,只有少部分大学是有提供的,绝大部分的大学仅有少量甚至没有 Need-based 奖学金供国际学生申请。

▶▶▶ 按学习成绩评定的奖学金

Merit-based 奖学金是以申请人本身的学术、思想品质、发展潜力等实力因素来决定最后奖学金的多少。不管你经济上是否需要帮助,只要是学校认可你的学术背景,一样还是会给予奖学金的。大多数的 Merit-based 奖学金并没有局限于美国本土的学生申请,而是针对大部分申请者,所以你要是觉得自己有着过人的背景,不妨尝试申请。但此种奖学金名额一般都很少,而且数额一般不能满足学生的需要,更多的是起到表彰的作用。另外,这种奖学金在顶尖大学里几乎没有。所以,对于有志于常春藤院校的家长和学生,要事先做好没有奖学金的思想准备。但一些二流三流大学,为吸引好学生,也会有这类仅凭好成绩就能拿到的奖学金。

▶▶▶ **Need-blind**

Need-blind 是一种资助,不是奖学金,是美国大学的录取政策。对于很多资金实力雄

厚的私立大学,他们在录取学生的时候,不考虑学生是否需要学校提供资助,也就是说你申请奖学金与否对你的申请没有任何影响。一旦他们认为你符合录取标准,他们会根据学生的家庭情况做出判断:该学生家庭能够承担多少费用,其余全部由学校设法提供。美国很多大学都声称自己采取这种一视同仁的政策,但很多学校实际上做不到。对于国际学生、转学生等,Need-blind 政策往往不适用。

 ## 研究生奖学金

▶▶▶ 助学金

助学金是一种金额高,竞争激烈的非服务性奖学金,一般情况下如果获得一所学院授予的助学金,便是获得了全奖,即除了免学费、杂费、住宿费、保险费、书本费以外,还给获奖学生一定额度让其消费。助学金在申请过程中竞争尤其激烈,一般除了要求较高的TOEFL、GRE 或 GMAT 成绩外,还要有较好的国内学校成绩单、GPA、推荐信和读书计划,这些材料的准备要注意技巧,做到与众不同,才能顺利地拿到全额助学金。

▶▶▶ 奖学金

奖学金的形式可以是规定一定的金额数量,作为某种奖学金形式颁发给成绩优异的学生,也可以是一种学费或杂费全免。此种奖学金的具体金额,随学院规定的学杂费金额高低而不同。奖学金不像助学金一样只有一种形式,它在同一所大学可能设置几种甚至十几种不同形式的奖学金,一个学生可以有资格同时申请两种以上的奖学金。通常来说,获得奖学金的概率要比获得助学金的概率大一些,但奖学金的金额比助学金要少一些。

▶▶▶ 全免学费

在一些美国学院中,设有全免学费的奖学金,有的学院把它作为奖学金的一种,有的学院把它单独列出。实际上全免学费并不属于奖学金的范畴,而是属于经济资助,这是中国学生,尤其是非理工类申请人拿得最多的一类资助类型。它也是非服务性资助中发放最多的、最容易申请的一种,但由于学费只是总花费的一部分,所以如果要获得足够的资金,还需同时申请其他形式的奖学金。

▶▶▶ 助研金与助教金

助研金与助教金属于服务性奖学金,获得此类资助者每周担任 12 ~ 20 小时的辅助教学或研究工作。这种经济资助只提供给硕士或者博士申请者。对于申请美国研究生以上级别的中国学生来说,获得奖学金的概率会比本科生或本科转学生大得多,多数是以拿到这两种服务性薪金的一种来获得全奖的。多数美国大学对 GRE、GMAT 的成绩不设置最低线,申请人只要硬件条件过硬,并注意申请技巧与方法,是完全可以拿到全奖

的。有一点要说明：助研金与助教金所得是要纳税的。

📖 奖学金申请

奖学金的申请，从进行第一次信函联系到拿到全额奖学金往往要花上半年到 10 个月的时间，美国高校一般都在每年的 3—4 月决定本年度奖学金的分派，有的学校会在 2 月份或 5 月份决定，这要根据不同学校所规定的申请奖学金截止日期而定。

美国大学的奖学金设置，大部分都是分派给美国本国学生，少部分给国际学生，且竞争十分激烈，但仍会有较多中国留学生能够拿到全奖，这主要是因为在国际学生中，中国留学生的竞争力要比其他国家留学生大得多，无论是中国学生在国外大学里的影响，还是自身实力，都已给美国大学留下了良好的印象。

对于中国留学生来说，申请全额奖学金最重要的是要懂得如何去申请：具有优异的 TOEFL、GRE 或 GMAT 成绩的申请者如何使自己的成绩更具有说服力，如何使美国学校欣赏申请人的整体素质，而不是单一的考试成绩；TOEFL 与 GRE（GMAT）成绩并非十分优异的申请人，如何在推荐信与个人简历及读书计划中弥补这一不足，如何在成绩并不出类拔萃的情况下使申请学校深知申请人的高素质与实力。

在实际申请中，无论是 TOEFL、GRE（GMAT）成绩还是其他所有必要的申请材料（包括 2~3 封推荐信、个人简历、读书计划、在高校的成绩单），它们的作用都是使所申请美国学校认为申请人是一名在学术上与素质上都非常优秀的学生，这样学校才会把奖学金授予申请人。很多中国学生认为，只要有了高分的 TOEFL、GRE（GMAT）就一定能申请到全额奖学金，这是错误的。有不少具有很高 GRE 与 GMAT 成绩的申请却没申请到一所学校的奖学金，相反也有不少申请人 TOEFL 刚过 500 分，GRE 1600 多分，仍能顺利地拿到了全额奖学金。

对于美国学校评定奖学金的人来说，TOEFL、GRE 成绩只是衡量标准之一，它们的重要性并非是最大的，推荐信、个人简历、读书计划与学生在中国的学习成绩单这几项材料每一项的重要性都不在 TOEFL、GRE 与 GMAT 成绩之下。因此，不要忽视这些"软件"材料，很多学生正是在这些"软件"材料上栽了跟头，结果痛失良机。此外，突出自己的个人优势，与申请学校建立一种较为密切的联系，对申请到奖学金有很大的帮助。

▶▶▶ 联系大学

一旦决定了入学时间，就要在入学前 9~11 个月向美国大学发出索取申请资料与表格的信函，第一次的联系应扩大自己的选择范围，一般要向 50~80 所不同学校发出信函，要求对方寄来录取申请表，奖学金申请表及有关申请专业和学校的介绍。绝大多数的大学在收到信函后会立即把这些材料寄回的，同时会有一些关于奖学金设置情况、学校规模、学校资历、专业师资及学生服务设施等材料。

收到美国大学的回函后，要进行大概的挑选，选择标准可以根据自己的兴趣而定，侧重申请奖学金的学生，应注意申请学校所设置的奖学金类型，国际学生可以申请的奖学金种类有多少，能否申请到全额奖学金资助（把所有国际学生可以申请的奖学金总额与每一学年在学校的总花费进行比较，奖学金总额高于总费用的学校即为有可能申请到全额奖学金的学校）。

同时还应注意学校有无对申请奖学金在 TOEFL 与 GRE（GMAT）分数上的限制。比如有些名牌大学要求申请研究生助教金需提供 TOEFL 分数 600 分，或是 TSE 成绩高于200 分，GRE 分数高于 1900 分，其中语文与数学两门分数不得低于 1100 分，等等，这些如果有明文规定申请奖学金资助条件的学校，一般是不会降低要求的。大多数学校在奖学金申请上没有严格的分数限制，只有一定的 TOEFL 分数要求，这些学校是相对比较容易申请的，而且会有较大的发挥余地。

申请人数与颁授奖学金资助人数的比率也是一个重要的筛选因素，颁授奖学金比率高的学校无疑容易申请奖学金。但这个比率并不能完全说明申请的难易程度，因为一些低标准的学校虽然比率并不高，但因为申请人的自身素质也相对较低，所以并不见得不易申请，同样一些名牌大学虽然颁授比率很高，但由于申请人多为高分集中的申请群体，反而很难获得资助。

▶▶▶ 参加必要的考试

美国大学在评定申请人奖学金资助时，会要求申请人提供一种或几种标准考试成绩。美国目前在中国举行的标准考试有：TOEFL、GRE、GMAT、LSAT、TSE。

参加必要考试的时间应越早越好，TOEFL 有效期为 2 年，GRE、GMAT、LSAT 的有效期均为 5 年。但要注意的是 GRE、GMAT 与 LSAT 要力争一炮打响，如果第一次成绩不理想，再考第二次，ETS 寄送成绩时会把两次成绩一并寄到学校去，而学校往往会参考两次成绩的平均分数。在寄送 TOEFL 成绩时，只寄送最近的一次。因此 TOEFL 成绩不理想可以考第二次、第三次，但 GRE、GMAT 与 LSAT 最好力争第一次考出高分来。在参加这些必要考试之前，就该开始与美国高校进行第一次书信联系，不过有许多申请人是在参加考试之后再联系的。

只要有较为充足的时间，在考试之后联系美国高校也未尝不可，但第一次联系时间最晚应在准备入学时间的前 8 个月，因为第一次联系过程中会出现许多问题，例如申请表格不齐全，校方在奖学金问题上的回复不清楚，资助情况不够详尽，或是回信上言明要与某人再联系索要详细的奖学金资助情况介绍。这些麻烦都会耽误申请时间，如不尽早联系，很容易错过申请奖学金资助的截止日期。一封国际信件从航空寄出到收到对方的回复前后要 1~2 个月时间，若需要第二次联系索要详细的奖学金资助介绍就应至少提前 2~4 个月联系，这一点十分重要，而往往又被很多人忽视。总之，参加必要考试与初步联系都应尽早开始，这样才能有充分的时间去准备具体申请资料，在申请过程中做到有条不紊,顺利获得奖学金资助。

▶▶▶ **准备申请材料**

申请材料的准备十分烦琐,整套申请材料包括:已填好的校方寄来的入学申请表,已填好的各种奖学金资助申请表及财力证明表,TOEFL 等必要考试成绩复印件(同时要求ETS 寄送成绩),2～3 封教授推荐信,中英文两份学习成绩单,简历,读书计划,学历证明。在准备一套申请材料的时候应认真对待,经常会有一封优秀的推荐信或是一份优秀的读书计划在申请奖学金资助上起到决定性影响。某些时候,仅由于读书计划的粗心大意,可能就会导致整个申请的失败。

(1)填表。在与美国学校联系之后,学校便会寄来录取申请表、奖学金申请表、财力证明表等表格,申请人填好后再寄回学校。录取申请表的内容会涉及申请人的姓名、地址、国籍、出生日期,在申请前就读的大专以上学校名称及学习专业、学历推荐人姓名与联系地址,必要考试(TOEFL、GRE)的参加时间及分数,在校期间受过的各种荣誉及奖励,工作经验,如发表过论文或出版过书籍,则要列明论文与书籍的名称与发表、出版地点。

填写录取申请表时应按照实际情况填写,其中"获得各种荣誉及奖励"一栏与"工作经验"一栏要尽可能写得齐全。许多申请人在这两项内容中写得很马虎潦草,或是不清楚该如何填写。其实,校方审阅人是很看重这两项内容的,一些申请人看似并不重要的奖励(如中学时的竞赛奖励)和工作经验,可能就会引起审阅人的重视。例如在以往申请的学生中,有位在"工作经验"一栏的最后一行写上:"××年8月在市级网球比赛中作义务捡球员",这一个工作经历看似与其申请研究生入学是没有什么关系的,但事实上就是因为这一项经历引起了审阅人高度的重视。校方认为,在网球赛中捡球是一项既乏味又累人的工作,一名年轻人能够义务承担这样的工作,足以说明这名申请人既有极强的责任心与公共事业心,又有很强的吃苦精神。于是他十分顺利地得到了助研奖学金与研究生助学金两项资助,通过了签证。

总之,在填表内容上应尽量把有利于自己申请奖学金资助的各种经历和奖励都写上,必要时还应附带寄上一些证明性文件的复印件,增强说服力。奖学金资助申请表有很多种,不同类型的奖学金资助会有不同的表格需要填写,但其内容大致与录取申请表相似。有的学校要求奖学金资助的专门推荐信,这些材料都应准备好,还有一些学校是不需要填写奖学金申请表的,这些学校在录取一名学生的同时,便会决定是否颁授奖学金资助及奖励金额。

财力证明表是校方寄给申请人,并要求申请人填写自己的支付能力以供在美国学习及生活花费。除了个人存款外,还要求填写家庭资助、政府资助、经济担保人赞助等方面财力来源与具体金额,学校要求申请人填写财力证明表是为了了解申请人的财力情况,从而判定申请人另外需要多少校方奖学金资助才能覆盖一年的全部生活费用。

美国学校给国际学生的奖学金资助是按照"需要与成绩"结合的原则颁授的,即获得资助的申请人不但学业成就上达到颁授奖学金资助的要求,还要同时表明需要奖学金的资助。如果在财力证明上填写有充足的经济来源可以供申请人在美国读书与生活,那么即使学业成就再高,校方也不会授予其奖学金资助的。但也不应全部都填为零,那样学校若无法颁授全额奖学金,就不会再考虑其他形式的奖学金资助了,学校会认为即使把其他形式的奖学金授予此申请人,他仍然不能够提供充足的资金来完成一年的学习与生活。实际上,能拿到2/3以上的奖学金就比较容易通过签证了,尤其是读研究生或博士学位的学生(2/3奖学金是指学校授予的奖学金总金额占在此学校一年全部学习与生活费用的2/3)。因此,填写财力证明应根据自己的实际情况来填写,的确没有经济来源和一定要申请全额奖学金资助的学生,此表的各项内容可以填写为零。

财力证明表涉及内容有:申请人姓名、地址、国籍、出生日期;一年中在学校所需要的全部费用的金额;申请人个人能够提供的金额;基金会、政府等资助金额;申请人家庭可提供的金额;申请人的经济担保人可提供担保的金额;担保人(如果有担保人的话)签字及银行储蓄证明单复印件。绝大多数中国学生在申请奖学金资助时,除了少量的个人或家庭美元存款外,大部分的金额需要校方以奖学金形式资助,美国的学校也十分清楚中国的学生是很少能承担昂贵的学习与生活费用的。

有经济担保的申请人可以在"担保人资助"一项中填上其担保金额。有一些学校在初次回复时并不寄正式表格,而是寄来预表,让申请人填好寄回,初步审查,合格后再寄送正式申请表,正式表格寄来后再申请,多数会被录取。预表的填写中一项较为重要的是TOEFL、GRE或GMAT成绩,一些还未参加考试的申请人,可以填上一个估计分数寄回,或是等成绩下来后再寄回预表。如果你想得到学校基金会的介绍材料与申请表,你就应该直接写信给这所学校的奖学金办公室或国际学生办公室,询问有哪些奖学金授予国际学生;并希望对方寄回申请表。美国大多数大学都有国际学生办公室和奖学金办公室,它不但会为你提供你所想知道的奖学金资助信息和材料,有时还会帮助你解决难以解决的留学问题。

(2)推荐信。美国大学一般要求申请人提供2~3封教授推荐信以了解申请人在学习成绩、学业成就、工作能力、在校期间表现及申请人性格特征等方面的情况,信函一律用英文书写。

中国学生习惯请他们的导师、系主任、任课教师来写推荐信,已经参加工作的申请人还可以请自己单位的领导、经理或总裁为自己写推荐信,无论是写几封推荐信,信的内容应对申请人适度赞扬,但又不可空洞,尽量把申请人出众的方面加以着重评论,如第一封着重介绍申请人的学业成就,在校获奖情况、学习成绩、学术论文,在学校期间学习努力,具有创造意识,等等。第二封着力赞扬申请人的工作能力,如工作期间吃苦耐劳、能够解决工作上别人无法解决的问题,等等。第三封重点介绍申请人的性格优点与整体素质,如乐于助人、具有与同学同事合作的精神及逻辑思维,具有分析能力、宏观决策能力,等等。

实际书写中可以根据自己的情况具体安排,但都不要泛泛而谈,且要注意层次和条理。有部分学校设计表格来让申请人转交推荐人。这种推荐函可能会列出十几项不同的标准,每项均需推荐人在不同的层次上画上"√"或是附上简单的词句,这种推荐形式比正式的"信函式"推荐信要简单得多。

推荐信是美国大学对奖学金资助申请人审核的资料之一,非常忌讳脱离实际的称赞,那样会让审阅人认为有私心并非客观评价,从而全盘否定。对于成绩欠佳的申请人可在推荐信中说明其成绩欠佳的原因,缺点也需适当有所说明,只要不是严重的缺点,对整体评价无太大损害。有名望的推荐人无疑对申请人有很大帮助,若能在三名推荐人中找一名比较有名望的推荐人,对申请人会起到事半功倍的作用。美国大学要求推荐人填写他与申请人的关系、相识时间与熟悉程度。相识时间很短,对申请人不甚了解的推荐人的评价是不具有说服力的。如今的美国大学常以教员中有博士学位的百分比大小评估其学校教学水准的指标,因此,若能找此类学校已获博士学位的教授作推荐人,那是最好不过了。

(3)个人简历。个人简历是申请奖学金资助中必不可少的一项材料。申请大学入学与奖学金资助,要准备一份合适的个人简历。在美国,个人简历就好像一个人的经历提纲一样,使审阅人很快对申请人有一个认识的框架,然后会根据推荐信、读书计划及其他材料再进一步了解申请人各方面的具体情况。个人简历的最大特点就是有很强的针对性,一个人可以根据不同的需要和申请目的有十几份甚至几十份不同的简历,申请奖学金资助的个人简历就要专门为申请奖学金资助来写,包括一切有利于申请奖学金的各项内容。通常来说,申请奖学金资助的个人简历内容应包含所学课程、所获奖励与荣誉、工作经历、发表论文、英文及其他语言水平、个人研究兴趣等内容。

(4)读书计划。读书计划是在申请过程中按照学校的要求来写一篇有关申请人过去背景、目前成就或是未来计划目标的文章,一篇成功的读书计划不但应语言流畅,且文章逻辑严谨、层次分明,能充分显示申请人的才华,并抓住审阅人的注意力。

要写出这样的文章,即使对于母语为英语的美国人来说都是十分不易的,更不要说对于母语为非英语的中国学生。但是美国的学校在读书计划这项材料上并不对中国学生降低要求,他们认为既然申请人被录取后会与美国人一起学习,那么就应用同样的标准衡量国际学生,一篇成功优秀的读书计划不仅仅要求文法上没有错误,还要求语言流畅并具有感染力与吸引力,同时要说明自己的整体素质与学术成就,这的确不是一件容易的事。

许多学生为了写一篇优秀的读书计划要花上一个月的时间,这并不奇怪。然而,写好一篇读书计划并非很难,首先我们要明白审阅这篇读书计划的人想要知道什么,审阅人最看重什么,什么样的读书计划才算是出色的。然后我们才可以根据自己的情况写下这篇文章。

读书计划可以分为两种不同的类型。一种是总括型读书计划,这种类型的读书计划实质上是一种个人散文,即用最大的广度、最可能的深度来介绍申请人的情况,无论是背景、现状,还是未来。这种类型的读书计划被广泛应用于医学院、法学院等研究生院中。另一种是专项型读书计划,这类读书计划往往着重介绍申请人在某学业或事业领域上的成就与见解,在一种小范围内尽可能详尽地说明自己的情况,这种类型的读书计划常在商学院的申请人中见到。无论是采取哪种类型的读书计划,申请者都一定要了解清楚学校需要申请人回答什么样的问题,是单一的对未来学习生活的展望与计划,还是全面的介绍自己各方面的情况。部分美国学校不要求提供读书计划,或是不规定读书计划的内容与形式,这样的学校也应备一份连同申请材料寄去。

如果不规定具体形式,就把文章重点放在有利于自己申请奖学金资助的一个或几个方面上。

针对具体的情况,建议在写读书计划之前首先考虑以下几个问题:

①在你的经历中,有哪些独特与吸引人的地方,生活中的细节(家庭、历史、影响你人生的事件)能够使审阅人较好地了解你,并认为你与众不同。

②你何时开始对你所学的专业产生兴趣,为什么感兴趣,当时你对它的认识是什么。

③如今你对你申请的专业了解有多深,你的奋斗目标是什么。

④如果你的成绩(大学成绩、标准考试成绩)不是很理想,你是否需要为此解释一下。

⑤你曾经克服过什么困难,有什么样的经历、技能或优点。

⑥你为什么会选择这所大学。

回答以上所有的问题并不容易,但至少有一半的问题对申请是很重要的。许多人并没有经过仔细的回顾,往往一些很相关的方面都被忽略了。审核人阅读一篇读书计划,是为了能够全面地了解申请人,最糟糕的事情是你的读书计划令审阅人感到厌烦。

考虑完这几个问题之后,就需要真正着手去写了,这时应注意的是:

①这篇读书计划在为哪所学校而写,这所学校有没有内容上的规定,如果有,规定是哪些。

②你正在准备的是一篇个人读书计划,无论从哪个角度来写都要突出文章的独特性,而不能模棱两可。

③有选择性地选择材料,详细说明有利于奖学金申请的材料,去掉与主题无关的材料,也不要加入太多的细节,否则会导致评审意见被引入一个误区。

④无论谈及成功还是失败,都需要保持一种乐观的态度与口吻。尽管一些过去的失败与挫折会在一定程度和方面上被认为是不利的,但是如果能树立起一种自信和认真,那是会很令人欣赏的。

⑤如果你的生活没有太多的与众不同，那么就选择一个新颖的角度来写。

⑥第一段就抓住审阅人的注意，适当以与众不同的形式表现，但不要过分。

⑦如果你申请了几所不同学校，你是否写了不同的读书计划。审阅人如果感到你的读书计划是完全的空谈，那么会把整个材料否定的。

（5）成绩单与学历证明。本科一年级入学的申请人，仅需要提供中学成绩单就可以了。申请大学转学，需要提供中学成绩单及转学前大学成绩单，申请研究生学位或博士学位的就需要提供大学本科及以后就读的任何学校的成绩单，无论提供哪种成绩单，都需要由学校负责管理学生成绩的部门（如中学的教务处、大学的教务处、学生成绩办公室或系办）开出并由申请人寄给申请学校。

大多数美国学校要求申请人自己向所在系申请开出成绩单，再由申请人连同其他材料一同寄发给学校。美国入学强调成绩单的"官方性"，而不允许成绩单由申请人自行开出证明文件。"官方成绩单"要求学校或所在系开出成绩单后加以封印，只有材料到达申请学校后方可拆开。另有一些学校要求成绩单直接由学校寄出，而不能由申请人代寄，申请时应按这些学校的要求来做。

除成绩单以外，另一项申请入学与奖学金的官方证书便是学历证明。申请本科入学需提供高中毕业证明，研究生入学需提供本科毕业证明。美国学校采用的是学分制，教学体系比较灵活，有一些学校研究生入学不要求提供学士学位证明与本科毕业证明。但若申请奖学金，这些证明都是必不可少的。尚未毕业但会在赴美留学前毕业的申请人（如大学应届毕业生），应告知学校自己将会在何时获得什么学位。

（6）TOEFL、GRE（GMAT）成绩单。按照每所美国学校的要求，申请人应向学校提供官方TOEFL、GRE（GMAT）成绩，即应由申请人向美国教育考试中心（ETS）提出要求，向其申请的一所或几所学校寄送考试成绩，同时交纳一定的服务费用。直接从ETS寄送的考试成绩为"官方成绩"，这种成绩学校会接受，由申请人私自寄送来的成绩单复印件属于非官方成绩，学校不予正式接受。然而在实际情况中，由于ETS寄送成绩时造成的时间延误、邮件丢失，或是成绩查询错误等经常会耽误申请时间，为申请人带来很大的麻烦，因此美国学校会先对申请人寄来的成绩单复印件作以参考，把ETS寄来的成绩作为证实。申请人应在寄送申请材料时附以TOEFL、GRE（GMAT）的复印件，同时声明已经向ETS要求寄送正式成绩，这样就不会因ETS耽误时间而错过获得奖学金资助的机会。

当一切准备材料都齐全之后，就可以一齐附上申请费发往申请学校了。申请费的缴交方法与要求ETS寄送成绩的方法相同，即在中国银行办理一张收款人为申请学校的汇票，随邮件一同寄给学校招生办或系办。学校在收到申请费之后，方会审查申请材料，否则会通知申请人速寄申请费。在系办十分欣赏申请人的情况下，系办会代申请人缴交申请费。这时申请人可以在邮件中附一封信，请求迟交申请费，有时也会被接受。另外，一些学校根本不要求申请人缴交申请费，这些学校尽可能地申请。

留学打工：可以合法兼职打工

美国留学打工概况

在美国留学期间即使有微不足道的一点收入，都会对生活有所帮助，不少留学生都利用课余时间打工。

勤工俭学不但会影响学习，而且学生本人的社交活动也会受影响。尽管美国的移民部承认留学生打工，但还是倾向于那些有足够经济基础不需依赖打工维持学业和生活的留学生。

美国对留学生就业有严格的条例管制。由于美国目前的经济状况，失业率颇高，政府往往是对合法移民给予优先关照。尽管如此，留学生还是可以合法兼职打工。

由于有种种便利，不少留学生都在校园兼职。只要取得的是 F-1 类自费留学生签证，就可以每周工作 20 个小时。但如果你想到校外打工，则要向美国移民部提交申请。为此，你必须出示你取得的 I-20 表格以证明你持的是 F-1 签证并可以合法打工。取得 F-1 类签证的学生拿到学位以后，如果希望留在美国工作，则必须申请 H-1B 签证，H-1B 签证是临时就业许可，持证人只能在某些专业领域工作并必须持有本科以上的学位。顺利获得该签证的学生可以在美国工作最长 6 年的时间。

取得 J-1 类签证，公费或拿奖学金来读书的，在美国打工会有严厉的限制，即使是在校内兼职也必须先得到资助机构的同意，而且，学习完成后必须按照合同规定马上返回原国。取得 M-1 类签证的学生，学习的是职业性和技术性课程，这类学生只能在相关的行业兼职打工，如果想留美工作，则需要学校证明这个行业在中国不可能找到就业的机会。

需要注意的是，如果你取得的不是 F-1 签证，可能会很难找到雇主，所以，留学美国之前就必须先准备好充足的费用。

美国留学打工技巧

留学生到了北美，除了学业以外，打工同样也是一个非常重要的了解当地社会的手段，并且打工对于减轻留学费用压力也是一种很有效的方式。不过由于很多留学生初到北美，对当地的就业情况和打工情况并不了解，所以可能会出现种种问题。以下是对在美留学生打工的五点建议，供广大留学生参考。

▶▶▶ 尽量在校园内寻找工作机会

学校其实是一个工作机会比较多的地方，图书馆、体育馆和学校餐厅，很多地方都大量需要打工的学生。而中国留学生刚刚入学,对当地的情况并不熟悉,校园的工作机会应当是重点争取的。校园工作的小时薪水虽然可能比外边企业提供的时薪稍低,但是校园工作的强度稍微小一些,面对的群体是学生和教职员工,素质相对比较高,而校园的环境又相对比较安全,另外,学生到校园打工,路上来回的距离又比较短,所以在校园内打工是比较合算的。比起长途跋涉一个小时,面对客户群体复杂,而仅仅每小时多挣几美元的工作,要值得多。故此,学生如果能获得校园工作的机会,是最好不过的。

▶▶▶ 尽量寻找能够发挥自身优势的工作

很多学生盲目地认为,打工就是在餐馆或者是杂货店工作,其实这是大错特错的。打工,对于大多数留学生来说,是一个了解社会和减轻经济压力的手段,这样的工作最好能与自己兴趣和特长结合起来,这会使工作更有趣。例如有的同学非常喜欢宠物,在国内就做一些与此相关的工作。而在北美,到宠物店打工就是一个不错的选择。有些学生,有一定的体育、音乐基础,做一些孩子的体育、音乐启蒙教师,打这样的工也很有意义。每个人其实都会有强项,在寻找打工机会的时候,关键在于是否找到能够充分发挥这些强项的一份工作。这样的工作,不仅劳动强度会比餐馆等工作强度低,往往时薪也会比较高。

▶▶▶ 打工思路要多元化

随着互联网的普及,大量的工作是完全可以通过网络进行的。一些工作,完全可以超越地域的限制来进行。

▶▶▶ 寻找适合自身的留学打工方式

很多人打工是非常独特和有参考意义的。例如几年前有的女同学,非常喜欢各种化妆品,对化妆品的品牌非常熟悉,发现北美的化妆品价格非常便宜,特别是在打折的时候,价格更是低得惊人。所以和国内从事化妆品经营的朋友联系好,在特定的时间购买一批化妆品,运输到国内,获得良好的利润和回报。一来二去,这种商业方式成为这类同学在海外的打工方式了,每个月可能花一些时间固定地进行采购和邮寄即可。虽然海外化妆品邮寄获利的机会现在已经不太容易,但是有些电子产品的代购等,利用了北美和中国的价格差异,也使不少留学生赚了不少钱。

▶▶▶ 打工的同时不要耽误学业

很多留学生在美国打工,尝到了甜头,这使得不少学生对通过打工挣钱的信心大增,不仅仅增加了自己打工的时间,甚至不上课去打工,这样就变得得不偿失了。学生要有清楚的概念,想通过打工来挣到很多钱是不现实的,如果学习成绩不好,甚至还需要给学校交更多钱来补考或者重修,并且影响自己在北美的留居资格就得不偿失了。要把打工时间控制在自己的学习和身体能够接受的范围之内,理性地进行打工。

留学美国的费用：与美国的教育质量成正比

相比其他国家，美国的教育质量领先于世界水平，去美国留学的费用也是相对较高的，与美国的教育质量成正比。美国大学每年的学费为9000~43000美元，依据大学性质不同学费不同，社区学院、公立大学的收费一般低于文理学院和私立综合大学。到美国留学，学杂费和食宿费根据学校所处地区不同，一年需要5100~21000美元。像纽约、洛杉矶这样的特大城市，生活费用是密苏里州、路易斯安纳州等地区的两到三倍。所以，去美国读4年本科，所需的学费、学杂费和食宿费的总费用一般是60000~260000美元。

托福考试：100多个国家认可的英语水平考试

托福英语简称TOEFL，是由美国教育考试服务中心（ETS）承办的为申请去美国或加拿大等国家上大学或入研究生院学习的非英语国家学生提供的一种英语水平考试。美国教育考试服务中心是一家致力于向全球各类人士提供公正有效的测评、研究及相关服务，提高英语教育质量的非营利性机构。时至今日，托福考试已成为英语非母语国家学生申请留学的一种英语水平测试。新托福考试采用真实场景，如模拟大学校园中的动态和交互式环境，试题综合考查听、说、读、写四项英语语言能力，考生可充分展示使用英语进行交流的能力。

▶▶▶ 阅读（Reading）：有三篇文章

阅读部分，新托福与老托福不同之处是考生不需要在答题之前通读全文，而是在做题的过程中分段阅读文章。每篇文章对应有11道试题，均为选择题。除了最后一道试题之外，其他试题都是针对文章的某一部分提问，试题的出现顺序与文章的段落顺序一致。最后一道题针对整篇文章提问，要求考生从多条选择项中挑选若干项对全文进行总结或归纳。新一代托福阅读文章的篇幅比老托福阅读文章的篇幅略长，难度也有所增加。这部分考试时间为1小时，在此时限中考生可以复查、修改已递交的答案。

▶▶▶ 听力（Listening）：取消了短对话

听力部分由两篇较长的校园情景对话和四篇课堂演讲组成，课堂演讲每篇长约5分钟。由于是机考，考生在听录音资料之前无法得知试题。在播放录音资料时，电脑屏幕上会显示相应的背景图片，考生可以在听音过程中记笔记。考生不能复查、修改已递交的答案。这个部分考试时间大约50分钟。听力水平无疑是新托福考试成功与否的关键，除阅读外，无论哪一部分都离不开"听"。对于中国考生来说，听力却正是薄弱环节。

目前中国考生提高听力的其中一条有效途径是"听写法",即把相关听力材料拿来精听,并把听到的内容逐句写下来。

▶▶▶ 口试：把 TSE 融合在托福中

口试部分,共有 6 道题,考试时间约 20 分钟。

(1)第一、二题要求考生就某一话题阐述自己的观点。

(2)第三、四题要求考生首先在 45 秒内阅读一段短文,随后短文隐去,播放一段与短文有关的对话或课堂演讲,最后,要求考生根据先前阅读的短文和播放的对话或课堂演讲回答相关问题,考生有 30 秒钟的准备时间,然后进行 60 秒钟的回答。例如,短文中描述了对学校体育馆进行扩建的两种方案,对话中一位同学阐述了自己的立场,即赞成哪种方案,反对哪种方案,并列举了若干理由。要求考生叙述对话中同学的立场并解释他/她列举了哪些理由支持这一观点。

(3)第五、六题要求考生听一段校园情景对话或课堂演讲,然后回答相关问题。考生有 20 秒钟的准备时间,之后进行 60 秒钟的回答。例如,先播放一段市场学课堂演讲,演讲中教授列举了两种市场调查的方法,然后要求考生使用课堂演讲中的观点和例子描述教授列举出的两种市场调查的方法。

考生可以在听音过程中记笔记以帮助答题。在准备和答题时,屏幕上会显示倒计时的时钟。

▶▶▶ 写作：1 小时内完成两篇作文

写作部分,其中一篇类似于老托福的写作,要求考生在 30 分钟内就某一话题阐述自己的观点,字数要求 300 字以上。另一篇则要求考生首先阅读一篇文章,五分钟以后,文章隐去,播放一段与文章有关的课堂演讲。课堂演讲列举了一些论据反驳文章中的论点、论据,随后要求考生在 20 分钟内写一篇作文,总结课堂演讲的论点、论据,并陈述这些论点、论据是如何反驳文章的论点、论据的,字数要求为 150 ~ 225 字。在写作时,文章会重新显示在屏幕上。这篇作文不要求考生阐述自己的观点。

▶▶▶ 加试：要认真对待

托福考试中,考生往往会在听力或阅读部分碰到加试试题,也有可能阅读、听力两部分同时被加试。加试部分不算分(有人说会算分,说是抽几题给分),但考生事先并不知道哪一部分是加试部分(有的时候经典加试是能判断出来的),所以应该认真对待。

📖 托福备考技巧

▶▶▶ 首先,单词量要有一定的突破

新托福的单词掌握数量要比过去的老托福有明显增加的趋向。过去老托福阅读文

章只有350字每篇,新托福增加到700字每篇,对词汇的考察仍然是重头戏,词汇占的比重应该是所有阅读题目的1/4左右,如果考生在单词这一关有一个很好的突破的话,对于考新托福是非常有帮助的,新托福阅读最低标准也要求考生有8000左右的词汇量,这样的词汇量对考生在美国读大一的时候的学习很有帮助,考生所看的一般的、泛泛的文章不会有阅读上的障碍。

▶▶▶ 其次,听力能力要强

对于中国考生来说,听力能力一定要强,而且一定要超强才行。在一些留学生论坛上,我们可以看到很多留学生的高分心得。在这些考生的备考过程中,我们发现一个共同特点,几乎所有的高分考生,听力一般都是非常强的,为什么呢? 因为新托福中有四科,其中有三科主要考察考生听力能力。

▶▶▶ 第三,记笔记的能力要强

记笔记能力强也是托福成功备考的关键之一。由于听力一般听一段就五六分钟过去了,听得过程中没有题目出现,说完这几分钟以后才给你题让你去答题,在听的过程当中要大量的记笔记,然后根据你的笔记再去回答问题的话,你会回答得非常专业。口语也是一样的,口语尤其考察你记笔记的能力,因为口语的3、4、5、6题,都需要记笔记。3、4、5、6题要求我们综合听力、阅读的内容要口头回答问题,即读、听、说综合在一起,无论对阅读材料还是听力材料都需要我们记笔记的能力非常强。包括在写作当中也是一样的,作文部分的综合写作,要求我们阅读一篇文章,听一篇文章然后再去写,因此,如果笔记记得比较好的话,对写作是很有帮助的。所以我们发现,其实攻克新托福的关键在于听力要强,词汇掌握量要大,再就是迅速提高自己记笔记的能力,做到这些,新托福的高分其实是有路可寻的。

记笔记的能力要强,不仅是考好托福的一个非常重要的前提,也是在美国大学能够成功的生存下去的必备能力,为什么呢? 因为多数中国学生到达美国以后,前三个月都是一个艰苦的适应期,外语交流比较困难,写也写不明白,听教授讲还听不太懂,所以不少中国学生就带着录音笔,教授授课时,一句不落地录,课后反复听,这是一个很痛苦的适应期。

▶▶▶ 最后,模考 VS TPO

托福考试前要尽量做模考,听说读写各个分项的提高,考生只要有合理的规划就不会有问题,而考前的模考对托福获取高分是十分有效的,考生可以上 ETS 的网站查找 TPO——托福模考题,这些题目对考生来说是非常重要,为什么呢? ETS 的托福模考题其实就是过去考过的真题,所以很多考生考完了以后,发现模考的分数和实际分数差不多,因为它跟实际的托福考试的难度几乎是一模一样的,并且 TPO 是上机进行考试,这样就给广大参加托福考试的考生提供了上机操作和实战的机会。

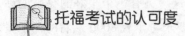 **托福考试的认可度**

托福考试是世界范围内被广泛认可的学术英语测试,100 多个国家逾 6000 所高等院校认可托福成绩。除美国外,加拿大、爱尔兰、新西兰、瑞士、德国、中国香港、新加坡、韩国和日本等国家和地区同样高度认可托福成绩。

 考试报名信息

▶▶▶ **报名准备**

1.电脑要求

考生的电脑应与互联网相连接并且装有网络浏览器(建议使用 IE 浏览器),推荐显示分辨率为 1024×768。中国考生须提供本人的简体中文姓名及邮寄地址,中国考生须使用简体中文操作系统输入汉字。

2.付费须知

考生可使用中国工商银行或中国招商银行的网上付费服务进行托福网考网上报名付费,使用网上支付功能,可使考生在互联网上一次完成全部报名程序,并支付较低的手续费。如使用网上支付功能,考生决定取消报名时,所支付的考试费将被退回到考生的银行卡上。当考生希望使用网上付费,又没有上述两家银行的电子商务卡时,请到中国工商银行或中国招商银行营业厅去办理电子商务卡。

3.个人资料

首次访问托福网考报名网站时,网站会要求考生创建个人档案。创建个人档案需提供下列个人基本资料:中文姓名及姓名拼音/英文姓名(中国大陆考生请按新华字典规则输入标准汉语拼音,中国香港、澳门和台湾考生请以身份证件上的拼音或英文姓名为准;非中国籍考生请输入护照上显示的英文姓名)、身份证件类别、证件号码、生日、电话号码、电子邮箱地址及通信邮寄地址。上网前请确认考生提供的以上所有信息的真实性和准确性,否则将导致考生无法获得托福网考的考试信息和考试成绩,考生须对本人所提交的错误信息造成的后果负责。

4.考生须知

报名前,考生须认真阅读托福网考考生手册(中国版),单击网站菜单中的"考生须知"即可下载该手册。在开始网上注册前,系统会要求考生阅读网上报名协议,考生须单击"同意"相关条款,才能继续进行网上报名操作。

▶▶▶ 报名程序

1.注册成为网上报名系统用户

首次使用教育部考试中心托福网考网上报名系统,须先注册成为其用户。完成这一步,考生需要提供基本的个人资料有:姓名、证件号码、邮寄地址、电话号码和电子邮箱地址,并为自己设置密码用来以后登录个人档案。提交所需资料后,教育部考试中心报名系统将分配给考生一个 NEEA 用户号码。

注册之前,考生将看到网上报名协议,它为网上报名系统用户设定了相应的条款。考生须单击"同意"按钮,同意遵守上述条款,否则,系统将不允许考生进行注册。当成功注册成为系统用户后,系统将向考生的电子邮箱发送一封确认邮件。

注意:请牢记 NEEA 用户号和密码并妥善保管。与他人分享 NEEA 用户号和密码的考生将可能导致在未经授权的情况下,考生个人的托福网考报名信息遭不良篡改或损害。

考生所提交的信息只用于与考生本人联系及在考试安全方面使用。

每次登录教育部考试中心网上报名系统,都要输入考生的 NEEA 用户号和密码。成功登录后,系统进入一个属于考生个人的区域——"我的主页"。在这里,考生可以为要注册的考试或预订的服务进行支付,选择考试时间和地点,注册考试,查看考生的支付情况,确认考生的考试时间和考试地点,重新注册考试、取消已注册的考试,还可查看考生的成绩。考生的个人联系信息也显示在这里,单击"更新联系信息"可更改地址和电话号码。

使用 NEEA 用户号可在网上多次报考托福网考考试。

注意:考生的姓名(中文和英文)、性别、身份证件类型、证件号码和生日,这些主要信息将用于托福网考考试。请确保这些信息的真实、准确,一旦提交,系统将不允许更改。

2.支付考试费

"我的主页"提供给考生"付款"链接。在注册考试或预订服务前,考生须先支付费用,支付成功后,才可注册或预订。我们建议考生尽早计划可能要选择的服务,以便随时注册或预订。

目前提供的支付方式共有两种:通过中国工商银行或中国招商银行进行网上付费,通过任何银行将费用电汇至教育部考试中心指定的银行账户。

(1)网上付费。通过单击相应的中国工商银行或中国招商银行网上付费按钮便可开始进行网上付费。考生将被引导到中国工商银行或中国招商银行的安全网页。要进行网上支付,考生须拥有一张中国工商银行或中国招商银行的网上支付卡,请通过浏览它们的网站或询问营业点获得网上支付卡。

请按照银行网页的要求完成付费程序。付费完成后,银行系统会自动引导考生回到报名网站。同时,请记录银行提供的交易号码(支付号),以便日后核对和查询付款情况。通常情况下,报名系统会立即收到考生的付款确认;个别情况下,银行系统会延迟向报名系统确认考生的付款或因考生主动关闭银行安全网页而无法立即获得付款确认。因此,请在付款24小时后,登录报名网站,进入"我的主页"核实考生的付费和报名状态。如仍未看到付费确认,请拨打教育部考试中心托福网考考试呼叫中心电话寻求帮助。如考生在银行网页上付费时网络连接突然中断,这时考生的网上付费有可能未成功,请拨打银行服务热线确认考生的付款是否完成。当报名系统收到银行的付费确认后,会给考生的电子邮箱发一封确认邮件。请注意,除规定的考试费外,考生还须向银行支付服务费。

(2)银行电汇付费。单击电汇按钮,考生将看到有关通过电汇方式向教育部考试中心指定的银行账户支付托福网考费用的重要信息。这些信息包括:开户银行户名、开户银行账号、开户银行名称和地址及应汇款的人民币金额。请将屏幕上显示的上述信息准确地记录或打印下来,携带上述资料到银行营业厅办理电汇(任一银行均可办理)。考生需要在银行填写一张电汇汇款单,请确保考生所填写的相关信息与托福网考网站的要求一致,并准确无误。请妥善保管电汇凭单以便日后进行查询。一般情况下,网上报名系统将在1~5个工作日之内确认收到考生汇款,请在办理完成汇款至少两个工作日后登录报名网站进行查询。如5个工作日后汇款仍未得到确认,请拨打教育部考试中心托福网考呼叫中心电话寻求帮助。考生有责任将报名网站提供的电汇信息准确完整地进行记录。除规定的考试费外,考生还须向办理电汇的银行支付汇款总额1%的手续费。

支付成功后,可上网查询考生的账户余额(报名系统收到的、可用来购买各项服务的总费用),账户余额显示在"我的主页"右边,个人资料下方。此时即可预订服务。

3.注册考试

当"我的主页"显示的账户余额已够支付托福网考服务项目时,单击"注册考试",即可注册托福网考考试。

注意:距考试日7天前(不含考试日)为常规报名日;距考试日前第7天至考试日第3天(不含考试日)前为逾期报名日,报名要支付逾期报名附加费,考前3天停止报名。

接下来的页面供考生搜索考试地点和考试日期。请至少选择一个月份和一个地区然后单击"继续",系统会根据指定的月份和地区列举所有符合条件的考场。选择某个考场点击"注册"按钮即可,当该考场没有安排考试或者座位已全被注册完,"注册"按钮就无法选择。注册完后,屏幕会显示考生注册考试的详细信息,包括考试名称、考试日期和考试时间、考场名称和考场地址,此页面还有一个"取消"按钮,单击它继而单击"继续"就可取消考生的注册。

确认注册考试后,下一个页面会要求考生输入4个免费寄送成绩的学校信息,如考生还没有这方面的信息,可暂时不填。

4.填写背景调查

报名的最后一步是回答关于考生个人背景信息的问题,这部分为自愿填写,也可选择不填。回答完以后,系统会要求考生阅读并同意托福网考考生手册中的有关考试实施、费用支付及成绩报告方面的条款,以及 ETS 关于隐私保护方面的政策,考生须选择"同意"。至此,考生已完成注册一场托福网考考试需要的所有步骤,考生的邮箱会收到一封确认报名成功的邮件。考生也可在"我的主页"单击"查看已注册信息"来查看自己的报名状态。

▶▶▶ 其他服务

当考生成功注册一场托福网考考试后,系统将为考生提供下列相关服务:

1. 转 考

距考试日前 10 天(不含考试日和申请日),考生都可申请转考。但只有在考生要重新注册的日期和考场仍有空位的条件下,转考才可能进行。考生须首先支付转考费,并在"我的主页"中确认支付成功,然后通过"查看已注册信息"申请转考。如考生已支付转考费,但因没有空位或超过转考截止日而未能成功转考,可将此款项继续留在账户中以便日后申请其他服务,也可申请退款。

2. 取 消

距考试日 10 天前(不含考试日和申请日),考生均可申请取消考试。成功申请取消考试后,考生将获得考试费部分退款,其余费用将用于支付考生的报名工作和预留考场座位的费用,不退还给考生。逾期报名附加费不予退还。退款不会自动处理,在网上取消申请后,考生须向教育部考试中心托福网考呼叫中心传真一份退款申请,传真内容包括考生的 NEEA User ID、姓名、生日、签名、证件号码及证件的复印件等,传真后再致电呼叫中心确认退款事宜。退款申请表可在"考生须知"中下载。

3. 成绩增送

托福网考向考生指定的 4 所学校免费送出正式成绩报告。如需将成绩寄送给这 4 所之外的学校,考生可申请成绩增送服务。通过"查看已注册信息"就可申请此项服务,申请前请确认考生已支付成功或考生的账户余额充足。同时,请考生保证寄送学校信息的正确性。

4. 成绩复议

考试结束后 3 个月内,可对考生的写作和口语考试成绩提出复议。考生可申请写作或口语单项复议,也可同时对两项提出复议申请。一次考试只能申请一次复议,也就是说,考生不可以对某次考试先申请口语部分复议,随后再申请写作部分复议。申请成绩复议,考生须先支付成绩复议费,通过"查看已注册信息"下载打印"成绩复议申请表",填写完毕、签字,然后再发传真申请。

5.恢复已取消的成绩

考试当天,如考生在考试结束后已取消自己的成绩报告,此后如希望恢复该成绩,考生可在考试日后 10 天内向呼叫中心提出申请。申请恢复已取消的成绩,考生须先支付费用,通过"查看已注册信息"下载打印申请表,填写完毕、签字,然后再发传真申请。

 美国院校入学考试:SAT、ACT 考试

 **SAT 考试**

SAT 是美国高中生进入大学的标准入学考试。SAT 考试是由总部位于美国新泽西州普林斯顿市的美国教育考试服务中心组织的"学术水平测验考试"。SAT 考试的组织系统良好,考试成绩被美国大学普遍认可,在其他发达国家大学中也具有较高的认可度。

SAT 考试是世界各国高中生申请进入美国大学本科学习及获得奖学金的重要参考之一,是美国大学考察世界各国申请攻读美国本科学位的学生逻辑思维能力的重要标准。目前,高中生要申请美国的顶尖大学,除要提供托福考试成绩外,多数名校需参考学生的 SAT 成绩。

SAT 考试在中国大陆没有考点,中国香港、中国台湾和新加坡设有考点,因此中国内地的考生可就近前往中国香港或中国台湾等地参加考试。

在美国,SAT 考试分别于每年的 1 月、5 月、6 月、7 月、10 月、11 月和 12 月初举行,考试题型为多项选择。

SAT 考试分为 SAT1 和 SAT2 两部分:

SAT1,包括阅读、写作和数学,主要测验考生的写作、阅读和数学能力,每部分满分是800 分,总分是 2400 分,考试时间为 3 小时 45 分钟。

SAT2,为单科考试或专项测验,有物理、化学、生物、外语(包括汉语、日语、德语、法语、西班牙语)等。每科满分为 800 分,绝大部分美国高校只要求中国留学申请人提供SAT1 的成绩即可,美国名校及其他个别院校个别专业要求申请人提供 SAT2 的单科考试成绩。

SAT 考试难度,就难易程度而言,SAT 的数学部分对于中国学生相对容易。但由于中国内地的数学教育比较偏重于解决技巧性难题,而忽略基本定理和定义,可能会让考生略微感到不适应。但经过短期训练后,多数中国学生都可得满分。

英文阅读和写作部分对中国内地的高中生会有相当难度,主要是许多阅读及写作考题涉及大量欧洲、英国文化的内涵。对于外国人来说,有些可能是歧视性试题。当然,就是一些美国本土文化、历史、地理方面的知识,对于中国高中生来讲也相对困难。一般来说,经过 1～2 年针对性和系统性的学习,中国内地的学生能够得到非常满意的成绩。

 **ACT 考试**

ACT 是 American College Test 的缩写,意为"美国大学入学考试",有"美国高考"之称。成立于 1959 年的美国 ACT 教育集团是一个独立的、非营利性组织。它在教育领域和工作能力发展方面提供上百个考试、项目管理、调研和信息处理服务。美国不少大学不仅将 ACT 视为本国高中生的入学条件,还将其作为发放奖学金的主要标准之一。

ACT 考试每年举行 5 次,具体时间分别是 2 月中、4 月中、6 月初、10 月底和 12 月初,考试时长 2 小时 55 分。在中国,目前还没有专门的 ACT 考试中心为学生提供该项考试服务,只有就读 GAC 预科课程的学生才可以在其就读的学校进行 ACT 考试,获得 ACT 考试成绩后,结合预科证书,学生有资格申请 100 多所协议大学,同时还可申请接受 ACT 考试成绩的大学。

▶▶▶**ACT 考试组成**

ACT 考试不仅考查学生对英语的掌握能力,还考查学生的数学能力和科学素质等,是一项注重检测学生综合能力的考试。ACT 考试总分为 36 分,由以下四部分构成:

(1)英语测试。考查考生书面英语的理解与分析能力。

(2)数学测试。考查考生的定量推理能力。

(3)阅读测试。考查考生理解、分析、评价性推理和解决问题的能力,阅读测试内容涵盖自然科学、社会科学、人文科学乃至文学、艺术等。

(4)科学推理测试。考查考生运用图形、表格和研究总结等方式处理科学概念的能力。

此外,还有非必选的 30 分钟英语写作,测试学生的英语写作能力。

ACT 考试总分 36 分,一般 31 分以上就有机会被常青藤联盟大学如哈佛、耶鲁等名校录取;27～31 分可被顶尖高校录取;22～27 分可以被重点高校录取(一般排名在 TOP100 以内);20～23 分可以被中等高校录取;18～21 分可以被一般高校录取。17 分以上可被高校录取,18 分以上将有机会申请奖学金,27 分以上有可能获得奖学金。

▶▶▶**ACT 考试报名信息**

ACT 考试目前仅允许 GAC 国际大学预科的学生参加考试,因此,在中国的学生只有就读 GAC 国际大学预科课程,才能在国内报名参加 ACT 考试。

GAC 是一种国际英语预科课程,是 ACT 美国高考的子课程,是全球广泛认可的国际大学预科课程。GAC 全球评估证书教学中心遍布澳洲、英国、美国、日本、韩国等世界各地。在中国北京、上海、香港、台湾、重庆、西安、成都、深圳、广州、贵阳、杭州、苏州等地共设有 30 多个教学中心。GAC 毕业学生可直接免预科进入美国、加拿大、澳大利亚、英国、新西兰等110多所直通大学或其他大学学习,所获学位均得到中国教育部承认。GAC预科课程是国内唯一包含ACT考试的预科课程。取得ACT成绩可直接申请全美3300多所大学,并且有可能获得奖学金。

研究生入学考试:GRE、GMAT考试

 GRE 考试

GRE,中文名称为美国研究生入学考试,适用于除法律与商业外各专业。由美国教育考试服务处主办。GRE是美国、加拿大大学各类研究生院(除管理类学院、法学院)要求申请者所必须进行的考试,也是教授对申请者是否授予奖学金所依据的重要标准。教育部考试中心负责组织和实施。

▶▶▶GRE 考试类型及结构

GRE考试分两种:一是一般能力或称倾向性测验;二是专业测验或称高级测验。

(1)一般能力测验。一般能力考试为双模式考试,即逻辑作文考试为计算机化考试,语文和数学部分为纸笔考试。一般能力考试主要是考查应试人的基本英语能力及对英语理解的广度和深度。

①词汇。该部分内容广泛,包括天文、地理、人文、科学、艺术、政治及历史等项目。

②数学。该部分为数理学科的基本知识,包括几何、代数、统计图表、智力测验等方面,主要目的在于测验考生基本数学的潜在能力和对数理学科基本定义的理解判断及推理反应能力。题目的难易、深浅程度,有时取决于考生对于题目叙述与说明的理解能力。

③分析。该部分测验考生对问题的分析或逻辑推理方面的能力,分为两类:一类是分析解释,此类问题一般需要依据题中所给的情形及结果进行答题;另一类是逻辑推理,其中一部分根据其词义,推论其彼此关系,在所附五种关系图表中,找出其关系正确的图表,还有一部分是根据其短文内容,推论出彼此的关系。

(2)专业考试。其测试内容为考察应试者在某一学科领域或专业领域内所获得的知识和技能及能力水平的高低,从而帮助院校更好地了解申请人在某一学科领域的研修能力。目前开设8个专业,分别为生物、生化、化学、计算机、英语文学、数学、物理、心理学。

①数学类66道题,试题主要是针对希望攻读数学专业研究生的考生,侧重于数学专业的知识和技巧。除了基本的微积分运算外,还包括线性代数、数学分析等,要求考生能够举一反三。大约有1/4的试题涉及复变分析、拓扑学、数论等方面的知识。

②物理类约100道题,其内容主要涉及大学的物理课程。其中经典力学约占20%,

电磁基础约占18%,原子物理约占10%,物理光学及波动现象约占9%,流体力学及统计力学约占10%,量子力学约占12%,狭义相对论约占6%,实验方法约占6%;其余9%主要涉及近代物理学的内容,包括拉格朗日和哈密尔顿力学、原子和质子物理、低温物理及空间物理。

③化学类约150道题,涉及大学化学课程的主要内容。其中,分析化学约占15%,无机化学约占25%,有机化学约占30%,物理化学约占30%。

④计算机科学类约80道题,涉及大学电子工程专业和计算机专业的课程内容。其中,软件系统及方法约占35%,计算机与结构约占20%,计算机理论约占20%,计算数学约占20%;其他如数学模型与模拟约占5%。

⑤生物学类205道题,总共分成三个部分:细胞与分子生物学;有机生物学;人体生物学,包括生态学与进化论。

⑥工程类约有140道题,涉及大学基础及专业基础课程,内容包括机械学、传热学、电子及电子线路、热力学、材料特性等。在个别试题中也可能涉及化学、工程评价、光学、声学、计算方法、工程经济、流体力学、液压原理等。约有50道题涉及数学的应用,其中有一类试题是从研究数学模型到通过工程应用以完成操作;另一类试题是从研究直观数学概念,求出最佳方法,再应用到工程实践中去。

⑦经济类共有130道题,其中微观经济和宏观经济分析试题约占60%,包括公共财政、金融、数量经济与国际贸易;7%的试题为统计基本知识;其余33%的试题包括经济学的其他领域。

⑧教育学约有200道题,要分成以下五个部分:教育目标、学校管理及监督、课程安排、教学与学习、教育评估及研究。

⑨生物化学、细胞与分子生物学,参加这门学科考试的学生来自以下专业,即生物化学、细胞生物学、分子生物学及其有关学科,例如微生物学、遗传学。该学科约180道题,其试题内容涉及三个领域,包括生物化学(36%)、细胞生物学(28%)、分子生物学与遗传学(36%)。

⑩地质学195道题,共分成三个部分:地层学、沉积学、古生物学、地貌学和海洋学;地质结构与地球物理学、大地构造学、重力学、磁力学、地震及地震学、热电特性;矿物学、岩石学、地球化学、同位素地质及经济资源。

⑪英国文学类约230道题,其内容集中在重大事件、社会活动、著名作家等方面,主要侧重于大学课程的知识,例如辨认作家、作品,概述并讨论历史事件,复述某篇名作的章节;还有一类试题侧重于学生阅读诗歌、戏剧、小说、散文的能力。后一类试题往往要求考生使用规定的结构、形式、文学技巧和风格进行作文。

⑫音乐类约200道题,试题侧重于人们熟悉的基本概念与原理,作品的分析和讲解,包括风格、构成和历史时期,共包括三个方面内容:音乐理论,其中有基本规则、和声、时

位、节奏、形式、配器及管弦乐;音乐史(中世纪变态乐);音乐史(20 世纪古典音乐)。

⑬心理学类约 220 道题,共分为三个部分:记忆、思维、知觉、人文学、比较心理学、生理学等,约占 43%;个性、临诊、变态心理、心理发展和社会心理学等,约占 43%;历史心理学与应用心理学、心理测量、心理统计,约占 14%。

▶▶▶GRE 考试的评估

一般能力考试的评分方法是:先将各部分正确答案的数目记录下来,得出原始分数,即答对一题给一分并且相加,然后根据 GRE 一般能力考试的分数转换表将原始分数转换成比例分,再将各部分比例分相加得出总分。GRE 一般能力考试三大部分的满分为 2400 分,每部分(语言能力部分、数学能力部分和分析能力部分)的满分各为 800 分,每部分的最低分为 200 分,即考生如一题不答或全部答错都可得 200 分。美国绝大多数研究生院要求申请人一般能力考试的分数达到 1100～1200 分(1100～1200 分是语言和数学部分的相加分数,绝大多数研究生院只需考生提供这两部分的分数,而无须提供分析部分分数)。

▶▶▶GRE 考试报名

(1)报名准备。电脑要求:电脑应与互联网相连接,并且装有网络浏览器(最好是 IE 浏览器),推荐显示分辨率为 1024×768。中国考生还必须提供本人的简体中文姓名和邮寄地址。因此,中国考生必须使用简体中文操作系统来输入汉字。

(2)注册用户。如考生从未使用过 GRE 报名系统,必须先注册成为其用户。选择"新用户注册"进入。完成这一步,需提供基本个人资料如:姓名、证件号码、邮寄地址、电话号码和电子信箱地址。

(3)填写报名表。选择"新考试预约",同意"重要声明"内容,再填写考试预约登记表。

(4)付费。在"选择考试费支付方式"中,单击相应支付方式。目前有两种付费方式:网上付费和电子汇款。

①网上付费:可选择招商银行或中国工商银行网上支付方式开始进行网上付费。

考生将被引导到招商银行或中国工商银行的安全网页,按照网上银行的指导完成付费程序。请务必记录下支付号码及支付日期,以便日后核对和查询付款。通常 GRE 报名系统会立即收到付款确认,至此已完成整个 GRE 报名程序。GRE 报名系统收到银行付费确认后,系统会发送考试预约成功通知到考生的电子邮箱。

极少数情况下,银行系统会延迟向 GRE 报名系统确认考生付款。因此,请在 24 小时之后,登录 GRE 报名系统,以便核实付费和报名状态。如仍未看到付费确认,请拨打 GRE 考试服务热线电话以寻求帮助。

如在银行网页上进行付费时,网络连接突然中断,此时网上付费可能没有成功。

选择中国招商银行或中国工商银行进行网上付费功能时，将能够通过互联网一次性完成整个报名程序，并支付较低的手续费。

②电子汇款付费：选择使用银行电汇。

考生将看到有关通过电汇方式向教育部考试中心指定银行账号支付 GRE 考试费用的重要信息。这些信息包括：教育部考试中心开户银行户名、银行账号、开户银行名称和地址，以及应汇款的人民币金额。请将电脑屏幕上所显示的上述信息准确地记录下来。

请携带上述资料到银行营业厅办理向教育部考试中心电汇考试费的手续。电汇并不是为 GRE 考试专门开设的一项特殊服务，它只是银行所开设的一项普通汇款业务。交费后请妥善保管收据以便日后查询。

根据银行具体情况，GRE 报名系统将在 4 个工作日前后收到银行确认汇款项。请在确认汇款到达报名中心后，至少一个工作日之后登录 GRE 报名系统进行报名状态查询。如汇款没有得到确认，请拨打报名中心咨询电话寻求帮助。除了统一的 GRE 考试费之外，对于通过电汇所支付的每笔 GRE 考试费，还需向银行支付相应的手续费，手续费为 GRE 考试费用的 1%。

（5）查看个人考试信息。选择"查询报名信息"，输入证件号码和密码后，即可查询。

（6）考试确认。注册成功后，报名中心会发送确认函到考生提供的电子邮箱地址。也可提供传真或信件确认，如有需要请致电报名中心。

按确认函上的考试日期到指定考场参加考试。考生应携带规定的证件；除考试特殊规定外，其他任何纸笔等文具不许在考场使用；考试过程中请听从考场管理员的安排。

（7）更改。报名一经确认，考生若要求更换考场或更改考试日期，请在原定考试日期至少 3 天之前的下午 4 点（不包括考试当天和申请的当天，及国家法定节假日在内），提交并确认报名中心已经收到更改申请和更改费，否则没有更改资格。更改费的缴纳方式与考试费相同。

单击考试历史记录，选择要更改的考试记录，请按照屏幕上的提示操作。

支付 GRE 更改费，在填写完成 GRE 更改表后，即可进行此项操作。

（8）取消。报名一经确认，考生若要求取消考试并获得部分返款，请于原定考试日期至少 3 天之前的下午 4 点（不包括考试当天和申请当天，及国家法定节假日在内），提交并确认报名中心已经收到取消申请，否则没有部分返款。只要符合部分返款规定，ETS 将在考试日期后 6~8 周自动返款。

 GMAT 考试

GMAT 中文名称为经济企业管理研究生入学考试。它是一种标准化考试，目前已被广泛地用做工商管理硕士的入学考试，是当前最为可靠的测试考生是否具备顺利完成工商管理硕士项目学习能力的考试项目，专门帮助各商学院或工商管理硕士项目评估申请人是否具备在工商管理方面继续深造学习的资格。GMAT考试已在全球范围内被接受，且在此过程中不断被评估、研究和进一步完善，确保考察考生能力的精确性。

GMAT考试采取计算机化的自适应考试形式。作为自适应性考试，考试题型以多项选择题开始，考题将在考生开始考试时才被挑选出来。当考生每答完一题，该考题被立即评判，电脑将根据考生完成的试题结果来决定接下来的考题内容。因此，每个考生的考题内容都会不同。同时，考生必须答完每一道考题方可进入下一道考题。考试不能回查。

▶▶▶ **考试内容和评估标准**

（1）GMAT考试内容。GMAT考试的内容由案例分析、量化和词汇三部分组成。

①案例分析。由两个独立的写作部分组成，即观点陈述和论证辨析。考生各有30分钟的时间来完成上述两篇文章。文章必须用英语完成，并用键盘输入电脑。

②量化部分。量化部分包括37道题，题型为多项选择，内容涉及数据充分性和问题解答两种类型，考试时间为75分钟。

③词汇部分。词汇部分包括41道多项选择题，内容涉及阅读理解、评论性推理和句子改错三种类型，考试时间75分钟。

选择投送成绩的大学或项目：考试开始前，考生可以选择最多5所他（她）想投送成绩的大学或项目投送GMAT考试成绩。投送费用已包含在考试费中。如需加送GMAT成绩，则需要通过注册中心或MBA网站付费订购。

接受/取消考试成绩：在看到考试结果前，考生有机会决定是否取消本次考试成绩。如考生选择取消，成绩将不被打印，并且其选择的学校不会收到考试成绩。但本次考试仍会被记录在档，如未来考生再次参加考试并接受考试成绩时，本次记录将列在所发送的成绩单上。

成绩单：如考生选择接受本次考试结果，非正式成绩单将显示在考试机屏幕上并同时打印出来。非正式成绩单只显示考生数学和语文的部分成绩。案例分析部分成绩将在结果回传后由专人评判。非正式成绩单上同时列出将接受成绩的学校信息，同时该成绩单还给出考生在网站上可查看成绩的验证码。考生将在考试结束20天后获得正式成绩单（含案例分析部分成绩）。

GMAT考试提供两个10分钟的可选休息时间。如休息时间超出，随后的考试时间将被自动扣除。考试过程中，考生可要求临时休息，但考试时间将会被自动扣除。

（2）GMAT考试评估。GMAT考试的成绩包括词汇能力成绩、量化成绩、总成绩及案例分析成绩。这4个成绩都是根据固定的标准给分。词汇和量化两部分的成绩在0～60分范围内，大部分在10～50分；总成绩在200～800分范围内，2/3的学生是在400～600分；案例分析的成绩在0～6分的范围内，该分数相对于词汇成绩、量化成绩和总成绩来说是完全独立评分的。

虽然所有 GMAT 考试都是为了测试考生同样的能力，但每一试卷所问的问题不同，不同时间的 GMAT 试卷难易程度也可能会稍有不同，但在由原始分转换为比例分的过程中也考虑到这一因数，并稍作调整，这样就保证了同一能力水平在正常发挥时能得到相同的成绩，不会因考卷不同或考试时间不同而有所差异。考生在收到 GMAT 的词汇、量化成绩和总成绩时，同时也能得知答对、答错、未答的题数及原始分。

考生在收到上述 3 个成绩时，每一个成绩都有一个成绩比较的百分数表，由此可以了解在最近 3 年中所有参加 GMAT 的考生低于此成绩的人数百分比。这样，负责录取的人员就可以了解考生的成绩水平，同时也可与近 3 年来参加此项考试的申请者作比较。

GMAT 考试并没有确定的通过不通过的分数线。一般来说，总分 700 分以上为高分，总分 250 分以下为低分。

同样，美国各大学商学院也不会有固定的 GMAT 分数要求，但是需要提供 GMAT 分数供学校考核。以美国知名大学加州大学伯克利分校为例，该校对 GMAT 没有固定分数线，但必须提交以供考评。美国学校的商学院一般只要求考生提供 GMAT 一个成绩就可以，不需要再进行 GRE 考试。

▶▶▶ GMAT 考试报名

先进入教育部考试中心 GMAT 网上报名，按报名步骤分三步走。

第一步：通过网站进行考生注册，获取 GMAT ID。

如考生已经是注册用户，但没有 GMAT ID，进入网站后，请以用户名（邮件地址）登录，根据指导创建考生个人信息文档并保存。考生需提供基本个人资料，如姓名、邮寄地址、电话号码和电子邮箱地址等。完成这一步后，网站会显示提示信息，请考生等待审核，在此期间无法预订考试或选择其他服务。2 个工作日以后，请重新登录网站，以用户名（邮件地址）再次登录网站，单击相关链接，可看到本人的 GMAT ID。至此，即可进入支付考费步骤。

在注册的过程中，考生将看到网上的一些相关协议，内容为网上报名系统与用户约定的相应条款。当考生同意遵守这些条款并点击"同意"按钮时，方可进行后续操作，否则，网站将不允许进行注册。当考生成功注册为网站的用户后，系统将向考生的电子邮箱发送一封确认邮件。

考生所填写的姓名和生日信息必须与考生参加考试时出示的护照信息完全一致。考生获得的 GMAT ID 号具有唯一性，每名参加 GMAT 考试的考生只有一个 GMAT ID，请妥善保管此号码，考生需要提供此号码才能完成接下来的报名和考试步骤。

第二步：通过网站付费链接，完成考试费或其他服务项目的费用支付。

当考生成功注册为网站用户，并获得 GMAT ID 后，即可登录网站，单击付费链接，使用 GMAT ID 注册用户名（邮件地址）和生日三项联合信息进行登录，开始进入付费程序。在中国（不含港、澳、台地区）报名参加 GMAT 考试的考生，付费可采用人民币网上支付方式:通过中国工商银行进行网上付费,或通过招商银行进行网上付费。

进入付费程序后,选择需支付的款项,通过单击相应的"中国工商银行"或"招商银行"网上付费按钮便可进行网上付费,考生将被引导至中国工商银行或中国招商银行的安全网页。请按照银行的要求完成付费程序,并请记录下银行所提供的交易号码,以便日后用于核对和查询。

网上支付成功约 1 个工作日后,考生可重新登录网站查看账户情况。如支付的金额成功转入账户中,考生在登录后选择预订考试或其他服务后,进入支付界面,即可看到本人账户内显示的以美元为单位的余额。

第三步:登录网站选择考试地点和日期。

▶▶▶ 注册须知

考生最早可提前 6 个月注册考试或进行考试改期。同时,考生 2 次考试预约的间隔时间必须超过 31 天,在连续 12 个月内最多可参加 5 次 GMAT 考试。

GMAT 考试一般有效期为 5 年,但是官方会将成绩保留 10 年。

GMAT 考试不提供当天注册服务,考生至少提前一天注册考试。考场不提供注册服务。

GMAT 考生注册考试时,请准确地按照护照上的姓名拼音和出生日期注册。如考生护照上姓名或出生日期和考试系统中的信息不符,考生将无法参加考试,并且不退还考试费用。

2006 年起中国考生的唯一有效证件为护照(注:必须在有效期内)。外籍考生在中国参加 GMAT 考试,必须提供护照(注:必须在有效期内)作为有效证件。

名字和地址变更:如果考生需要变更联系地址或其他个人信息,请务必至少于考试预约前 48 小时与呼叫中心联系申请修改。48 小时之后信息修改窗口将自动关闭。

重新安排日程和取消:考生在考试预约时间前 7 天或更早时间申请改期的或在考试预约时间前 7 天之内申请改期的,将收取考试改期费。如考生考试缺席,不退还考试费用。不过,因考试中心突然关闭导致考试无法进行的除外。

法学院和医学院入学考试:LSAT、MCAT 考试

法学院入学考试(LSAT)

法学院入学考试是由美国法学院入学委员会主办,为其下属 200 多所法学院设置的入学资格考试。这些法学院多数分布在美国各州和加拿大,少量分布在澳大利亚。加入这个委员会的法学院都要求申请人参加 LSAT,其成绩作为法学院评估申请者的重要条

件之一，是一项非常重要的衡量标准。

LSAT 无报考资格限制，在全世界各指定考试中心每年会举办 4 次考试，分别是在 2月、6月、9月和 12 月。每年在中国举办 3 次考试，分别安排在每年的 6月、9月和 12 月。学生如想申请来年秋季入学，一般建议参加 12 月份的 LSAT 考试。

LSAT 考试主要测试考生在英语基础之上的几方面能力，包括：准确阅读并理解复杂文章的能力；组织有关信息并得出合理结论的能力；批判性地思维能力；对他人推理进行分析及评价的能力。

LSAT 考试满分为 180 分，最低分为 120 分。美国顶级大学的入学标准为 165 分以上；中等大学的 LSAT 入学标准在 145 ~ 165 分；如果低于 140 分，将无法被大学录取。

▶▶▶ LSAT 考试结构及评分

LSAT 为笔试，考试时长为半天。考试由选择题和作文组成。选择题部分考试时间35 分钟，其中只有 3 部分会被计入学生最终成绩。被计分的 3 部分分别为：阅读理解部分、分析推理部分及逻辑推理部分；不计分部分一般为新题型试用，这部分根据考试的需要灵活安排，随时可能会有变化。考试除选择题外，还有一项内容为作文，但作文不计入总分，但会把复印件提交至学生所申请的法学院。

（1）阅读理解。阅读理解部分是考核学生的理解、洞察能力。文章的篇幅和难度与法学院里常见的资料相当。考试共包括 4 篇文章，每篇文章有 5 ~ 8 道题。

（2）逻辑推理。逻辑推理部分主要用来评估考生对事物的理解、分析和评论，并做出完整论证。每道题都有 1 篇小的短文或对话，然后针对此短文或对话提出问题。短文或对话涉及的范围很广，包括哲学、文学、政治、科技、艺术、历史、体育等。逻辑推理试题体现学生以下能力：

①确定中心思想。

②找出推理中的假设。

③从已知事实或前提得出合理结论。

④确定推理的准则，并将之应用于新的论证。

⑤确定推理的方法或结构。

⑥找出推理的错误及误解。

⑦确定新的事实，或论证对现有论证或结论的加强或削弱。

⑧对论证进行分析。

（3）分析推理。分析推理部分主要用来考核学生对组织结构内部关系的把握，并对该组织结构做出逻辑性的评价能力。

（4）写作部分。写作部分考试时间为 35 分钟，其内容是就给定的题目中的两种观点选择一个，并加以阐述。写作部分不计入个人总分，只作为参考。写作时应注意以下问题：

①选择一个观点。在两个观点中选定一个,围绕这个观点展开论述。

②阐述观点时,既要陈述支持所选择观点的理由,又要陈述反对另一个观点的理由,在两方面的对比中说明选择该观点的正确性。

③文章应包括5个段落。第1段说明两者之中选择其一,中间3段阐述选择的理由,最后1段做出结论。

④写作应自然流畅,观点要明确,不要使用简写或缩写词。

LSAT考试满分为180分,最低分为120分,其计算方法是根据选择的正确答案的数目来确定,答错不扣分。

考试成绩的递送有两种方式:第一种是通过电子邮件的方式,考生在考试后3个星期左右,成绩通过学生注册时填写的电子邮箱发出;第二种是通过邮件的形式寄出,时间大概是在考试后4个星期,但是需要学生在线支付邮寄费。

▶▶▶LSAT考试时间及考点信息

LSAT在中国无报考资格限制,每年在中国举办3次考试,分别是6月、9月和12月。但是由于美国和加拿大教育前两年是本科基础教育,后两年才是本科专业教育,所以美国的法学院最低要求也需要学生完成前两年本科基础教育才能申请。因此,基本上中国高中毕业生是无须参加LSAT考试的。

 ## 医学院入学考试(MCAT)

医学院入学考试,由美国医学院委员会组织。基本上美国所有的医学院都需要学生申请时提供该考试成绩,而且除了美国,加拿大很多医学院也需要该考试成绩。该考试通过标准化的多项选择的形式来评估应试者解决问题的能力、批判性思维能力、写作技巧能力及其学医必需的科学知识。一般来说,美国的医学院不接受3年以前的MCAT成绩。

需要注意的是,MCAT考试申请者必须是本科毕业的学生,高中毕业生是无法申请该考试的。

MCAT考试除了要测试学生生物学、物理学、普通化学和有机化学等学科的基本知识以外,还需要评估学生解决问题的能力、批判性思维的能力及写作技巧。通过这些能力和技巧的测试,让学生能够扩大学习的广度,了解自然科学以外的方方面面的知识,当然,也可通过测试来评估学生有没有能力在医学领域里立足。

(1)MCAT考试分为以下四个部分:

①词汇推理。

②生理学。

③写作。

④生物学。

（2）MCAT 考试的成绩。由 4 个方面的成绩组成:词汇推理、生理学、写作、生物学。

词汇推理、生理学和生物学 3 个部分的题型均为多项选择题,根据考生答对的题数来计算原始分,然后把原始分折算为 1 ~ 15 分的标准成绩。

写作部分包含 2 个问答,每个问答都会有两位老师评分,最后由 4 个分数得出总分,并按字母顺序折算为 J ~ T 的一个字母(最低为 J,最高为 T)。

在考生收到的成绩单上,除了各分项的单独成绩外,还有一个汇总的成绩,汇总分数为 4 个原始分数之和。

 美国留学申请条件和签证技巧

 美国留学申请条件

美国本科:4 年;研究生:2 年。

准备时间:提前 1 ~ 3 年开始准备各类考试,申请本科的学生最好从高二开始备战托福、雅思等,申请研究生的同学从大三开始准备各种考试。申请材料寄出时间:建议学生提前 6 ~ 10 个月寄出申请材料,申请成功的话,学校会在入学年的 3—5 月发放录取通知书,开学前 4 个月可以签证。

作为母语非英语国家的学生申请美国留学,首要的条件便是学校对申请者英语水平的考察。只有具有相当程度的英语语言能力,才有可能获得录取和资助;即便获得录取和资助,如果英语语言水平不足,也可能会在签证时遇到麻烦,甚至被拒签;如果你的英语太差,你出国后在学习、工作和生活中会面临很多困难。

美国大学考查申请者英语水平的一个主要标准就是看申请者的语言水平测试成绩是否合乎要求,一般来说,如果是申请美国大学的本科学位,申请者需要具备 TOEFL 成绩,新托福 79 - 80 分,这是在很多大学中比较普遍的一个对于本科生的要求。对于研究生的话,一般要求 79 分到 80 分或到 90 分不等。而如果是申请美国大学的硕士学历,除了具备 TOEFL 成绩外,还需要有 GRE 成绩,或者 GMAT、LSAT 等成绩,一般来说,对理工科留学生的要求有时可以低一些,学校更看中的是申请者的学术和研究能力;而文科、商科的要求一般较高。

大多数申请美国留学的学生都是高中毕业以上,高中毕业生可以直接申请美国大学的本科学历。大学本科在读和大专生可以申请以转学的身份申请继续攻读本科学位,而申请者在国内的一些相关学分会得到美国大学的承认,去了美国后,可以省去修这些学分的时间和金钱,而要申请美国硕士以上的学位,申请者需要具备大学本科及以上的学历,国外大学一般只会承认国内学士学位,而没有国内所谓毕业证的概念,因此,一般来说,没有学士学位,就无法直接申请美国的硕士学位。

▶▶▶ 本科申请

1.申请步骤

(1)参加标准化考试。去美国读本科的标准化考试包括两部分:一是 TOEFL 考试,二是 SAT 考试。其中 TOEFL 是必考的,也有部分学校可以接受雅思来替代托福成绩。对于美国排名前 50 的学校,如果中国学生没有参加 SAT 考试,则一般不容易被录取。因为和你竞争的学生大多会参加 SAT 考试。美国对申请本科学生的语言水平要求较高。本科教育要学大量的课程,同学间交流也更频繁、更广泛,如果没有良好的英语语言基础是很难适应美国的学习和生活的。美国一般学校对托福的要求在 80 ~ 89 分。如果是名校的话,应该在 90 分以上。SAT 是美国高中生进入美国大学所必须参加的考试,其重要性相当于中国的高考,也是世界各国高中生申请进入美国名校学习能否被录取及能否得到奖学金的重要参考。

(2)准备申请材料。有了 TOEFL 和 SAT 成绩,申请者只是具备了申请美国大学本科入学许可和奖学金的一个基本条件。为了完成申请,申请者还需要提交下列材料。

①高中学习成绩(GPA)。申请者一般需要向所申请的大学提供高中的成绩单,要有中、英文两份,各自加盖学校的公章。高中成绩一般平均分在 80 分以上,对申请者来说就够用了。美国的学习成绩一般按照满分 4.0 折算,中国学生只需要提供学校出具的原始成绩单即可。

②推荐信。申请者一般需要提供 3 封英文的推荐信。也有的学校只要求提供 2 封即可。根据中国学生的实际情况,可以找班主任、年级组长或校领导来写,最好能够拿到校长的推荐信。但这 2 ~ 3 个推荐人都必须和申请者之间确实有过联系。

③个人陈述。美国大学一般要求申请者提供一至数篇个人陈述。这些材料是申请入学许可和奖学金的重要文件。写作个人陈述的一个总原则是:一定要围绕自己的特点来写,因为美国大学希望通过个人陈述了解到的是申请者的具体情况。因此,申请者就要写出自己有哪些与众不同的特点。另外,还要根据美国大学的具体要求,严格控制每篇个人陈述的字数。

④读书计划(有些学校不需要读书计划,而一些学校中的个人陈述实际上就是读书计划)一般是研究生申请的时候学校要求写的。但如果本科学生能够写出一篇很有深度的读书计划,自然会对申请有帮助。

⑤个人简历。个人简历是申请奖学金资助中必不可少的一项材料。申请大学入学与奖学金资助,要准备一份合适的个人简历。个人简历就好像一个人的经历提纲一样,使审阅人很快对申请人有一个基本的认识,然后会根据推荐信、读书计划及其他材料再进一步了解申请人各方面具体情况。

⑥其他证明材料。申请者还应提交其他能够充分证明自己才能的文件,如果申请者在国际级的竞赛中得过奖,将大大增加被录取和授予奖学金的机会。

⑦学校提供的申请表格。在与学校联系之后,学校便会寄来录取申请表、奖学金申请表、财力证明表等表格让申请人填好后再寄回学校。录取申请表的内容会涉及申请人的姓名、地址、国籍、出生日期,在申请前就读的大专以上学校名称及学习专业、学历推荐人姓名与联系地址,英语考试(TOEFL、GRE)的参加时间及分数,在校期间受过的各种荣誉及奖励,工作经验,如发表过论文或出版过书籍等。

填写录取申请表时应按照实际情况填写,其中"获得各种荣誉及奖励"一栏与"工作经验"一栏要尽可能写得齐全。在填写内容上应尽量把有利于自己申请奖学金资助的各种经历和奖励都填写上,必要时还应附带寄上一些证明性文件的复印件,增强其说服力。奖学金资助申请表有很多种,不同类型的奖学金资助会有不同的表格需要填写,但其内容大致与录取申请表相同。有的学校会要求奖学金资助的专门推荐信,这些材料都应准备好。申请者需要按照不同学校的要求填写该校统一格式的申请表格。表格可以在网上填写,完成后直接提交即可。如果是通过学校网站申请,还要准备好信用卡,在网上交纳申请费用。

(3)寄送材料和成绩。将这些文件准备妥当之后,将材料寄送到学校。注意材料的寄送日期必须是在截止日之前,对于 TOEFL 或者 SAT 成绩的寄送,由于需要通过 ETS 寄送(学校不承认学生自己寄送的 TOEFL 或者 SAT 成绩),而 ETS 寄送材料往往要花一个多月的时间,因此这些成绩可能晚于申请截止日到达学校。

(4)和学校联络,询问是否需要补充材料。学校在审查学生材料时,有可能让学生提供其他材料,因此要注意多向学校询问自己的录取情况,一方面能够让学校知道自己很重视这个学校,另一方面也能够防范万一学校审查的过程中由于一些原因而导致寄送的部分材料丢失,而无人通知你补充寄送。

(5)参加学校面试。美国名校一般都会要求学生参加电话或者直接的面对面交流,实际上就是一种面试。因为学生所提交的都是书面材料,学校为了衡量学生是否真正优秀,会给学生打电话进行一次面试。

面试注意事项:

①面试前要参加系统的面试培训。要想取得好的面试效果,面试培训是必不可少的,由于大部分学生没有参与过海外院校的面试经历,许多问题自己处理不好,这就需要接受专业老师的系统培训。

②面试前要详细了解所申请学校。面试过程中校方会考察你是否真的对学校感兴趣,如果你对学校情况知之甚少,那么就会对申请不利。因此,在申请学校之前最好能深入地了解该校,假若能够对面试官有较多的了解,那是最好不过了。

③在面试时还要向面试官展示自己与众不同,多才多艺的一面,这样能够提高面试

官的认可度,并且可以脱颖而出。

④面试整个过程要注重礼貌。面试官会观察到你的一言一行,因此在面试过程中一定要彬彬有礼,不要有过多的小动作或表情,要给面试官留下一个好的印象。

⑤有的面试官很幽默,但是你要记住不要调侃面试官,万一误会了,会影响对你的认可度。

(6)等待录取,索要Ⅰ-20表格。在做完以上步骤之后,你的申请就告一段落。此时,当你收到某所大学的录取通知书之后,一般学校会让你交一定的押金,而且会让你填写一些有关住宿及个人健康状况等表格,同时还有一份谁来资助你学习的证明表格及证明文件。将这些表格填完之后,附上给学校的定金(可通过信用卡或者汇票,各个学校情况不同,但不能用现金),将这些材料寄送回学校之后,学校就会将用于签证的Ⅰ-20表格发还给学生。这时,在学校申请录取方面的所有工作就全部做完。

2. 美国本科申请材料

(1)考试成绩:SAT Ⅰ,SAT Ⅱ,TOEFL/IELTS。

(2)高中成绩单、会考成绩单、在读证明(如高中已经毕业,则提供高中毕业证书)。

(3)2~3封老师推荐信。

(4)个人陈述。

(5)财力证明(如银行存款证明)。

(6)填写网上申请表。

(7)其他(获奖证书、志愿者荣誉等)。

▶▶▶ **研究生申请**

1. 申请步骤

(1)选择专业。要综合考虑申请人本科所学的专业和今后工作的兴趣,选择一个适合自己并且和所学相近的专业。

(2)参加考试。研究并决定所选的专业是要考 GRE 还是 GMAT(有很多人因为错过了该专业的考试要求而白白浪费了很多时间),然后制订考试计划,基础较好的同学可以采取先考 GRE(GMAT)后考 TOEFL 的策略,因为 GRE(GMAT)有效期为 5 年,而 TOEFL 有效期仅为 2 年;一般情况下先考 TOEFL 为佳,便于词汇按梯度增加。

(3)选择学校。选择学校是申请出国留学的第一步,是否走对这第一步直接关系到整个申请过程是否顺利。

①选择学校应考虑的因素:

A. 首先要正确估计自己的英语水平,根据自己的实际情况选择合适的学校。

B. 了解所选学校的教学、科研水平及专业设置情况是否与自己所选的专业和所从事的研究相近,从而避免因专业不对口所带来的诸多麻烦。

C.了解学校的入学要求、录取标准、竞争情况及申请的截止日期等,客观地估计自己是否符合该校的录取标准及条件、有无较强的竞争力等。美国的许多大学对外国学生入学都有具体的要求,要注意各校的不同要求。

D.了解学校的各种费用及经济资助情况,即你的经济情况是否能够支付你在该校的学习、生活费用。同时,还要注意申请经济资助的条件和要求,以衡量自己的实力。

E.要了解学校所在地的气候、风俗习惯等,权衡自己能否适应。

②筛选学校的方法:

A.初选。查阅了上述资料后,再根据自身的条件选择20~30所学校,根据这些学校的详细地址发函联系,要求校方寄详细资料和申请表格(注意:有些学校可通过E-mail直接联系,但有些学校要求第一封信应为正式信函)。

B.复选。收到学校寄来的详细资料后,根据下列标准筛选。

一是TOEFL要求。各个学校、不同专业对TOEFL的要求不尽相同,而且由于近年来中国学生的成绩出现大幅度上升,竞争日益激烈,实际得到奖学金的TOEFL成绩多半都在600分IBT100分以上。所以,一定要对自己的实力有客观的估计。

二是GRE(GMAT)要求。许多学校要求GRE(文理、工、农、医)或GMAT(管理科学),所以应该了解申请的学校有无此项考试要求,成绩标准如何。有些学校的有些专业除要求GRE外,还要求相应的专项成绩。所以一定要详细了解有关规定,针对自身情况进行选择。

三是申请费。考虑自己的经济情况,不要或少申请申请费较高的学校。

四是经济资助。各个学校甚至各个专业对外国学生的奖学金政策有很大的区别,一定要注意是否向外国留学生提供奖学金,数额多少,当地生活费用的高低等。

五是设备与师资。

③终选。经过与学校的联系,向学校寄送申请资料,最终会得到一些学校的录取通知,再从中选取自己最感兴趣的学校,办理签证,前往注册。还可在奖学金、未来出路、转学、中国学生人数方面(这些资料可以直接与学校联系、询问)进行最后的筛选。

(4)对外联系:

①考试结束后,开始准备申请资料,包括推荐信、自我介绍、成绩单、学位证书、毕业证书、论文复印件及其他学校所提出的特殊要求。

②寄出申请材料。其中,申请费可在中国银行兑换汇票,记住在支票上注明自己的姓名、生日,以防丢失。

③经常通过E-mail与学校、系、导师联系,关注录取进展。

④接到录取通知后,不要过急回应,应仔细考虑奖学金情况、收费情况,是否合意。一旦接收录取,最好不要反复更改。

2.研究生入学申请材料清单

（1）标准化考试成绩。

（2）本科阶段的成绩单。

（3）个人简历。

（4）个人陈述或者短文。

（5）3封推荐信。

（6）学位/毕业证书或者在读证明。

（7）财力证明（如银行存款证明）。

（8）其他材料。

除了上面八类材料外，为了说明自己优秀的背景，申请人还应准备以下材料：专业课成绩单；班级排名说明；国际竞赛的获奖复印件；发表过的学术论文等。有的学校还会要求申请人提供 Writing Sample 或者研究计划。如果你申请的是音乐、设计类的专业，除了以上的申请材料外，还需要准备作品集。

▶▶▶ **网申与材料递送**

由于网申不会出现逃费等不良现象，现在越来越多的北美大学和其他国家的院校鼓励申请者通过在线系统申请。而对于申请者而言，网上申请又具有方便、快捷、直观、高效等特点。

1.网申常见的三种误区

（1）认为网申就根本不需要寄送申请材料了。事实上，现阶段大多数的网申系统只包含 Application Forms、PS 和 Resume 提交功能，只有少数学校提供在线提交推荐信的功能。因此，只有 Application Forms 和支付申请费用的汇票不用寄送，其他一些材料，例如成绩单和推荐信，还是需要邮寄过去。PS 和 Resume 也最好寄一份。

（2）认为网申就完全用不着办美元汇票了。由于国内的信用卡额度低，常常会有拒付的情况发生，所以申请者很可能需要在银行拒绝申请后，办理美元汇票，来补交学校和ETS 的欠费。

（3）认为剩余材料寄出后，网申就结束了，这个看法是不对的。

2.网申常见问题

（1）填写网申表格。填写网申表格可以采取两种方式，一是在线填写申请表，二是下载 PDF 的申请表打印出来，最后再和申请材料一起邮寄回去。第一种方式十分快捷，集中体现了网申的优势；第二种方式不能称作纯粹的网申，虽然有容易掌握、填写方便的优势，但整理、寄送起来很麻烦。建议将两种方式结合起来：关于个人申请信息等内容的表格采取在线填写的方式，推荐信和有特殊要求的 PS、Resume 表格打印出来，一一填写。当然，这只是一个建议，具体申请时，例如 PS、Resume 是在线提交还是下载填写，需要根据情况处理。在线填写个人资料和申请信息时，最好把常用文本内容准备好，放在一边，填表时直接拷贝，方便且不易出错。如果遇到不理解或是不确定的地方，可以先空着，了解清楚之后，再登录上去填写。此外，可灵活修改也是网申最大的亮点之一。一般来说，填写完全部内容之后，应当全面地检查一至两遍，再最终提交。因为最终提交后，就不能再作修改了。

对于需要下载打印的表格，例如推荐表和成绩单申请表，需要认真对待，既可以使用Adobe Acrobat工具直接在PDF文件上填写基本资料，再打印，也可以打印出来再填写。前者避免了多次填写，后者比较直观，操作方便。填好基本信息后，就可以联系推荐人和成绩单办公室了。

（2）网申中提交PS和Resume。很多学校的网申系统要求申请者在线提交PS和Resume，才能完成在线申请。有些学校还对PS和Resume的写法有特殊要求。对于这样的学校，首先按要求写好文书，再拷贝上去。千万不要在网络编辑界面中撰写，一旦出现问题，功夫可就白费了。另外，网上提交过PS和Resume的学校，最好也在寄送其他材料时再寄上一份。不需要网上提交PS和Resume的学校，一定不要忘了把两份文书打印好，同其他材料一起提交过去。格式要讲究，PS和Resume最后应当有亲笔签名。

（3）网申中处理推荐表和推荐信。有些学校只要求推荐人的推荐信，这个比较好办一些。让推荐人写好推荐信后，装入准备好的信封，并请他在封口上也签上名，每一封都需要签名。寄出前，要看看学校的要求，有些学校是要求推荐人自己寄的，这样你就不能放在自己的包裹里面寄出去；如果没有要求，就可以同其他材料放在一起一并寄出。有些学校有自己专门的推荐格式和推荐表格。先要求考生填上自己的基本信息，再让推荐人回答一些问题，例如和申请者是什么关系，认识多久，从各个方面如何评分等。这时，就必须下载推荐表格，并打印出来，还要保证你的推荐人正确地进行填写。还有一些学校需要推荐人登录他们的网申系统提交推荐材料，对这样的要求，不仅要让推荐人准备好推荐信的电子版，还需要同推荐人通力配合，帮助对网络操作不熟悉的推荐人做好表格的填写。网上提交或者寄出后还不算结束，有些学校会写E-mail甚至打电话要求推荐人确认推荐信的真实性，如果有问题，推荐人是可以撤回推荐信的。所以，一方面需要推荐人在推荐信上留下自己的联系方式，另一方面也要和推荐人打好招呼，防止事后出现差错。

（4）办理成绩单和其他证件。应届毕业生办理出国成绩单比较简便。一般去教务科办理一份成绩单原件，然后到成绩单办公室或相关地点办理就可以了，不需要提供毕业证或学位证。已经毕业的申请者，不仅要带上成绩单原件，还要带上工作证或单位介绍信及学位证书原件、复印件才能办理。不管是哪一种情况，所有成绩单都应该由学校开具，并打上自己的封条，而不是开一份正式成绩单，然后自己去复印。

（5）申请材料邮寄办法。进行完网申的在线部分后，就要进行剩余材料的邮寄了。

有的学校要求两份官方成绩单,就要寄送两份,不能寄过去一份再让校方复印。PS 和 Resume 不妨打印出来附在其中,推荐信也可以放在其中。对于要求 Writing Sample 和 Publications 作为附件的学校和专业,也要把 Writing Sample 和 Publications 的复印件放在里面。另外,也可以放入 GRE 和 TOEFL 成绩单复印件。当然,正式的寄送还是需要通过 ETS 来进行。还有获奖证明之类的材料,也可以放进去。要把上述所有的材料做一个 Cover Letter(简单的介绍),整理好用别针别上。Cover Letter 一定要做好,上面要附上清单,包括你的 Student ID 和你申请的院系。邮寄前确认邮寄地址,有些学校要求寄到 Admission Office,有些学校要求给系里也寄一份,这时就要寄出两份,最好不要放在一个大包里寄出,而应当分别寄出。

(6)材料寄出后,要及时确认和联系。材料寄出后,之后的确认和联系十分重要。可以时常登录校方的网申系统,查核材料寄送情况,或者可以和学校系里负责录取的工作人员通过 E-mail 或者电话联系,让他们收到材料后通知你。如果寄送过程中有什么问题,就要及时补寄或者重寄。因此,早一些寄送材料十分重要,可以避免不必要的麻烦。

美国签证技巧

申请赴美留学签证的申请人必须证明自己有能力在美国做全日制学生。申请人还必须证明其进入美国的唯一目的是在学术机构完成学业。另外,申请人还必须证明自己有能力支付学费和上学期间所需的生活费用。

▶▶▶ 签证文件

所有学生签证申请人都应该提前做好准备,以便能够在面谈时出示下列材料和其他与签证申请有关的支持材料:

(1)有效护照。如果申请人的护照将在距预计抵美日期的 6 个月内过期,或已损坏,或护照上已无空白的签证签发页,请在前往美国使领馆面谈之前申请一本新护照。

(2)DS-160 表格确认页。请在上面注明申请人名字的电码、中文姓名、中文家庭地址、公司名字及地址。

(3)一张照片。申请人于 6 个月内拍摄的 2 英寸×2 英寸(51 毫米×51 毫米)正方形白色背景的彩色正面照。

(4)签证申请费收据原件。申请人可以前往中信银行在中国的任何分行支付签证申请费。请将收据用胶水或胶条粘贴在确认页的下半页上。

(5)含有以前赴美签证的护照,包括已失效的护照。

(6)填写完整的学生和交流访问学者信息系统(SEVIS)表格。填写完整的 I-20A-B 表(发放给 F1 学生)或 I-20M-N 表(发放给 M-1 学生),必须由学校指定官员(DSO)和申请人本人签字。表格上的姓名必须与申请人护照上的姓名完全一致,并已被美国的学术机构输入 SEVIS 系统。

（7）SEVIS 费收据。大多数 J、F 和 M 类签证的申请人必须支付维护学生和交流访问学者信息系统（SEVIS）的费用。请在前往美国使领馆面谈时携带电子版收据或收据原件。

（8）在中国有牢固约束力的证明。出示经济、社会、家庭或其他方面约束力的文件，以帮助申请人证明其在美国短暂停留后有意愿返回中国。

（9）资金证明。证明申请人有能力无须工作即可支付在美停留期间的全部费用。

（10）研究/学习计划。在美期间计划好的学习或研究工作的详细信息，包括申请人所在美国大学的导师或系主任的姓名及电子邮件地址。

（11）个人简历。详细描述申请人过去在学术和工作方面的经历，包括一份申请人所发表文章的清单。

（12）返校学生的学校成绩单。欲返回美国学校就读的学生应该在申请签证时递交所学课程的官方成绩单。

（13）导师的个人情况介绍。已经在美国大学里被分配了导师的研究生应当带上导师的个人情况介绍、简历或网页打印件。

注意：申请人必须提前做好准备，以便能够在签证面谈时合理解释赴美的目的和回国理由，并出示相关证据证明自己的陈述。

▶▶▶ 预约面谈签证

所有签证申请人都必须提前预约签证面谈时间。要预约签证面谈时间，请先到中信银行购买预先付费的加密电话卡或登录签证信息服务中心网站购买通话密码。未用完的话费可留待下次使用或转给他人使用。

买到预先付费的加密电话卡后，请致电签证信息服务中心，预约签证面谈时间或咨询签证问题。请在致电前准备好以下信息：申请人姓名、护照号码、身份证号码、联系方式、赴美目的、在中国常住地址，以及是否被拒签过。

签证预约平均等候时间：签证预约平均等候时间是指从申请人致电签证信息服务中心进行预约起到签证面谈的等待时间。其中，学生签证北京平均等候时间为 10 天，上海为 4 天，成都为 3 天，广州为 2 天。

▶▶▶ 签证面谈

在签证面谈当日，申请人除了需要携带签证必备的申请材料外，还需携带准备好的所有支持性材料。非申请人不能陪同申请人进入签证申请大厅。签证面谈时，每位申请人都必须单独向签证官说明自己的情况。申请人需要事先做好准备，以便面谈时能够在没有亲属或法律代表陪同的情况下单独向签证官说明自己此次赴美的旅行目的等。唯一例外的是 13 周岁以下的孩子可以由成年亲属陪同面谈。在某些特殊情况下，残疾人也可以有人陪同,请在面谈前几天将申请人需要有人陪同的原因传真至签证信息服务中心。

签证面谈注意事项:

(1)到达相应的使领馆后请先在外面排队,在预约时间之前等候大约30分钟。

(2)接受安全检查时,请不要随身携带任何电子产品,包括手机。也不要携带背包、手提箱、公文包或手推童车等。申请人只能携带跟签证申请有关的文件。

(3)到指定窗口递交 DS–160 表格确认页和材料,之后等待指纹扫描和签证面谈。等候时间大约为3个小时。

(4)如果签证申请得到批准,使领馆会将签证印在护照上,并将印有签证的护照在面谈后的5个工作日内邮寄给申请人。或者,申请人也可以选择在面谈之日后的2~3个工作日到使领馆附近的中国邮政自取签证。某些特殊情况,如申请需要进行行政审理、需补充支持材料或需要进行打假调查等,可能会影响签证申请的审理速度,并推迟签发签证的时间。

▶▶▶ 签证注意事项

1.签证有效期

"签证有效期"通常表示从签证签发之日到签证过期之日,这段时间内该签证有效并可以被用于相同目的的旅行。要确定申请人能用该签证赴美旅行多少次,请查看签证上的入境次数。签证的入境次数可以为任何数字,最少为1次,最多为"M"次(代表不限次数或多次),但每次的入境目的必须相同。如果申请人需要经常赴美旅游,并持有可多次入境的旅游签证,那么申请人无须在每次赴美旅行之前都申请新的旅游签证。但需要注意的是,虽然申请人持有可多次入境的旅游签证,但申请人不能在入境之后持此签证在美国工作或留学。

签证的有效期是指在这个时间段内,申请人被允许在美国入境港口向美国移民视察员出示其签证,并请求进入美国。持有签证无法保证就一定被准许进入美国。千万不要将签证的失效日期与获准在美停留的期限相混淆。签证所有人在美停留的时间由美国入境港口的移民视察员决定,显示在签证所有人进出境记录表上。签证的失效日期与每次入境时获准的在美停留期限没有任何关联。

某些情况会导致签证所有人的有效签证作废。如果签证所有人没有在美国国土安全部的移民视察员或美国公民及移民事务署批准的最后停留日期前离开美国,将导致签证被自动作废。但如果签证所有人已经及时递交了在美国延期停留或转变身份的申请,该申请郑重合理,又没有在美国非法工作过,那么签证所有者的签证通常不会被自动作废。如果签证所有者已经递交了转变身份的申请,正在等待成为美国的永久外籍居民,那么他在离美之前应事先联系美国公民及移民事务办公室申请获发离境许可证。

2.美国签证种类

美国签证分为两种:移民签证和非移民签证。移民签证颁发给那些打算永久居住在美国的申请人。非移民签证颁发给那些在美国以外的其他国家有永久居所,只为旅游、医疗、商务、短期工作或留学而在美国短期停留的申请人。

3.申请美国签证的地点

中国居民应该在其长期居住地所属领区的美国使领馆申请签证,即使申请人的常住地与其户口所在地不同。如果申请人长期居住在北京领事辖区,应该在美国驻北京大使馆申请签证。北京领事区包括:北京、天津、甘肃、河北、河南、湖北、湖南、内蒙古、江西、宁夏、山东、陕西、山西、青海和新疆。

如果申请人居住在以上省市之外的地区,请到以下相应的美国驻华使领馆申请签证:

(1)成都使领馆办理重庆、贵州、四川、西藏、云南签证。

(2)广州使领馆办理福建、广东、广西、海南签证。

(3)上海使领馆办理安徽、江苏、上海、浙江签证。

(4)沈阳使领馆办理黑龙江、吉林、辽宁签证。

(5)香港使领馆办理香港、澳门签证。

4.申请学生签证要尽早

留学签证比其他类型的签证要复杂,建议学生尽早准备签证的申请材料,并尽早预约签证面谈。请注意,每年6月、7月、8月是大多数领事部门最繁忙的月份,预约签证面谈在这些月份里最为困难。

首次赴美的留学生应在学校报到日期的前120天内申请签证。返美继续学习的留学生,只要保持学生身份,并且在学生及交流访问学者系统中的现有记录有效,在任何时间都可以申请新的F或M签证。

美国国土安全部规定:所有首次赴美留学的学生只能比I-20表上注明的开学日期提前30天或更少天数入境美国。

需要提前更长时间入境美国(比开学日期提前30天以上)的学生必须获得美国的短期访问签证。在短期访问签证上会有注释表明其预期的学生身份,另外申请人还需在入境港口向美国的移民视察员充分解释其赴美目的是学习。在开始学业之前,还必须获得转换身份的批准,包括填写转换非移民身份申请表(I-506表)并向提出转换身份的国土安全部办公室递交自己的I-20表。

5.作为独生子女,必然回国照顾双亲,为何签证官仍认为归国理由不充分

相关移民数据表明,独生子女也会在美国无限期滞留。独生子女只是个人总体条件之一,单凭这条获得签证是不够的。

美国驻华使领馆

地　址	邮　编	电　话
北京市安家楼路 55 号	100600	4008 – 872 333
四川省成都市领事馆路 4 号	610041	028-8558 3992 028-8558 9646
广州市沙面南街 1 号	510133	4008 – 872 333
南京市西路 1038 号梅龙镇广场 8 楼	200031	4008 – 872 333
沈阳市和平区十四纬路 52 号	110003	024-2322 1198

 出国行前准备及入境禁忌早知道

 出国行前准备

▶▶▶ 收集目的地资讯

咨询那些曾经或目前住在将要就读学校附近的亲友、同学或学校内的外籍学生顾问，都可以打听到最新的信息。曾经留过学的人也是很好的咨询对象。在图书馆及留学资讯机构，可以收集到一些有关资讯（包括：气候、文化、风土、交通等），作为打点行李的参考。

▶▶▶ 列表记录必需品

出国前，有必要依据当地资讯作出所需物品明细表，每想起一项便填入，最后再加以整理并删除多余的项目。此工作十分烦琐，但很有必要。凡是在当地买不到，或可买到但品质不佳，或过于昂贵的物品均应携带。美国的物价水准比国内低，只要是一般用品，如电器、衣服、棉被等，不必为出国大量采购；但重要的研究资料、参考书籍、个人用惯的衣物，在飞机行李的限重内能带就尽量带。

▶▶▶ 建议携带物品

1. 个人衣物

（1）了解当地的气温以准备该带的衣服。通常，到冬季，整个美国除了西岸（如加州）及南部数州以外，大多会下雪，因此一些御寒的装备如雪衣、雪靴、厚袜、围巾、手套等都会需要。但如果到美国西南地区就读的同学，则不必携带过于厚重的衣物（除非考虑要滑雪），厚外套及毛衣是较为基本的穿着，不过冬天室内通常有暖气，保暖内衣、厚毛衣很少派得上用场。

（2）内衣、袜子等足够两星期换洗为宜。

（3）你可能在抵美后看到其他同学的穿着，才能确定自己要怎么穿戴。所以出国前不必大肆采购，而且比起国内的物价，美国的衣物不算贵。

（4）不妨携带一两套中国传统（或改良式）服装，在学校举办的国际节或晚宴中穿着。不但让老外耳目一新，也可借机展示中华文化艺术。当然，如果有其他搭配的中国乐器、手工艺品等，都可在适当时机派上用场。

（5）西装和礼服没有太多的穿着机会，准备一两套即可。

（6）睡袋于抵美初期、外出旅游及亲友来访时皆十分有用，建议携带一个。

（7）随身携带一件薄外套，在搭机时及抵美下机时都十分有用。

2. 书　籍

（1）不管念什么科系，个人使用过的一些参考书尽可能携带着。美国这个国家有时买书很不方便。书店除了卖教授指定的教科书外，其他就是一些非常普通的书籍或手册之类，相关的参考书只能到图书馆借。图书馆的书种类相当全，而且新书很多，只是不能在书上标注。因此，在第一学期会用到的一些书本，可以随身带去。国内书的价钱比美国便宜很多。

（2）使用惯的字典如英汉、汉英字典不妨随身带去，其他字典到美国再买即可。

3. 电脑软件

大家可以带一些常用的操作系统、应用软件、工具软件、上网软件等的安装盘。还有带上你以前的电子版本的信息，例如编过的程序、写过的文章、有用的文档等，可以用刻盘机刻到可写光盘上，带几张光盘出去就可以了。另外，可以挑一些软件下载并刻成光盘。

4. 药　品

（1）因个人健康状况需要定时用药的人，要准备足够的药量，并将医生处方或说明书带在身上。

（2）除非特殊的病例或病情严重，必须医师诊断并开处方外，一般的药品如消炎药、止痛药、维生素、感冒药、各种药膏及外伤急救药物可以在一般药店买到，若有疑问，还可以请教该店的药剂师。

（3）自己可准备一些临时应急的胃肠药、感冒药、万金油等。

（4）某些学校要求新生一律接受疫苗注射，建议在国内注射，并开具英文证明。

（5）眼镜最好有两副，并将验光单随身携带，以防遗失眼镜时，可作为验光师的参考。

5. 文具用品

一般文具用品可在大学内的商店购得，至于就读科系所需的特殊文具用品可自行携带。

6. 日常用品

所有日用品皆可在美国一般商店或超市买到,价钱也不贵。想自炊的同学最好准备电饭锅。但如果学校附近有较大的中国城(如纽约、洛杉矶),可以在抵达后去中国城购买。

7. 其他个人必需品

(1)照相机、收音机、随身听、吹风机、化妆品等。

(2)电器用品在美国物美价廉,不必急着在国内买。携带电器用品得注意电压是否符合美国规定(110 伏,60 赫兹),如果是欧洲电器产品,则要准备电压转换器。

8. 礼　品

(1)不必准备太贵重的礼物,10 美元左右的国内小礼物准备一些,送给教授或外国友人即可。

(2)帮忙接机及借宿的同学或朋友,可准备一份礼物。

9. 食　品

(1)新鲜食品及肉类制品美国海关查禁得非常严格,再稀奇的土特产也不要试图闯关。

(2)茶叶等干货,可视个人需要携带。

10. 特殊物品

为避免在国外生活时感到孤单,可携带全家福及亲友的相片,以及其他可以增添生活情趣或作为平常精神寄托的物品。

11. 皮　箱

最好买尺寸不同的皮箱,不用的时候,小的可以收在大的里面,免得空皮箱占用有限的宿舍空间。

▶▶▶ **禁带物品**

以下物品不准入境,如果查到,轻者会被没收,重者则处罚。

(1)新鲜、脱水或罐装的肉类、肉制品。

(2)植物种子、蔬菜、水果及土壤。

(3)昆虫及其他对植物有害之虫类。

(4)非罐装或腌熏之鱼类及鱼子。

(5)野生动物及标本。

(6)毒品及危险药品。

(7)盗印(无版权)书籍及录音、录像带。

(8)彩券。

(9)军火弹药。

▶▶▶ 打包行李

整理行李的诀窍：

（1）重的物品置于皮箱最下方。

（2）大件物品先摆进去。

（3）内衣、毛衣先卷成圆筒状。

（4）可用衣物包裹容易损坏的物品。

（5）剩余空间可放置手帕、袜子等小件物品。东西放置越密，越不会损坏行李。

（6）每件行李要写明姓名、美国地址与联络电话。如果没有在美地址，可以写上外籍学生顾问办公室的地址或就读学校同学会地址。行李内也需放置一份美国联络地址电话，万一行李外的标识遗失，航空公司可打开行李，找到行李主人的联络线索。

▶▶▶ 提前寄出行李

（1）通过邮局海运，行李可直接寄达，不必另外办理出入关手续。沉重的档案、资料和书籍，为免旅途劳顿，以海运为宜。可向邮局洽谈纸箱大小及重量限制。建议用最大容量的纸箱包装，书只装一半，留些空间装质轻的东西。易损坏的物品最好充塞保丽龙塑料。邮寄时间为 45～60 天，如果已确定自己的住宿地址，可提前寄出或寄至学长家。有些学校的外籍学生顾问也帮忙代收留学生寄送的行李。

（2）非邮局的海运通常要自己到港口提货并办理出关手续，对新生十分不便。如果行李过多，不妨数人一起委托海运公司报关，并要求提供到家提货及送货到家的服务。至于海运行李，同样要在适当时间寄出，太迟会造成生活不便，而太早则会因无人收件而影响当地工作人员的作业。若住所尚无着落，以本人抵达目的地后一个月内能收到为宜。

▶▶▶ 航空托运和随身行李

1. 航空托运行李

由于海运要冒遗失、损坏的风险，而且运费和随机托运差不多，重要行李以随机托运为宜。但是一个人照顾多件行李，旅途上负担颇重，若无人接应帮助，须考量自己的搬运能力。

2. 随身携带上机的行李

可携带手提行李一件，高度、宽度合计应在 115 厘米以内，重量不得超过 22 千克。原则上，以能放入座席下为准。

宜视自己的能力来决定所携行李的件数，尽量以轻便为主，不要在旅途上增加自己太多负担。

3. 出国后补寄的行李

有些东西可能要等到抵美以后才知道是否需要。建议你抵美后再依实际需要列一清单,请家人或亲友寄来。如果是小东西可以用空运或邮寄;若是大件行李,除非是急件,否则可选择费用较便宜的海运或陆空联运。若需海运,则必须有等候约两个月的心理准备。

▶▶▶ 寄送行李须知

1.关于行李

若使用新的行李箱,千万要记得行李箱特征、颜色及尺寸,否则领取行李时,会茫然不知如何找起。各航空公司会提供行李名条,请顾客写上联络地址及电话,一旦遗失,航空公司可按照行李名条,将行李送回。如果你所使用的行李箱非常大众化,建议可在行李箱上贴上醒目的贴纸或是系上一条花色的手帕,以便寻找行李。

(1)托运行李。每张机票可携带托运行李两件,两件行李尺寸总和不得超过106英寸(269厘米),其中任何一件不得超过62英寸(157厘米),每件重量则不得超过70磅(31.75千克)。最好不要存有任何侥幸心理,以免超重而加收运费。

(2)手提行李。可携带手提行李一件,尺寸不得超过45英寸(114厘米),重量不得超过50磅(22.68千克)。手提行李中建议包括下列物品:换洗内衣裤一套、旅行支票及现金、护照、I-20表、个人通讯录、个人药品、纸、笔、护唇膏、隐形眼镜药水、眼镜、面巾纸及打发时间的娱乐用品。男生应携带一把刮胡刀,以便随时整理仪容。

2.各大航空公司行李规定

(1)美西北航空公司。

托运行李:两件,每件32千克;三边之和不超过157厘米。

手提行李:一件,9千克;三边之和不超过113厘米。

(2)东方航空公司。

托运行李:两件,每件32千克;一大一小,三边之和分别不超过157厘米和110厘米。

手提行李:一件,5千克;三边之和不超过115厘米。

(3)美联航。

托运行李:同西北航空公司。

手提行李:一件,32千克;三边之和不超过118厘米。

(4)国航。

托运行李:两件,每件32千克;一大一小,大件三边之和不过157厘米;两件总和不超过273厘米。

手提行李:一件,10千克;三边不超过40厘米×50厘米×60厘米。

(5)加航。

托运行李:两件,每件32千克;三边之和不超过157厘米。

手提行李:一件,8千克;三边之和不超过112厘米,超重罚1020元人民币。

入境禁忌早知道

▶▶▶ 入境检查手续

（1）旅客被引导到入境检查室，按照入境签证的不同，排队等候检查。持非移民签证者（F1）应排在非移民的队伍，持移民签证或绿卡者在居民的行列。

（2）轮到你受检时，将护照、Ⅰ-20 或 IAP-66、Ⅰ-94 表及报关单一并交给移民官查验。要知道，持有护照及签证并不保证可以入境，因为签证只给持有人要求入境之权，准其入境与否，决定权在移民官。移民官会核对"黑名单"，看看该外国人是否在榜上，如果过去在移民局有过不良记录，例如曾被递解出境，则入境时会有麻烦。

（3）照惯例，移民局官员会问你一些问题，这些问题最主要的是确定你来美之后的住所地（学校）、来美的目的（学习）及携带多少钱等。不必紧张，从容回答即可。

（4）移民局官员问完问题，就会在 Ⅰ-20 或 IAP-66 及 Ⅰ-94 表上盖章注明入境日期，签字注明签证身份及再次合法入境的期限。

如果你持（F-1）签证，美国将允许你在美停留至学业完成的必要年限。因此，通常移民官会在 Ⅰ-94 表的停留期限栏打上 D/S 印记。

如果你持交换学者（J-1）签证，美国只允许你在特定时间内停留，并必须攻读 IAP-66 上所指明的课程以维持交换学者的身份。无论你持 F-1 或 J-1 签证，你必须注意入境时护照的有效期始终保持比预定在美停留期限多出 6 个月以上。

（5）移民官会将 Ⅰ-94 表的出境部分撕下，钉在护照上，并将 Ⅰ-20 或 IAP-66 的第三页一并交还给你。你要立即确认添加的资料无误，如果有错误立即要求更正。如果离开柜台后再回去要求或问问题，只会徒增麻烦。请注意，Ⅰ-94 表是唯一证明你合法入境美国的证件。虽然只是一张小纸，在居留美国期间一定要和护照一起妥当保管。遗失的话，须向附近移民局申请补发。

▶▶▶ 领行李、交报关单及验关

（1）根据走道上的指示走到 Terminal 领行李处，依电脑屏幕或告示找到自己班次的行李招领台。

（2）从转盘上取下自己的行李，小心核对行李号码。

（3）机场备有手推车，一些机场的小车免费。也可以找 Porter 代劳。

（4）国际机场很大，领行李时常容易找错转盘，有时航空公司也会作业疏忽。不过找不到行李别紧张，持登机证上的行李注册存根向航空公司查询；万一找不回来，则须填写报失单，并记下机场服务人员的姓名及电话，以备日后询问。

（5）排队验关时，不妨选最短一行排队受检。不要左顾右盼、犹豫不决，更不可看另一行通关迅速而临时换行，变得"行迹"可疑而遭受仔细盘查。面带笑容，态度诚恳，有问必答,但不要多话,以免自找麻烦。

(6)检查行李时要递上证件,如海关要求开箱检查,立刻打开受检,不要迟疑。如果验关人员示意通过,也不要怀疑,立刻提出行李离开。按照美国法律,海关人员无权私自打开你的行李,但是如果他们要求你打开,你拒绝,他们有权打开你的行李。

(7)如果在行李中发现禁带物品,是要被当场没收的。原本打包好的行李弄得一团糟,得花点力气让东西归位。但有时运气好,也能快速通关。看好你自己的行李,既不要少也不要多。不要给任何人捎带行李过海关,小心别人利用你夹带毒品。

(8)随时注意自己行李证件,不可离身,以防被人乘机盗取。

(9)携带入境的金额超过1万美元,应主动向海关申报,并填报表。

▶▶▶ 换机

如果你入境后要换机,你得估计好时间,尽早到要转换的航空公司机场柜台去报到,当然行李还是要重新 Check In。如果机场过大,为避免走冤枉路,不妨问一下工作人员。在换机手续办妥,找到确定的登机门后,可能有一段休息时间。这时不妨四处走走,舒展一下筋骨或上一下洗手间。

▶▶▶ 自驾车要注意安全

在美国,除了少数国际大都市外,多数城市的公共交通都不发达,自驾车是最主要的出行方式。因此,很多留学生到美国就买车,也是合理的事情。但是,危险也就随之而来。留学生因为开车出现严重交通事故的新闻,网上更不少见。即便没有出现严重交通事故,但也会因为违规被严惩,情况严重的还会被取消学籍。那么,究竟有哪些原因导致留学生在美国频繁出现交通事故呢?

(1)暴雪天开车。许多地区冬季会下暴雪,雪后开车的危险性不言而喻,一般情况下,地面积雪超过4英寸,多数学校会停课,但有些留学生就喜欢寻求刺激,故意在暴雪时开车去兜风、飙车,危险也就随之而来,即使没有出现交通事故,美国交警查到违章,不是简单交点罚款就能打发的。

(2)车速过快。由于年轻人都有炫耀心理,为了证明自己的技术,他们常常会不顾一切地飙车,但美国警察抓违章是不会心慈手软的。

(3)驾驶中打电话。在美国,70%以上的交通事故都与边开车边打电话,甚至发信息有关。但是美国各州对于驾车时使用手机的要求是不一样的,比如有的州可以打电话,但是不能发信息,而有的州严禁在驾驶中使用手机。

(4)酒后驾驶。每到毕业季,留学生参加毕业晚会、聚会,很多留学生会酗酒,服用让精神兴奋的药物,然后疯狂飙车,难免乐极生悲,结果痛苦的可能就不是自己一人,甚至牵扯到多个家庭。

(5)缺乏交通常识。一些留学生在国内获得驾照,会把国内的开车习惯带到美国。

有些习惯在美国是根本行不通,例如在一些地区,红灯如无特殊标志可以右转,而在其他地区(例如加州)就会被罚款。

在美国自驾车,除了要注意以上各种危险外,还要注意以下几个方面:

(1)购买可靠的汽车保险。有不少留学生买得起豪车,却不愿意上保险,在美国,没有保险就不能驾车。还有的留学生购买信誉差的廉价保险,当发生交通事故时,信誉差的保险公司是没有支付能力的。

(2)美国警察和警车有极高的权威。当一辆闪着警灯鸣着警笛的警车出现时,所有车辆必须停下来让道。如果你被一辆警车尾随,必须靠边停车接受询问。这时你要坐在车内,摇下车窗,等待检查。假如你贸然从车里出来,会被误认为抗拒检查或者逃逸,严重时有可能被警察击毙。

(3)一旦发生交通事故,不管是谁的责任,千万不要逃离现场。否则被抓住后,一是负全责,二是被定性严重的犯罪,而且还会有一个极差的驾驶记录。另外,发生严重交通事故后,不要怕花钱,一定要请律师,否则,你可能会因为对美国的法律不完全懂,需要赔偿他人巨额损失。

英 国

纯正英语是你通往成功的必要桥梁

 发掘亮点，借助天时、地利、人和同时获得牛津和剑桥的 offer

作为英国最古老最具有知名度的两所大学，一样的寄宿学院制、导师教学系统、悠久的历史传统，牛津和剑桥虽然被合称 Oxbridge，但却几百年来相爱相杀，各种排名一路你追我赶，学术成就也是不相上下，两个学校都这么厉害，对成绩逆天的学霸们来说，二选一该选谁该放弃谁不是一件容易的事。但是有人居然同时获得牛津和剑桥的 offer，他就是就读于哈工大和英国伯明翰大学的李某同学。

同时获得了牛津和剑桥的 offer，选哪个好？这样的美事自然让李某着实兴奋一段时间，发小、同学们自然羡慕不已！不过，在李某留学申请的早期，他既没有冲刺牛津和剑桥的规划，也没有必读牛津和剑桥的决心和信心，能申请到这两个名校，还是要感谢学长、学姐的悉心指点。

去年春天，李某回家探亲，旅途中结识了几位就读牛津和剑桥的学长、学姐，李某很快就和他们熟悉起来，一路上话题始终没有离开英国留学规划。李某在伯明翰大学学习，课业较重，很难将大量精力投入到留学申请中。李某如饥似渴地分享着学长、学姐的留学宝典，他也希望能够得到这些富有留学经验的过来人耐心帮助，让这些热心的学长、学姐分担自己留学规划的压力。

李某本来是在哈工大读取本科，当时的平均分是 75 分左右，读了两年后转学到英国伯明翰大学，进入伯明翰大学后，平均分一直保持在 70 分左右，出国前雅思成绩已经达到 7 分，成绩属于优秀级别。他是一名学习生活能够完全独立的学生，对自己的留学也有一定考量，在学长、学姐面前，他毫无忌讳把自己所有的疑问都抖露出来，让他们帮忙出点子、拿主意，帮他规划留学生涯。

　　学长和学姐根据李某的基本面，尽力挖掘他的亮点，纷纷帮助李某出谋划策。但出乎意料的是，李某对自己的情况并不是很自信，只想申请帝国理工大学和伦敦大学，选择伯明翰大学作为保底申请。不过，细致的学长、学姐在交谈中发掘出李某的亮点，那就是李某对自己的研究项目非常清楚明确。大家认为，具备这些资质亮点的情况下，如果能够寻找到符合研究方向的导师接收，即使是牛津和剑桥等顶尖名校也可以冲刺一下。在这些过来人的不断怂恿、鼓励下，李某逐渐建立了信心，打算尝试一下牛津和剑桥的申请。

　　于是李某和热心的学长、学姐利用在英国求学的便利，提前半年时间，一边积极寻找、联系符合李某研究项目的牛津和剑桥的导师；一边为李某策划撰写大学申请文书。在这个过程中，热心的过来人帮忙把申请文书精心打磨，充分展示李某的优势亮点，并且结合以往他们申请牛津、剑桥的成功经验，为李某进行了全面妥帖的面试培训。

　　9月，英国留学硕士申请刚刚开启，李某抢占先机提交了牛津和剑桥的申请文书，

　　经过3个月的漫长等待，李某顺利接到牛津和剑桥两所名校的面试通知。之后水到渠成，李某获得了牛津和剑桥的offer。

　　综上所述，可见留学生涯规划不应妄自菲薄，也不宜盲目自信。高质量的offer获得，通常是天时、地利、人和多重作用的结果。英国留学申请采用先到先得的原则，讲究"抢开局"，部分学生在申请季开始之前就将一切材料准备妥当，等申请渠道开放，就迅速递交申请文书。对于李某来说，提前规划、提前准备申请，抢占先机提交了申请文书，这是具备有利天时；李某和学长、学姐身居英国，更容易联系到英国当地院校的教授导师，这是占据了有利的地利；如果没有巧遇热心的过来人——学长和学姐团队协力帮忙规划申请，李某将会与牛津和剑桥擦肩而过，这是拥有人和的有利条件。在整个申请过程中，过来人团队合作为李某量体裁衣的留学规划，献计献策执行、调整、修正留学规划是至关重要的，也是成功申请顶尖大学的必要条件。

🔍 英国有哪些全球知名大学

　　剑桥大学、牛津大学、伦敦大学学院、帝国理工大学、伦敦大学国王学院、爱丁堡大学、曼彻斯特大学、伦敦政治经济学院、布里斯托大学、华威大学、格拉斯哥大学、杜伦大学、谢菲尔德大学、诺丁汉大学、伯明翰大学、圣安德鲁斯大学、利兹大学、南安普敦大学、伦敦大学玛丽女王学院、兰卡斯特大学、约克大学(英国)、卡迪夫大学、阿伯丁大学、埃克塞特大学、巴斯大学、纽卡斯尔大学(英国)、利物浦大学、雷丁大学、贝尔法斯特女王大学、萨塞克斯大学、拉夫堡大学、莱斯特大学、伦敦大学皇家霍洛威学院、邓迪大学、萨里大学、东安格利亚大学、斯凯莱德大学、伦敦大学亚非学院、伦敦大学伯克贝克学院、赫瑞瓦特大学、伦敦城市大学、布鲁内尔大学、埃塞克斯大学、牛津布鲁克斯大学、阿斯顿大

学、肯特大学、伦敦大学金史密斯学院、斯旺西大学、班戈大学、斯特林大学、阿伯斯威大学、金斯顿大学、考文垂大学、威斯敏斯特大学、基尔大学、布拉德福德大学、赫尔大学、朴茨茅斯大学、阿尔斯特大学、伯恩茅斯大学、伦敦都会大学、米德塞斯大学、布莱顿大学、普利茅斯大学、诺森比亚大学、赫特福德大学、哈德斯菲尔德大学、索尔福德大学、龙比亚大学、伦敦南岸大学、曼彻斯特都会大学、诺丁汉特伦特大学、罗伯特戈顿大学、中央兰开夏大学、东伦敦大学和格林威治大学。

📖 牛津大学

牛津大学是一所位于英国牛津市的世界著名公立研究型大学。牛津大学有记录的授课历史可追溯到 1096 年,为英语世界中最古老的大学,也是世界上现存第二古老的高等教育机构。牛津大学是英国研究型大学罗素大学集团、英国"G5 超级精英大学",欧洲顶尖大学科英布拉集团、欧洲研究型大学联盟及 Europaeum 中的核心成员。牛津大学出版社是世界上最大的大学出版社,出版作品包括 20 卷《牛津英语词典》。牛津大学同时为两个著名奖学金计划的举办地:一为于 2001 年设立的克拉伦登奖学金;另一为过去一个多世纪里,吸引了不少杰出研究生前来学习的罗德奖学金。牛津大学同时拥有全球最具规模的大学出版社,及全英最大型的大学图书馆系统。牛津大学培养了众多社会名人,包括了 27 位英国首相、65 位诺贝尔奖得主(世界第 7)及数十位世界各国的皇室成员和政治领袖。

📖 剑桥大学

剑桥大学是一所坐落于英国剑桥的研究型书院联邦制大学。剑桥大学为英国历史第二悠久的大学,前身是一个于公元 1209 年成立的学者协会。这些学者本为牛津大学的一员,但后因与牛津郡民发生冲突而移居至此。这两所古老的大学在办学模式等多方面都非常相似,并经常合称为"牛剑"。除了两所大学在文化和现实上的协作已成为英国社会史的一部分外,两所大学长久以来一直存在竞争,且剑桥大学经常和牛津大学争夺全英最佳学府的声誉。剑桥大学由 31 所独立自治书院及 6 所学术学院组成。虽大学本身为公立性质,但享有高度自治权的书院则属私立机构。剑桥大学是多个学术联盟的成员之一,亦为英国"金三角名校"及剑桥大学医疗伙伴联盟的一部分,并与产业聚集地硅沼的发展息息相关。剑桥大学是英国罗素集团、"G5 超级精英大学"、欧洲的大学联盟科英布拉集团的成员。除了各学系安排的课堂,剑桥的学生也需出席由书院提供的辅导课程。学校共设八间文艺及科学博物馆,并有馆藏逾 1500 万册的图书馆系统及全球最古老的剑桥大学出版社。剑桥大学校友包括了多位科学家、哲学家、政治家、经济学家和作家,总共有 96 位诺贝尔奖获得者(位列世界第3),4位菲尔兹奖得主曾为此校的师生、校友或研究人员等。

英国留学优势：教育质量高，享受免费医疗

(1)英国有着成熟、完善、严谨及悠久的教育体制。

(2)英国的教育素以质量高、标准严而在全世界备受推崇。

(3)英国可以提供范围极广的教育机会,如英语语言培训课程、教育资格证书课程、学位课程及专业上岗资格证书等。

(4)英语是当今外交、商贸和科技的通用语言,纯正的大不列颠英语是你通往未来成功的必要桥梁。

(5)紧凑的课程设置使你能够尽快获得有严格学术标准作为保障并为国际公认的英国学位,因而留学英国的费用相对较为划算。

(6)在英国,你不仅能享受完备正规、丰富多彩、寓教于乐的教育机会,而且还能看到灿烂辉煌、变化多姿、兼容并蓄的艺术世界及充满活力、瞬息万变、高度发展的都市氛围。

(7)英国不仅在学业方面尽你所需,而且在个人素质培养方面也提供给你无微不至的关怀。

(8)在英国几乎所有留学生都能享受免费医疗、免费 Internet、优惠交通、购物、娱乐福利等。

(9)英国的社会环境稳定、生活条件优越。国际学生在英国学习生活,不用担心自己的人身安全,英国是全球治安最好的国家之一。英国的大学设施一应俱全,在英国留学,生活条件优越。

英国奖学金：研究生比本科容易获得奖学金

奖学金

英国奖学金种类比较多,有政府奖学金、机构奖学金、企业奖学金、私立中学奖学金、院校奖学金、研究生奖学金等。其中,院校奖学金和研究生奖学金每年获得人数最多。一般情况下,留学英国读研究生比读本科更容易获得奖学金。

英国志奋领奖学金

志奋领奖学金是英国政府最具代表性的旗舰奖学金项目。无论是奖学金的金额,还是声望都使其在世界上享有很高的知名度。该项奖学金由英国外交和联邦事务部出资。

在中国,志奋领奖学金项目通过英国驻华使领馆和在上海、广州及重庆的英国总领事馆进行运作。英国使领馆文化教育处负责管理该项奖学金。

▶▶▶ **资助对象**

志奋领奖学金的资助对象为符合申请条件的在中国居住的永久居民,希望申请英国一年的硕士课程的有为人士。奖学金获得者可以根据自己的专业或兴趣选择大学及课程,但前提是所学科目与其目前职业相关。

▶▶▶ **申请条件**

(1)中华人民共和国的永久公民,申请时不在海外工作或学习。

(2)在该学术年度未接受其他奖学金或资助。

(3)已经获得英国高等教育机构认可的学士学位。

(4)IELTS(学术类)总分不低于6.5,单项不低于6。

(5)申请人处于事业中期(申请时至少已有3年工作经验),有管理和决策职责。申请人可以来自政府、国有、私营企业、非政府组织等。

(6)目前不能是英国外交与联邦事务部、英国使领馆文化教育处及志奋领奖学金计划的任何合作伙伴或直接关联组织的员工或员工直系家属。

▶▶▶ **申请流程**

(1)表格的提交。英国外交部志奋领奖学金的申请将按地区采取不同的申请方式,即:北京和上海辖区内的申请人网上填写、提交在线申请表格;广州和重庆辖区的申请人下载表格,提交书面申请。申请人在提交表格前应仔细阅读如何填写在线申请表,表格一旦网上提交,将不能阅读和修改。

(2)相关材料的提交。经过第一轮初选的申请人将被要求在规定时间向各自所在区域的英国使领馆文化教育处提交材料,材料内容如下:

①两封推荐表(一封学术方面,一封工作方面)。推荐表必须由推荐人填写并签字。两封推荐表需要有两份复印件和原件一起交送。

②三份IELTS考试成绩单的复印件。成绩总分不低于6.5,单项不低于6。

③英国大学的硕士课程录取通知证明(包括无条件录取通知书,有条件录取通知书,或者证明学校录取通知书正在发放中的信函或邮件)。

④所有高等教育学历和成绩单的复印件,无须附英文翻译件。

不同区域的志奋领奖学金申请人可以分别与英国使领馆文化教育处在北京、上海、广州和重庆的办公室取得联系。

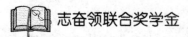 **志奋领联合奖学金**

此项联合奖学金项目是志奋领奖学金下面的一个子项目,由中国国家留学基金管理

委员会(CSC)与英国外交和联邦事务部(FCO)于 2006—2007 学年合作建立。申请人须满足资助双方的申请条件。自 2009—2010 学年开始,申请者不可以同时申请志奋领奖学金和这个子项目。如同时申请两个项目,将视为志奋领项目的申请无效。

该奖学金的名额为每年 15 人。如果合格人选(即中英双方达成共识的人选)的数量不足,每年的获奖人数可少于 15 人。奖学金将用于资助合格的学生到英国的大学攻读为期最长为一年的硕士学位课程,除不能选读 MBA 以外,其他专业不限。申请人可根据自己的工作内容选择相关的学校和专业,但须经资助双方共同批准通过。

▶▶▶ 申请条件

(1)申请时为中华人民共和国的公民及永久居民;正在英国进行学习和工作的人员不可申请本奖学金。

(2)完成学业后回到中国。

(3)具有至少 3 年的工作经验,并具有在与本奖学金直接相关的专业领域担任高级领导职务的潜力。

(4)具有由中国政府认可的大学颁发的学士学位,或已具有硕士学位或博士学位。

(5)申请人的学术类 IELTS 考试成绩总分不能低于 6.5,且各单项成绩不能低于6.0。

(6)申请人不得是 FCO、CSC 或其他志奋领奖学金项目资助方的在职工作人员或家属。

(7)在过去 3 年中未接受过英国政府资助的奖学金。

(8)未曾长期在英国生活过,并对英国的生活、文化、价值和制度没有深入了解。

(9)满足中国国家留学基金管理委员会奖学金选拔的全部要求。

▶▶▶ 申请流程

(1)下载并填写报名表和推荐表。一套完整的申请材料包括《国家留学基金管理委员会出国留学申请表》(项目类)、《国家留学基金管理委员会申请人单位推荐意见表》、《"志奋领"奖学金项目申请表》、两份《"志奋领"奖学金项目推荐人意见表》(工作和学术各一份)、一份 IELTS 考试成绩单复印件。

(2)登录"留学基金委网上报名系统"完成网上报名。

(3)将申请材料寄送至国家留学基金管理委员会。

苏格兰"兰十字奖学金"

英国苏格兰政府及苏格兰众多院校一直为国际学生提供众多奖学金项目,2009 年 4月 9 日正式启动的苏格兰"兰十字奖学金"旨在吸引更多的中国优秀学生到苏格兰留学。

该奖学金将给在苏格兰大学中攻读为期 12 个月的硕士研究生课程的学生提供 2000

英镑资助。学生可以直接向申请就读的苏格兰院校递交奖学金申请。

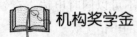 机构奖学金

▶▶▶ 福特基金会国际奖学金

由美国福特基金会资助、美国国际教育协会等国际机构负责实施的福特基金会国际奖学金项目,在全球 22 个国家已经进行了多年。

此奖学金项目旨在为那些长期在基层工作、缺乏机会的有志之士提供深造机会,其最终目标是改变缺乏教育机会的地方和社区。福特基金会国际奖学金项目通常支持入选者攻读硕士学位,极少数的人也可以攻读博士学位。但入选者所选的学科和领域须符合基金会资助的目标,即促进民主价值观、减少贫困与不公、促进国际合作及提高人类成就。关于每年度的申请日期,请继续关注英国文化教育处的网站上的最新公布。

▶▶▶ 中国—欧盟法律和司法合作项目

中国—欧盟法律和司法合作项目是目前中国最大的法律合作项目,每年资助 15 名优秀中国律师和法律工作者前往欧洲学习欧洲法律。课程为期 9 个月,其中包括一段短期的个人研究。

▶▶▶ 皇家协会项目

皇家协会项目包括如下两个子项目:

(1)学习访问项目。此项目提供给来自中国(含台湾地区)、蒙古、韩国及东南亚地区的学者,旨在加强科学家的研究能力、增进国际合作和参与国际项目,通常为期 2 周至 6 个月。

(2)博士后奖学金。该项目旨在加强中英两国在科学与技术上的交流。该项目帮助杰出的中国博士后科学家到英国学习知识与技能,使其回国后可以更好地贡献于中国科学与经济的发展。

英国学会海外学者奖学金

英国学会成立于 1902 年,英国学会海外学者奖学金为人文科学和社会科学领域内的博士后研究提供资助。提供给海外学者的奖学金项目包括:

(1)访问学者项目。支持海外学者在英国从事研究工作。学会所提供的费用包括旅行及生活费用,访问的周期通常为 2~4 周。

(2)英中研究员基金。资助独立或合作研究项目,研究项目可以在英国、中国或英中两国间进行。

(3)K. C. 王奖学金。由 K. C. 王教育基金(香港)资助的奖学金项目,旨在帮助杰出

的中国学者到英国的机构进行研究。该项目只适用于来自中国的博士后(或同等资历)学者。

(4)经济与社会研究委员会项目。英国学会和经济与社会研究委员会一起,与中国社会科学院、中国科学院、上海社会科学院和四川社会科学院进行交换与互访。访问期为3个月,提供旅行和生活的费用资助。

企业奖学金

很多知名的大型企业为了扩大其知名度并培养后备力量,对优秀的申请人提供奖学金并为其毕业后进入该企业工作或实习提供便利。具有代表性的有伦敦政治经济学院与渣打银行合作的奖学金项目,此项目每年从中国、印度和马来西亚挑选优秀的学生赴伦敦政治经济学院攻读硕士学位,由渣打银行承担全部学费和生活费。渣打银行提供此项奖学金目的是为当地培养国际化的经济、金融人才,学生毕业后不一定要为渣打银行工作,学生有很大的择业自由度。

私立中学奖学金

英国的私立中学一直对招收的学生有很严格的要求,教学质量非常高。英国不少私立学校都会为优秀的学生提供奖学金。首先,学生在以前学校的平均成绩要达到85~90分以上,一般要求毕业于重点学校;其次,IELTS 成绩最低为5.5,分数越高申请成功的机会就越大;再次,学生最好是性格比较外向、自信,容易与别人交流;最后,就是要通过学校的笔试和面试,笔试包括英语和数学两项,而面试则要考查学生学习成绩以外的能力。在相同条件下,攻读理工科的学生获取奖学金的机会比人文类学生的机会大。

院校奖学金

许多英国高等院校向研究生提供资助,包括助教式奖学金和研究式奖学金。

学校或导师所在的研究机构提供全额奖学金一般全免学费和生活费。英国各院校专为外国学生所设的奖学金名额有数千之多,而每年接受英国政府资助的海外学生达21000多人。这些奖学金是英国关注世界其他地区教育的一个象征,英国政府十分希望让海外学生、学者分享英国学校一流的教育。

研究生奖学金资助项目

▶▶▶ 海外学生奖学金(ORS)

海外学生奖学金是英国政府为到英国攻读博士或研究生硕士而设立的奖学金,是自费留英奖学金的最大来源。此项奖学金面向大众公开,到任何英国国立大学攻读博士研究生学位的海外学生都可以而且应该申请这项奖学金。获得这项奖学金的海外学生,可享受英国本土学生的学费待遇。如果没有这项奖学金,海外学生的学费是英国本土学生的 4~7 倍。只要学生申请了某英国大学的博士学位,校方会主动提供 ORS 申请表。如果校方没有主动提供,申请者应该向校方索取。

海外学生奖学金每年 4 月截止申请,而且申请人必须向就读学校的院系申请,填妥 ORS 表格后,还要附上指导教授和院系教授的推荐信。每个学校只有一两个名额,竞争非常激烈,最好提前申请,选择名单在 7 月公布。由于此类奖学金只从 ORS 所提供的表格的填写情况来考量,所以推荐信的好坏是获奖的一大关键。有意申请的同学,必须确定教授写的推荐信中会对你高度称赞,否则在众多的申请者中你很难胜出。ORS 不可能囊括学生的所有开销,它仅仅负责在海外学生和英国学生的学费之间"补差"。

▶▶▶ 普通助学金

普通助学金主要是根据学生的经济状况颁发的。助学金的金额一般不足以满足学生的所有日常费用,只能弥补学生的部分开销。

▶▶▶ 英国外交和联邦事务部(FCO)中国奖学金

此项奖学金由英国外交与联邦事务部、壳牌百年奖学金等联合构成,名额稍多。

▶▶▶ 大英贸易与文化奖学金(BTCO)

大英贸易与文化奖学金提供免学费一年,来回机票一张,每年 3 月截止申请,申请人必须提供 IELTS 英文程度证明、大学成绩单、推荐信等。

▶▶▶ 英联邦奖学金与助学金计划

此项奖学金由英国国际发展部和英国文化与联邦事务部共同提供,主要面向英联邦 25 岁以下的讲授式研究生,但所学专业须与发展有关。

▶▶▶ 海外研究生奖学金

此项奖学金由英国教育与就业部提供,对申请人的选拔主要以学术成绩和研究潜力为标准。

▶▶▶ 皇家学会奖学金

此项奖学金主要资助优秀科学家到英国从事博士后研究。

▶▶▶ 专业奖学金/助学金

除了上述奖学金外,还有许多特定专业奖学金/助学金,需要学生自己进一步了解,在此无法一一列举。对应用性学科,如工程类,这种奖学金/助学金是一个重要的经济资助来源,不容忽视。

奖学金申请策略

奖学金有全额和部分两种,部分奖学金一般会减免部分学费和生活费。助学金常分为助研金和助教金两种。补助金则依据学生的经济状况和学习成绩颁发,获得者可得到一笔可以支付研究费用的经费。

▶▶▶ 根据奖学金目标和标准申请

奖学金提供款项的机构不同、名目不同,所以在选择受惠者时的标准也不同。例如,有的奖学金基金会限制申请者的年龄;部分与宗教有关的奖学金基金会要求申请者最好是教徒或者所学专业为神学;有些奖学金基金会优先提供给女性发放;有些专门提供给亚洲学生;有些专门提供给有领导才能的学生;有些提供给为社区提供卓越服务的学生。

▶▶▶ 通过优秀的自荐信展现自我

生动细致的自荐信是申请成功的关键。自荐信应突出自己在该学科的钻研精神,表达自己学成之后效力社会的愿望,还要对个人的兴趣和特点做适当的描述,力争在自荐信里展现一个生动鲜活的自己。另外,有分量的推荐信也很重要,最好是找到享有国际声誉、学术地位高的专家写推荐信。

▶▶▶ 根据服务类型申请奖学金

英国高校的研究生院多设置助研金和助教金两种资助,要求申请者提供一些服务,例如配合教授做实验和协助教授进行课题研究;负责学校的一些普通招生、翻译事务;在学生公寓担任值班员等。虽然此类资助数目不大,但是也相当于全年学费的2/3。

 # 英国留学打工:允许打工,可以依法维权

 ## 留学打工规定

在英国留学,通常获得6个月以上学生签证的学生可以打工,每周最多20小时,在假期中可以全职工作,不需要另外申请许可。对于某些学生,在英国期间是根本不允许打工的,是因为他们的护照上将被盖上有"禁止打工"字样的戳印,而他们一般都是参加为期6个月或更短时间的课程。

 ## 兼职工作机会

学生兼职或利用假期工作的机会很多,例如快餐店、饭馆、电话销售、教学、市场营销

和办公室工作。你可以通过这些途径获得短期工作的信息:学校的职业办公室;职业中心,是学校所在地为公众服务的职业介绍机构;学校内的广告牌;当地报纸的广告;在英国当地的节假日,像圣诞节、复活节,很多商店会在橱窗张贴招聘启事;把你求职的意向告诉你的朋友、老师或房东,也许他们会了解一些招聘信息,使你更容易得到一份工作。

打工可以依法维权

在英国打工要仔细阅读雇工合同,应有相应的工资标准,如发生雇主给的工资低于最低工资,你可以向学生会寻求法律咨询帮助。

打工需要依法纳税

如果你的课程为期 6 个月以上,英国的法律允许你在学习期间每周从事 20 小时以内的兼职工作,假期可全职工作,而无须申请工作许可证。如果你的配偶的签证期为 12 个月以上,他(她)也可以在英国工作。找到兼职工作,你要向当地的有关部门申请,它主要用于统计你的收入总额,以作为纳税的依据。

留学英国费用:不同地区费用差别很大

英国有 200 多所大学,学校收费标准基本遵循以下原则:博士高于硕士,硕士高于本科;牛津、剑桥等名校高于普通大学;艺术、设计、医学专业的学费普遍高于其他专业;理工科普遍高于文商科;伦敦普遍高于其他城市。留学英国,目前大学学费基本情况如下:

本科:12000~30000 英镑/年;硕士:18000~36000 英镑/年;预科:本硕预科 12000~30000 英镑/年。不同地区、不同学校费用差别很大。

在英国留学,每年生活费基本与学费(一般院校)平分秋色。伦敦地区生活费用约15000 英镑,非伦敦地区约 12000 英镑。生活费包括住宿费、伙食费、水电煤费用、交通费和电话费等各类杂费。住宿费是生活费中最大开销部分,因住宿方式不同,费用支出也有所差别,一般是校外合租花费最多,校内住宿次之,家庭寄宿最低。其他费用多少主要取决于学校所在地区的消费水平。一般来说,伦敦最贵,伯明翰、利物浦、爱丁堡、格拉斯哥和纽卡斯尔等城市次之,其他偏远小城镇较低。

 雅思考试:国际英语水平测试

雅思考试英文简称为 IELTS。雅思考试是由剑桥大学考试委员会、英国文化协会及

澳大利亚教育国际开发署共同举办的国际英语水平测试。此项考试是为申请赴英语国家（如英国、澳大利亚、加拿大、新西兰等）留学、移民而母语为非英语的学生而设，特用来评定考生运用英语的能力。

考试类型

雅思考试分为两种类型：学术类和培训类。

▶▶▶ 学术类（Academic，简称 A 类）：目前较多适用于留学

该类考试是对考生的英语水平进行测试，评估学生英语水平是否符合进入国外大学本科或研究生阶段学习的要求。大学或研究生课程的录取均以该类考试的成绩为依据。

▶▶▶ 培训类（General Training，简称 G 类）：多适用于移民或工作

该类考试着重考核考生是否具备在广泛社会及教育环境中生存的基本语言技能，并非考核从事学术研究所需的语言技能。

无论以上哪种类型的考试，无论你将成绩用于何种目的，两种类型的考试内容均不涉及专业知识，只考查学生的英语水平能力。

考试结构及评分

雅思考试的内容包括四大部分，依次为听力、阅读、写作和口语，考试时间共计 2 小时 55 分钟。

雅思考试的评分都是由专门经过培训的评卷官和考官在考试中心完成。考试成绩包括 1 个综合得分和听力、阅读、写作及口语 4 个单项分，考试成绩采用 1~9 分的评分制来测评，4 个项目都独立评分，四大部分的平均得分作为考生的雅思综合得分。成绩单上将列出考生每一部分的得分，同时给出考生的综合得分。雅思考试每项满分为 9 分。

雅思考试成绩将在考试后 10 个工作日内通知考生，成绩有效期为 2 年。

考试内容

▶▶▶ 听力部分：共 40 个小题

听力部分 40 分钟（含 10 分钟誊写答案的时间），通常考生会听到 4 段语音（独白部分及 2 人或多人对话部分），共给 40 小题作答，你将只听到一次语音，不会重复（边听边作答）此部分。所以学生作答时，千万别等待语音结束才作答（不要回头作答），考生可把答案先写在试卷上，30 分钟会话结束后，利用额外 10 分钟，再誊写在答案纸上。

四段语音前二段中,内容以一般生活及社会状态、人际关系不同情况模拟为主,后二段则以教育性的、学术性、世界性的主题探讨。第一、三段以对答为主,二、四段以叙述为主,但因其非常实际性、常识性,考生不必钻牛角尖。

在会话进行中,边听边记录所听到的关键词及已作出的答案,可以记在问卷上(非答案卷),以免忘记或漏掉一些答案。

▶▶▶ 阅读考试:3 篇文章

阅读考试 60 分钟,共 3 篇文章。Academic 类与 General training 类的考题都以"三大段"的文章为基本结构,1500~3000 字,内容多样,甚至有时以图形、表格的方式出现,学生答题的方式亦有多种答题形式,共有 40 个题目。阅读部分的主题并不是为了考查学生对学术的专业度或认知度,所以学生千万别因对主题的陌生而紧张起来。A 类与 G 类内容相同之处在于 A 类除生活化范畴之外,加入考生在学业上、学术上的探讨与了解,而 G 类较着重于社会上的、生活化的、工作训练等的主题。

▶▶▶ 写作考试:两篇作文

写作考试包括两篇作文,Task 1 和 Task 2,前一篇 150 字,后一篇 250 字。原则上建议考生前一篇作文用 20 分钟,后一篇用 40 分钟,因为后一篇文章分值更高。A 类写作部分,全部 1 小时时间,分两大单元(Task 1&Task 2);(Task 1)通常考题以图片、表格坐标、曲线图为基本形式,考生根据所给的资料,写出 150 个字以上的文章来叙述主题,组织并探讨主题,提出比较支持的论点。G 类的(Task 1)考生多以写一封信来应对考题中所给予的模拟状况或问题。(Task 2)A 类与 G 类非常类似,考生就考题的主题,用 250 字发表意见,通常考生被要求用几种方式之一来作为架构解决问题、表达自己的意见、支持或争辩考题所给予的信息。

▶▶▶ 口语考试:11~14 分钟一对一谈话

口语考试,11~14 分钟(考生与主考官谈话)。谈话主题非常口语化、生活化,虽然轻松,但也有一定程序,谈话大致上分三小段(不是明显的区分,中间并无间断)。第一段:会面,寒暄一番,主考官会鼓励(引导考生)多谈谈一般话题(生活作息上、文化习惯上、个人兴趣等等),考生应积极发言(4~5 分钟)。第二段:主考官抽出一张题卡,卡上写明某话题,考生有一分钟准备时间,之后须根据要求对该话题进行 2 分钟个人观点阐述(3~4 分钟,包括 1 分钟准备时间)。第三段:考官就第二部分所提及的话题与考生进行更深入的双向讨论,或者考官就其他话题与考生进行双向讨论。此阶段讨论内容比较灵活,考生要视情况而定(4~5 分钟)。

📖 评分标准:允许有 0.5 分存在

雅思考试分听、说、读、写四个单项,每个项目单独计分,最高 9 分,最低 0 分。总分是四个单项所得分数经过平均后，取最接近的整分或 0.5 分。总分和四个单项成绩均允许出现 0.5 分。雅思考试每个分数级别有如下相应的表述：

0 分：缺乏评分依据。

1 分：无法用英语沟通。

2 分：非常熟悉的语境不能进行有效沟通，难以听懂或者看懂英语。

3 分：在非常熟悉的语境下只能做简单的沟通，有频繁的沟通障碍。

4 分：只限在熟悉的语境下有基本的理解力，在理解与表达上常发生问题，不能使用复杂英语。

5 分：可部分运用英语，在多数情况下明白大体意思。虽然经常出现错误，但能在熟悉领域内做基本沟通。

6 分：能较为有效运用英语，虽然有不准确、不适当和误解，但能在熟悉的语境下理解复杂的英语。

7 分：能有效运用英语，偶尔出现不准确、不适当或误解。能掌握复杂的英语，理解详细的推理。

8 分：能熟练运用英语，只有极少的错误。在不熟悉语境下可能出现误解，可将复杂细节的争论掌握好。

9 分：能做到适当、精确、流利地运用英语能力，并能完全理解语言。

考试地点多，每年 48 个考试日

雅思考试在全球有 300 所考试中心。我国近年来在雅思考试方面呈现强劲增长势头，每年有多达 48 个考试日期，根据当地考生的需求，每个考点可以最多接受 4 次考试。自 2006 年起雅思考试改变规则，取消了原来两次连续考试必须间隔 90 日的规定。

考试的认可度

雅思考试得到许多国家，包括澳大利亚、加拿大、新西兰、英国及美国教育机构的普遍认可，同时还得到职业机构、移民局及其他政府部门的认可。

考试报名

▶▶▶ 报名流程

1. 注册成为教育部考试中心网上报名系统用户

雅思考试的报名采用网上报名形式。

如果考生从未使用过教育部考试中心雅思考试网上报名系统，那么考生必须先注册成为其用户。

完成这一步,考生需要提交本人基本信息,如姓名、身份证号码、邮寄地址、电话号码和电子邮箱等。当考生提交所需资料之后,考生将得到教育部考试中心报名系统分配给考生的一个 NEEA 用户号(NEEA User ID)号码。在正式注册前,考生将看到网上报名协议,它为网上报名系统用户设定相应条款。考生必须单击"同意"按钮,同意遵守这些条款,否则,系统将不允许考生进行注册。当考生成功注册成为系统用户后,系统将向考生的电子邮箱发送一封确认邮件。

2. 预存考试费

雅思报名流程规定考生须支付足额考试费用后方可选择考试座位。注册成为 NEEA 用户后,每次进入"我的状态"页面,系统将显示考生付费状态,考生可以查看考位情况。同时,考生还可以看到付款链接,单击付款链接会引导考生完成付费手续。

目前共有两种付费方式:通过中国工商银行进行网上付费、通过中国招商银行进行网上付费,以及通过任何银行将考试费电汇到教育部考试中心的银行账户上。

(1)网上付费。通过单击相应的中国工商银行或中国招商银行网上付费按钮便可以进行网上付费操作,考生将被引导到中国工商银行或中国招商银行的安全网页上,按照银行的要求完成付费程序。当付费完成后,请记录下银行所提供的交易号码,以便日后用于核对和查询考生的付款。请注意,除了统一的考试费之外,考生还需向银行支付一定手续费。

(2)电汇。当考生单击"电汇"按钮,将看到有关通过电汇方式向教育部考试中心银行账号支付雅思考试费用的重要信息。这些信息包括:教育部考试中心开户银行户名、银行账号、开户银行名称和地址、支付账号及应汇款的人民币金额。请将电脑屏幕上所显示的上述信息准确地记录下来,并携带上述资料到银行营业厅办理向教育部考试中心电汇考试费的手续。请考生在办理完成汇款至少两个工作日后登录教育部考试中心的报名网站进行查询。如果考生的汇款没有得到确认,请拨打教育部考试中心雅思考试服务热线来寻求帮助。考生有责任将报名网站提供的电汇信息准确完整地记录。除规定的考试费外,考生还须向办理电汇的银行支付汇款总额1%的手续费。

3. 选择考试位置

当考生成功地将考试费用预存到考生在教育部考试中心网上报名系统的账户后,"我的状态"页面会显示考生的账户余额。只有当余额大于等于考试费后考生方可选择考位。

单击"选择考位",考生将看到上面有报名时间所对应的考试日期的页面及"学术类"或"培训类"的按钮。单击"学术类"或"培训类"按钮考生就可预订考试座位。如果无法单击按钮,则意味着这个类别已经报满或者不举办相应类别的雅思考试。请注意:在报名截止日之前,先前已无法单击的按钮有可能因其他考生取消预订而被重新激活,建议经常查看此页面。

在单击"学术类"或"培训类"按钮之后,就完成了选择考位,"我的状态"页面中即可显示目前状态信息,这些信息包括雅思考点的名称、考试日期、考生的注册号和应支付的考试费金额。考生可通过单击"填写报名表并确认付费"或"取消预订"这两个按钮来选择进入下一步。

如果单击"填写报名表并确认付费按钮",考生将会看到雅思报名表。当考生填完报名表并提交后,系统将提示考生确认支付雅思考试费。

如果单击"取消预订"按钮,系统将取消考生所选考位。在这种情况下,系统不会从考生的账户中扣除考试费用。

如果考生在没有确认支付考试费的情况下离开或意外掉线,请务必在选择考位后的30分钟内回来完成所有步骤并确认付费,否则选择无效。在选择无效的情况下,系统不会从考生账户中扣除考试费。

4.填写报名表并确认付费

选择考位后,在"我的状态"网页上有填写报名表并确认付款按钮,单击此按钮,考生可以填写雅思报名表。

当考生进入雅思报名表页面前,考生必须详细阅读雅思考试考生须知。在考生阅读之后,单击"我已阅读以上须知,并同意完全遵守上述条款"旁边的按钮。如考生拒绝单击此按钮,考生将不能继续报名程序。

当考生看到雅思报名表后,请按照屏幕上的指令进行操作。请注意系统不允许考生重复输入姓名、性别、生日、身份证号码、考试日期和考点等信息,因为在此之前,考生已输入过上述信息。

当考生填写完成雅思报名表后,单击"提交",系统将引导考生进入"用余额付款"页面,此页面将显示考生当前余额,并提示考生确认支付考试费用。考生确认支付考试费后,即完成所有报名步骤。此时系统将引导考生进入"我的状态",如有需要,考生可选择单击下列按钮:修改报名表、转考、取消报名并退回部分费用。

▶▶▶ **雅思考试其他服务**

1.修改报名表

单击"修改报名表"按钮将允许考生修改考生先前所提交的报名表信息。这一功能将在考生所选择的考试日期前10个工作日失效。

2. 转 考

当考生成功完成雅思考试报名程序之后,在报名截止日期之前,考生仍然可以在网上变更考试日期或考点,但这需要考生额外支付一定的费用。当考生选择考位时,考生会看到每场考试的报名、转考和退考的截止日期。请以该网页公布的截止日期为准。第一步:付费(同报名付费);第二步:执行具体的转考操作。

3. 取消报名并退回部分费用

雅思考试允许考生在报名截止日期之前取消本人先前的报名。这种情况下,将退还考生部分费用。考生只能在教育部考试中心雅思报名网站上取消之前的报名。如果考生要取消报名,请在进入系统之后单击"我的状态"按钮以进入"我的状态"页面,单击"取消报名并退回部分费用"按钮来取消报名。在单击"取消报名并退回部分费用"按钮之后,系统将提示考生是否进行了误操作,在考生确认要取消报名之后,考生先前的报名将被取消,退费将被保存在考生的账户余额中,单击"我的状态"可查看账户余额。同时,系统将给考生的电子邮件发出取消报名的信息。

4. 获得退款

考生若要退回账户余额中的钱款,须向教育部考试中心雅思考试服务热线传真一份"退款申请表",传真内容包括考生的注册用户名、姓名、生日、签名、证件号码及证件的复印件等,传真"退款申请表"后还须致电教育部考试中心雅思考试服务热线确认退款事宜。"退款申请表"可在"IELTS 信息"中下载。在考生与教育部考试中心雅思考试服务热线确认后的 4~6 周之内,退款将被转到考生的银行账户或通过邮局汇到考生所提供的邮寄地址。如果考生有疑问或没有收到退款,请给教育部考试中心雅思考试服务热线打电话进行咨询。报名一旦被取消,考生将不能再反悔。

5. 打印准考证

当考生完成付费程序之后,"我的状态"页面将显示对考生付费的确认,整个雅思报名程序也随之完成。当教育部考试中心雅思网上报名系统收到考生的付款之后,将给考生的电子邮箱发出一封称作"IELTS 准考证"的邮件,用来确认考生的报名。考生也可在"我的状态"栏中看到这封准考证并将它打印下来,考试当天凭此准考证进行考试。

 # 英国留学申请条件和签证技巧

 ## 英国留学申请条件

英国留学,首先要有一定的英语基础。英国留学签证最新草案规定,原来只需要具备 B1 级的英语程度,现在必须提高到普通 B2 级,英语不合格的申请人将不给予入境签证。这将直接影响申请赴英读本科以下课程的学生,申请难度加大。B1 和 B2 的英语水平的差别如下:

B1 相当于雅思 3.5~4.5 分,B2 相当于雅思 5~6.5 分。欧洲语言教学大纲对于 B1 和 B2 的规定:

B1:能够清楚且标准地用英语阐述有关工作、学校或爱好等熟悉话题的基本要点。在国外旅行时,能够用英语轻松自如地应对可能发生的一般情况。在谈到感兴趣和熟悉的话题时,能够用英语简明、连贯地表达自己的真实意思。

B2:可以毫不费力地与英语为母语的对话者交流,并流利地表达自己的意思。能理解比较复杂的书面语言中实际和抽象题材的主要意思,并在自己的专业范围内,参加技术性讨论,对广泛的题材能写出清楚、详尽的文件。

▶▶▶ 本科、研究生留学

本科:3 年;研究生:一般为 1 年。

准备时间:申请英国的学校最好提前 1 年开始准备。

英国学校入学时间正常情况是每年的 9 月份,包括绝大多数的高中、大学预科、本科和硕士课程。

申请本科课程必须通过高等院校招生办公室(UCAS)办理。申请时学生如果暂时没有达到学校的入学条件,比如暂时没有语言成绩,也可以提前申请,学校认为你的基本条件合格了,就会给你一个有条件录取通知书。等你达到所有的条件后,一定要在第一时间把所有的证明材料集齐并及时交给学校,将录取通知转换成无条件录取通知书,然后办理签证。

需要注意的是:申请人只可填写一份 UCAS 申请表。如果申请人接收到报读的大学及学院通知后,要决定接受哪两所院校的录取。学生只可以接受两所院校的有条件录取,一所确定,一所后备,选定后不能更改。申请人知道考试成绩后,必须向所选的其中一所院校作出确定回复,不得再保留后备录取。

申请研究生课程时:由于英国没有国立研究生课程入学考试,故每所院校自行决定每一个研究生课程所录取的学生。申请人必须将申请文件寄往各个院校,并不像本科课程设有中央系统处理申请。录取与否决定于申请人是否符合院校的入学资格。申请人应提供以下资料或文件:申请人所读的大学课程详细资料;成绩单或考试成绩证明书,列明考试项目及等级(翻译成为英文);最少两封由老师发出的推荐书(翻译成为英文);概述与学科有关的工作经验;曾经出版的研究论文详细资料。申请人读研究生课程的竞争很激烈,学生应最少在 12 个月前向院校查询。每所院校的研究生课程章程列有申请详情及时限。

英国大学通常会要求学生申请时提交以下材料:中英文成绩单若干份,用学校的信封封口,并加盖教务处的公章;语言成绩;中英文在读证明或毕业证、学位证的复印件及翻译件加盖公章;个人陈述,内容可包括自己的出国动机、背景和学习规划,等等;推荐信两封,内容可以是两方面,学习、工作或生活;英文简历(非必须材料,但它对申请也有一定的帮助);其他辅助材料,类似班级排名证明、奖状、奖学金、各类资格证书和获奖证明等,但都要翻译成英文。

▶▶▶ **中学生留学**

英国良好的教育体制,对学生和家长都有很强的吸引力。中学生留学英国要注意以下几个问题。

1. 时　机

中学生赴英国留学最佳时机是高中一二年级结束后,年龄在 16 岁以上 18 周岁以下。去英国私立学校就读高中 A – Level(两年制),可以享受英国人同等待遇,直接报考英国一流大学。因国内高中数理化教育质量很高,基础好,到英国后学习压力相对小些,能腾出更多时间过好语言关。英国高中读四门课程,国家考核三门,学生可以把学得最差的一门放弃,所以学生在英国读完高中,毕业后申请进入一流大学有很大选择的余地。实际上学生在第一年按统考成绩就开始申请英国大学,就读的中学会在学生申请大学上给予很多帮助和指导,包括向一流大学推荐学生。而在国内高中三年级毕业后再去英国,因国内学历英国不承认,只能进入大学预科班,以后要进入一流大学就难了。

2. 安　全

英国私立学校实行寄宿制、全封闭,学生的学习、吃、住都在学校,周末要出校门必须经监护人同意,学校批准。学校对学生提供的是全方位服务,生活上照顾很周到,伙食的营养搭配、住宿的条件等都很好,如患了一般疾病,学校有医护室可治疗,发生大病就转大医院,在英国学生看病是不收钱的。

3. 费　用

赴英国留学费用高是家长们心中的一个"结"。诚然,英国私立学校的费用是较高的,英国高中一年分三个学期,1—3 月为第一学期、4—6 月为第二学期、7—9 月是暑假、9—12 月为第三学期。在英国本土读私立学校的学生多数是中产以上家庭,而国内赴英国留学的则大多是白领的高层和成功的私营企业家的孩子。

经济实力达不到要求的家庭也有赴英国读 A – Level 的机会和途径的,这就是英国的公立学校,原来不收海外学生的公立学校,现在对中国优秀的高中生开始敞开大门,而费用则相对要减少许多。

📖 英国签证技巧

申请人必须到户口所在地就近的英国签证申请中心提出申请,且必须是申请人亲自办理以便提供申请人的生物辨识资料。为避免不必要的延误,请将所有与签证申请相关的证明材料递交至英国签证申请中心,签证官需要查看所有原件及翻译件。

▶▶▶ **文件准备**

办理申请前的总清单:

（1）检查申请人及父亲和母亲的姓名是否用拼音和中文填写。

（2）检查 CCC（CCC：Chinese Commercial Code——中国标准电报码表），编码是否写在拼音姓名的下方。

（3）检查通信地址是否用拼音和中文填写。

（4）检查照片尺寸是否为 3.5 厘米 ×4.5 厘米，并且为白色背景及容貌清晰，照片必须是最近 6 个月拍摄的。

（5）检查是否提供护照信息页和签名页的复印件。

（6）检查是否带齐所有原件及复印件。

（7）检查是否带齐所有中文文件的英文翻译件。

（8）检查护照是否有申请者签名。

（9）检查签证申请表格是否有申请者签名。

（10）检查是否带足签证费（只限现金）。

（11）检查签证申请表格是否填写正确、完整。

（12）确保签证申请表格上的数据与所提交的信息一致。

（13）英国大使馆、领事馆要求护照至少有一页正反面均为空白页，且两面不能有任何使用记录。

▶▶▶ 计点积分制第四层级（学生类签证）

计点积分制第四层级（学生类签证）的指导说明于 2009 年 11 月 12 日发布。

此说明针对居住在英国之外的申请人，解释如申请人希望以成年学生或非成年学生的身份前往英国读书，应如何在计点积分制系统下申请签证。仔细阅读此说明不仅可以为申请人解答常见问题，而且能够帮助申请人填写申请表。

英国使领馆强烈建议申请人提交签证时确认，申请人选择的是计点积分制系统认证的课程提供机构。如果申请人所申请的课程提供机构未在认证列表之内，则申请人的签证申请将不予考虑。

如果申请人已取得签证函并准予进入英国，但在仍未动身之时发现课程提供机构的认证被暂时取消，则使领馆建议申请人直至课程提供机构的认证被恢复时再入境英国到该机构学习。使领馆建议申请人随时查看课程提供机构的认证状态。

所有的申请人都应获得签证函。签证函中应包括第四层级计点积分制指南中 87 章所列的所有信息。申请人须查实课程提供机构出具的签证函中包括所有必需的信息，否则申请人的签证将被拒签。

为符合第四层级计点积分制的要求，申请人必须证明拥有足够的资金能力支付学费和一切相关费用。申请人须证明有足够的学费和其他相关费用以支持申请人长达 9 个月的学习。资金存款须存于申请人个人或申请人父母、合法监护人的账户下，且不低于 28 天的银行存期。申请人的签证申请不得晚于 28 天存期后的一个月提交，且申请人须提供银行或其他相关凭证。

注意:计点记分制政策指南中对于资金及学费的证明要求做了具体说明。房产、证券、债券、养老金及类似的存款账户不被接受,而定期存款可以接受。

▶▶▶ 递交申请

前往签证申请中心递交填写完整的签证申请表格及相关文件,支付签证费和进行生物辨识资料登记。

申请将只会在签证申请中心审理:

(1)递交填写完整并已签名的签证申请表格(简称 VAF);提供所需的照片。

(2)提供护照:

①与签证表格上一致的个人信息(姓名、护照号码、有效期)。

②在有效期内。

③在签证页里至少有一整页是没有使用过的,以便附入所需的签证。

(3)支付签证费。

(4)同意记录其生物辨识数据。

▶▶▶ 返还护照

英国签证申请中心保证安全取回护照并返还给申请人。英国签证申请中心的工作人员从大使馆/领事馆的签证部门取回护照后,申请人可选择到申请中心领取或由快递服务送达申请人。英国签证中心利用条码跟踪系统确保护照运送的安全,而该系统也使得申请人可以在线追踪申请进度的发送情况。

▶▶▶ 英国签证常见问题

1. 普通/成年学生和非成年学生的年龄限制

第四级普通/成年学生签证适用于到英国攻读成人教育(亦称 16 岁后教育)的申请人。第四级非成年学生签证适用于 4～17 周岁到英国学习的申请人。4～15 周岁的申请人一般只能到私立学校学习。若年龄在 16～17 周岁的申请人学习英国国家资格框架 3 级以上(含 3 级)的课程,则申请人允许以普通/成年学生或非成年学生任意一签证类别进行签证申请。16 及 17 周岁学习英语语言课程(类似欧洲共同语言框架 A2 级)的学生必须依照第四级普通/成年学生的签证规定进行申请。对于已满 18 周岁的签证申请人,在其入境英国之前须已完成抵英后的接待及相关的一切事宜。

2. 申请人是否需要一个由英国边境管理局认证的机构

所有申请第四级普通/成年和未成年学生签证的申请人必须提供一个认证机构。此处所涉及的认证机构是在英国可以为申请人提供高等教育的机构,此类机构须在英国边境管理局注册并得到认证,他们需要符合第四级计点积分签证制度的要求并承诺履行协助进行移民管理职责。所有的认证机构都会被给予 A 或 B 的等级。B 等级属于过渡级别,其意味着此机构正与英国边境管理局合作以便提高自身等级。

3. 申请本科前的预备语言课程或预科课程

只要申请人是为在英国修习主课而预先学习强化英语课程或相关课程的,申请人就可以通过计点积分制度申请签证。上述涉及的课程须符合英国国家资格框架 3 级或欧洲共同语言框架 A2 级的标准。依据以下情况,此类申请人会获得单次入境且符合预备语言课程和主课时间要求的签证:

预备语言课程和主课由同一个认证机构签发,或主课提供机构的合作机构提供预备语言课程,且此合作机构也是英国边境管理局的认证机构。

在其他情况下,包括认证机构仅提供基于申请人完成预备语言课程情况的有条件录取通知书,则申请人将获得针对预备语言课程期限的签证。此类预备语言课程必须符合第四级计点积分制度的各项要求。一旦申请人在英国完成上述语言预备课程,则申请人可以开始申请主课的签证函。

4. 申请人是否可以学习额外的课程

作为一名普通/成年学生或非成年学生可以进行额外课程的学习,例如夜校课程。详情请参考第四级计点积分手册。

5. 学习不受计点积分制度管理的课程

以下课程类别不受计点积分制度的管理:

(1)到英国做留学规划的潜在学生。

(2)未年满 18 周岁到英国做短期访问期间学习短期课程。

(3)家长陪伴未年满 12 周岁的未成年学生。

6. 申请人在英国的时候是否可以工作

(1)普通/成年学生。如果工作是课程的一个组成部分,则申请人可以在英国工作。此类工作的时长一般不能超过课程总时长的一半,除非申请人所上的课程对其工作时间在法令方面有特殊要求。学期期间,申请人可每周兼职工作不多于 20 个小时的时间;假期期间,申请人可以全职工作。

(2)未成年学生。未满 16 周岁的申请人不允许工作。如果申请人年满 16 周岁及以上,申请人可在学期期间每周兼职工作不多于 20 个小时。除兼职工作外,申请人还可做课程辅助功能的实习工作,但每周不能超过 20 个小时。

▶▶▶ 英国签证注意事项

英国吸收中国留学生的态度相当积极,但总有一些学生签证失败,其主要原因归结为以下两个方面。

(1)学习动机不明。大多数失败者的问题在于不是直接申请英国的正规大学,而是选择去读语言学校。之所以被拒签,是因为签证官认为学生没有明确的专业(或方向），学习动机不明，赴英留学理由不充分。签证官难以理解，正在国内正规大学学习的在校学生，既然已经在正规大学学习，为什么突然想出国留学？会怀疑学生有移民倾向。

（2）资金来源不明。资金来源就是要提供担保人的收入来源。专家表示，申请赴英留学一定要在资金担保能力和资金来源问题上将材料准备齐全。除了单位出具的收入证明以外，使领馆还希望看到工资存折及个人所得税纳税证明。但有很大一部分申请人无法提供完全符合使领馆要求的材料，尤其像一些私营企业法人、股东及个体经营者等，虽然收入很高，却无法提供工资存折及个人所得税纳税证明，这就要求通过其他材料证明其经济能力及收入的真实性。

是否有足够的资金担保，而且是有历史记录能证明来源的资金担保，是申请留学英国的学生能否获得签证的关键所在。有些家长确实有足够的经济能力，但他们没有工作单位，没有属于自己的正式注册的公司，签证官会怀疑他们的钱是临时借来的。

曾有学生家庭非常富有，资金担保也很充足，但由于资金来源说不清楚或者没有存款历史记录，只有一张银行存单而遭遇拒签。因为签证官不能相信，申请人的确有经济实力支付出国后的所有费用，诸如学费、生活费、食宿费、保险费等。

此外，申请人父母的年收入和所提供的存款证明之间是否有一个合理的关系也很重要，比如申请人提供了超过百万元的家庭存款，但是父母的年收入总和仅仅为几万元，签证官会认为有一部分钱是借来的，或者认为申请人把钱全部都带去英国，家里以后的生活一定会大受影响，在这种情况下通常也会被拒签。

英国签证申请中心

地　址	邮　编
北京市东城区东直门外大街 48 号东方银座 23 层 G－L 室	100027
湖北省武汉市徐东路凯旋门广场 A 座 1502 号	430063
辽宁省沈阳市和平区和平北大街 94 号星光大厦	110001
山东省济南市泉城路 180 号齐鲁国际大厦B10－15室	250011
重庆市渝中区青年路 77 号 J. W 万豪酒店国贸中心 3 楼 3U－7	400010
四川省成都市青羊区顺城大街 308 号冠城广场 16 楼 C2	610017
上海市卢湾区徐家汇路 555 弄广东发展银行大厦 1 楼	200023
浙江省杭州市下城区凤起路 334 号同方财富大厦 503 室	310003
江苏省南京市中山东路 18 号南京国际贸易中心 11 层 C4	210005
广东省广州市天河区体育西路 189 号城建广场 219 室	510620
广东省深圳市福田区福华路 1 号国际商会大厦 A 座 06－07 室	518048
福建省福州市鼓楼区鼓屏路 192 号山海大厦 8 层	350003

出国行前准备及入境禁忌早知道

 出国行前准备

▶▶▶ 入关文件

在英国的机场入境时,入境官员和卫生官员会要求你出示以下文件,应将其放在随身携带的手提包中,以方便取出。

(1)已签证的有效护照。

(2)机票。

(3)《国际旅行健康检查证明书》和《国际预防接种证书》。

(4)学校录取通知书。

(5)经济证明文件:汇票、旅行支票或电汇单据、经济担保信、奖学金证明。

(6)学位资格证书正本(或加盖公章的副本)。

(7)在英国住宿的相关文件。

(8)现金。随身携带500英镑的现金以备急需(如果可能,带10英镑左右的硬币,在机场打电话用。如果携带大额现金,不要放在托运行李里)。

(9)紧急联络电话,包括家人、学校、院系、导师的电话等。

▶▶▶ 携带药品进入英国

如果需要携带药品进入英国,请务必预先查询该药品是否已在英国获得了医药使用许可。携带药品入境时,必须使用制药厂商提供的正确药品外包装。否则,就必须出示由医生出具的医药处方证明或一份详细记载药物使用情况的病历卡,以备英国海关查验。另外,请注意某些在其他国家属于非处方药品,在英国可能被列为违禁药品。

如果正在接受治疗、过去曾患严重疾病或残疾的人士,请随身带上当前正在使用的处方和一份医生开具的病历。这些文件必须是英文的。

▶▶▶ 换汇与汇款

1.外汇兑换

根据国家外汇管理局的有关规定,办理出国留学不能购买超过等值5万美元的外汇。若留学生购汇额度高于5万美元,就要到当地外汇管理局审批,审批获准后,留学生持外汇管理局开立的购汇证明才可到银行购汇。

2.汇 款

留学生汇款可以根据自身情况考虑以下几种方式:

（1）电汇。速度快,可直接汇入收款人账户,但手续费很高,并且前提是你必须在英国已有一个银行账户,一般须用英文提供详细的收款人名称、账号、地址,收款银行名称、地址等。

（2）票汇。手续费比电汇便宜,汇票由购买人自行邮寄或携带出境,也相对安全得多。到英国后应尽快选择合适的银行,开立学生账户,将汇票存入开户银行,由银行直接兑现或托收。

（3）旅行支票。既方便随身携带,也相对安全得多。在某些场合,英镑旅行支票可以像现金一样使用,但是手续费较高。

（4）国际信用卡。消费没有手续费,有一定的透支额度,还有免息期。父母可利用主卡在国内办理存款业务,孩子只需携带一张副卡就可以在境外消费和取款,同时,父母还可以通过账单了解孩子在外的消费情况。

▶▶▶ 行李托运

许多初次出国的学生,总想尽可能地多带些生活和学习用品,但随机托运有重量限制,不同航空公司的重量限制有所不同,在16~32千克,行李往往还没带够,就已经超重了,而且超重罚款十分惊人。

1. 快 递

优点是简单便捷,享受门到门服务,是费用最贵的一种托运方式。如果行李重量在20千克以内,选择这种方式比较合算;如果行李较多,快递的费用将会是一个天文数字。

2. 海 运

优点是费用低廉,不必为重量及体积担心。缺点是所需时间较长,手续繁杂,要自己到港口办理报关、提货等手续。由于海运所需时间较长,最好是提前托运行李(如非应季衣物、厨房用品、生活用品、自行车等)。

3. 空 运

优点是速度较快,缺点是价格较高,而且只负责机场到机场的运送,需要自己在目的港办理报关、提货等繁杂的手续。

4. 超重行李托运一站式服务

服务性价比高,既有海运的便宜,又有快递的便捷,可以享受国内上门收货和目的地送货上门的便利,特别是100千克以内的行李托运,是出国留学人员的首选。这种方式在国外已经比较成熟,而在中国还是一项比较新颖的服务。

▶▶▶ 安排行程

收到学校的录取通知书并确定入学后,校方会寄发一张地图和去目的地的指示,协助你准备行程。

预计行程时,要尽量确保抵达的时间能使你顺利到达学校或者住宿地。一定要在工作日而不要在周末或公众假期到达,并尽量把到达的时间安排在早上,因为火车、长途客车和出租车在夜间不营运;而且早晨交通最便利,银行和商店等都开门营业,有足够的时间到达最终目的地并安顿好一切。这样的安排意味着可能要在夜间旅行,但是接下来的行程就顺利很多了。

 ## 入境禁忌早知道

▶▶▶ **接　机**

学校有迎接国际新生的服务项目,会派人到火车站及汽车站迎接新生。学生在学校中国学生联谊会的网站上提交抵达信息,将会获得咨询和帮助,但需要注意的是接机服务必须提前预约,接机服务不解决抵达英国后的住宿。

▶▶▶ **到达英国后的第一周**

1.打电话报平安

(1)公共电话。英国公用电话非常普及,还提供电子邮件、手机短信及上网等服务。你可以使用硬币、信用卡或预付费电话卡拨打公用电话。电话卡的面值有 5 英镑、10 英镑和 20 英镑等多种,在报刊店、邮局、超市都能买到。

英国多数公用电话都可以使用 10 便士、20 便士、50 便士及 1 英镑的硬币。

最低的收费额度约 10 便士。除非电话未接通,否则收费电话将不找零。建议在打很短的电话时避免使用面值较大的硬币。

有些公用电话可以使用 50 欧分、1 欧元和 2 欧元硬币。欧元只能用于拨打直拨电话。还可使用信用卡、借记卡及电话卡拨打公用电话。

(2)收费低廉的电话系统。私人电话收费要比公共电话便宜得多。英国国内电话有两个时段是最便宜的,一个是晚上 6 点到早晨 8 点,第二个就是周五午夜到周日午夜之间。在上述时段,国际长途也同样是最便宜的。英国有很多为经常拨打国际长途的人士提供服务的公司,如果你使用私人电话,可以从它们那里购买预付费电话卡或账户卡。要仔细对比这些电话卡,因为它们的收费标准各不相同;有时使用这些电话卡拨打国际长途电话,可能会比使用主要电话服务提供商的电话卡要便宜很多。

(3)移动电话。最好的选择就是拥有一部移动电话。移动电话在英国广泛使用,对学生来说尤其方便快捷。你要购买一部新的移动电话或者换网的话,一定要仔细对比套餐的费用。一部便宜的手机可能会附带有昂贵的月租和较高的通话费。

2.学校注册

大学录取通知书都会写明报到时间。报到当天,先找到系教导处,会有学校工作人员协助你办理注册手续。注册很简单,只要签上你的名字,然后确定学校对你的背景信息记录无误(家庭地址、电话、父母姓名等)。工作人员还会发给你学生卡,但必须出示大学录取通知书和护照。如果你所在的学校、学院或大学有医疗中心,你可以找那里的医生注册,这样就可以享受英国"国民健康体系"的任何医疗服务。

3. 到中国驻英使领馆教育处报到登记

凡持有效学生签证的攻读本科(含本科)以上学位的中国留英学生、持访问学者签证或工作签证在英国高等院校、科研院所做博士后的研究人员,抵英后均应尽快登录中国驻英国大使馆教育处网站进行报到登记。在学成回国工作时,还要向教育处提出申请办理《留学回国人员证明》。

4. 到警察局注册

所有来自非欧洲共同体成员国,并在英国停留超过 6 个月的人员,都要在抵英后 7 日内到英国警方注册登记。注册需要本人亲自办理,注册需要携带入学通知书和学费已经缴纳的证明、护照,同时缴纳 34 英镑的注册费,并提供在英国的住址。

▶▶▶ 银行开户

汇丰银行、巴克莱银行、国民西敏银行及苏格兰皇家银行是几家经营业务广泛的大型银行,也是多数中国留学生的选择。学期刚开始的时候,各个银行都会为了吸引学生而推出不同的开户政策,一定要善加选择。根据以往的经验,即使是同一家银行,不同的银行职员在不同时段都会给你不同的建议,所以尽量给自己多争取点权益,选择最优惠的开户方案。最好能够申请到借记卡和信用卡,那样消费起来就比较方便了。

▶▶▶ 住　宿

最好在出国之前先在英国找好住处。一般来说,留学生的住宿大体上可以分为以下3 类:

1. 学校寄宿

如果在英国的私立学校读书,他们一般会安排在校内住宿。私立学校的环境轻松而温馨,像一个大家庭。年幼的学生通常是 5 个人以下合住一个宿舍,而年龄较大的学生则可能住单间。寄宿学校在照顾学生方面煞费苦心,宿舍管理员从不走远,学校还安排合格的护士值班。私立学校是一个完整的社区。很多老师、医护人员也住在学校里。晚上和周末,学生可以参加多姿多彩的休闲活动和社交活动。

2. 大学和学院的宿舍

多数入学英国的学院或大学的国际学生都可以在学校的宿舍里居住至少一年。如果你是新生,由学院提供的住宿是最佳选择。学生宿舍通常是最便宜的住宿方式。学生宿舍位于校园内或者距离校园非常近的地方,一般是学校的物业。宿舍大楼每层有 8～10 个单间,每个单间住 1～2 名学生,洗澡间是公用的。套间主要提供给研究生。有些宿舍提供一日两餐,有些宿舍则提供公用厨房以方便学生做饭。膳食自理型宿舍更便宜一些,且在学校餐厅的用餐时间是你结识同学的好机会。大多数宿舍也有换洗床单和倒垃圾的清洁工人。一般来说,水费、电费等已经包括在房租里。如有朋友或者父母来访,可以事先预订空余的宿舍。

宿舍生活为学生创造了认识他人和结交挚友的良机。每幢宿舍楼通常有由学生选举成立的委员会,它不但在宿舍管理方面有发言权,还负责组织社交活动。许多宿舍拥有酒吧、咖啡屋、电视房、音乐室和运动设施。

由于宿舍是由学校管理的,住在宿舍里能从学校得到有力的外部支持。学校派员工管理宿舍,并且安排员工和高年级同学帮助新生入住。宿舍提供 24 小时的保安服务。

3. 租住私人住房

一般在学校的住宿办公室会有私人住房名单提供,这些住房都是通过了学校审查的,达到了一定标准。特别是近年来,由于学生数量不断增加,学校的宿舍日趋紧张,私人住房也成了学生的主要选择。价格会随不同的选择而产生很大的差异。

优点:活动空间比较大,不仅有卧室,还有客厅、饭厅。如果选择有花园的,还可以烧烤。限制比较少,房东除了收房租,平时基本上是不出现的。

缺点:找房子需要时间,要自己去申请、看报纸、打电话联系看房,过程比较烦琐。房屋租赁合同上的条款,需要仔细阅读、斟酌,以避免经济受到损失,并且一旦跟房东发生争执,学校的住宿办公室很可能帮不上忙。对于那些不包日常费用的房子,需要自己付账单。

寻找房屋的最佳时机是在 6—7 月,即暑假结束前。如果在这个时候找到房屋,也许要支付暑假的租金。如果不是马上入住,一些房东会少收一点。对于喜欢独立和热爱下厨的人,合租公寓或房屋是一个极佳的选择。签合同时,要特别注意有关赔偿和违约相关的协议条款,入住前必须在房东或中介在场的情况下仔细检查房子各部分,包括天花板、墙纸、地毯、各种管道、中央供暖设备及读取水电煤表数。留下房东或中介的电话,如果房屋本身损坏应及时通知他们维修。房租一般不包含水费、电费、电话费和房屋税等,所以在签约之前要仔细跟房东核实租金里包括了哪些费用,这样在入住后就不会出现额外的收费了。

4. 家庭寄宿

家庭寄宿最受年幼的学生欢迎。家庭寄宿来去比较自由。寄宿家庭可能会要求你尊重和遵守一些基本约定。跟寄宿家庭生活在同一屋檐下,拥有自己的房间,还会跟他们一起进餐。日程安排取决于你的需要和意愿,不会让你感到束缚。家庭寄宿是完全融入英国式生活、培养英语能力、了解英国家庭文化习俗的最佳方法。这种选择的真正好处是每天都必须讲英语。

澳大利亚

南半球的教育航母

澳大利亚有哪些全球知名大学

澳大利亚国立大学、墨尔本大学、新南威尔士大学、昆士兰大学、悉尼大学、莫纳什大学、西澳大学、阿德雷德大学、悉尼科技大学、纽卡斯尔大学（澳洲）、卧龙岗大学、麦考瑞大学、昆士兰科技大学、皇家墨尔本理工大学、科廷大学、南澳大学、迪肯大学、塔斯马尼亚大学、格里菲斯大学、拉筹伯大学、詹姆斯库克大学、斯威本科技大学、邦德大学、默多克大学、佛林德斯大学、堪培拉大学、西悉尼大学、中央昆士兰大学、查尔斯达尔文大学、维多利亚大学（澳洲）、埃迪斯科文大学、南昆士兰大学、澳洲天主大学、查理斯特大学、南十字星大学、新英格兰大学和阳光海岸大学。

澳大利亚国立大学

澳大利亚国立大学是一所坐落在澳大利亚首都堪培拉的世界级著名研究型国立综合大学。其诞生于第二次世界大战后的 1946 年，是澳大利亚唯一由联邦国会特别立法创建的"国立大学"。澳大利亚国立大学与剑桥大学、牛津大学、加州伯克利大学、耶鲁大学、北京大学、新加坡国立大学、东京大学、哥本哈根大学和瑞士联邦理工学院构建国际研究型大学联盟，为相同的国际视野和价值取向之十校联盟。其在大洋洲享有特殊的学术地位，澳大利亚五大国家科学院就有 3 座是坐落在澳大利亚国立大学，分别为澳大利亚科学院、澳大利亚社会科学院、澳大利亚人文科学院等。获选澳大利亚联邦院士 320 名、英国皇家学会院士总人数占澳洲的 1/3，均居澳洲第一。澳大利亚国立大学 94% 的科学研究被评为世界领先。杰出校友包括了 7 名诺贝尔奖得主、30 余位澳洲总理、12 位现任部长、各国政要、杰出学者和商业巨子等。

 **墨尔本大学**

墨尔本大学是坐落于澳大利亚墨尔本的世界顶尖研究型大学,始建于 1853 年,是南半球首屈一指的学术重镇,在历年各大权威世界大学排名中,稳居世界前列。墨尔本大学的优势专业学科领域包括:法学、医学、金融与会计、建筑学、工程学和计算机科学等。墨尔本大学位于国际化大都市墨尔本,一个充满生机的文化、社交、体育、商业中心城市。作为澳洲八大名校的核心盟校成员之一,墨尔本大学同时也是国际研究型大学联盟组织环太平洋大学联盟的成员之一、亚太国际贸易教育暨研究联盟的成员之一和 Universitas 21 的创始会员和秘书处所在地。建校已来,墨尔本大学已经培养出 8 名诺贝尔奖得主,其学术可见一斑。

 ## 澳大利亚留学优势:教育水平高,学费生活费低

(1)澳洲教育制度完备,教育品质举世闻名,是世界上教育水平最高的国家之一,大学毕业生被世界各大企业机构争相聘用。澳洲各大学校不仅拥有极具吸引力和挑战性的学术环境,还提供广泛的高品质课程供学生选择。

(2)澳洲在发展国际教育、教职员学生交流互访方面历史悠久,其教育出口在国民经济中占重要地位,政策长期稳定。

(3)澳洲是个移民国家,大力倡导多元文化。学有专长的留学生可在毕业时申请移民在当地取得合法居留权,这对于希望在国外长期发展的人来说极具吸引力。

(4)澳大利亚社会和经济都相对安定,海外学生深受欢迎。这也免去了家长对学生在异国独立生活的安全方面的担心。

(5)澳洲与其他世界发达国家相比,生活费用及学费较低,学生还可以利用业余时间合法打工,同时积累社会生活经验。

(6)澳洲自然环境优美,气候宜人,是世界上居住舒适度最高的地区之一,墨尔本连续几年被评为全球最适合人类居住的城市。

(7)澳洲拥有各项娱乐设施并提供一系列艺术、文化、体育等文娱活动,同时资讯发达,是一个充满活力、深受青年人喜爱的国家。

(8)独特的地理位置,远离战争和疫情。澳大利亚四面环海,远离大陆,独特的地理位置,在历史上,澳大利亚本土几乎没有爆发过大规模的战争,即使在两次世界大战中,澳大利亚所遭受的攻击和损害与传统欧亚国家相比也小得多,使澳大利亚远离全球战争和传染疾病的侵害。

澳大利亚奖学金：主要取决于学业成绩优秀

（1）澳大利亚大学国际生奖学金：

①国际生奖学金。澳大利亚的国际生奖学金是为学术成绩特别优秀的学生设立的，只要你学习成绩十分优异，就有资格申请该项奖学金。

②国际生入学奖学金。国际生入学奖学金的申请要求比较低，学生达到基本的入学要求就能获得。

③国际生升学奖学金。所有在澳洲学习的学生都有资格申请国际生升学奖学金，不过只有成绩优异的学生才有机会获得。此外，读预科或者语言课程的学生，也有机会获得升读主课的升学奖学金。

（2）澳大利亚政府奖学金：奋进奖学金。奋进奖学金是澳洲政府设置的奖学金项目，这个奖学金的要求不高，只要是年满 18 周岁的中国公民，已经取得了澳洲大学的 offer，并且雅思考到了 6.5 分，单项不低于 6.0，就有机会获得这个奖学金。

澳大利亚留学打工：家庭成员也可以合法打工

澳大利亚允许国际学生在课程开始之后申请工作许可，持有学生签证的人士可以通过电子方式或利用表格申请工作许可。

持有工作许可签证的学生每周最多可以工作 20 个小时，在假期可以全天工作。在某些情况下，家庭成员也可以申请工作许可。本科学生的家庭成员每周最多可工作 20 个小时，硕士生、博士生、澳洲国际发展署和国防资助的学生的家庭成员申请许可工作签订，打工的小时数没有任何限制。

大部分学生在学习之余可以做兼职或临时性工作。如中学或小学学生的家教，在校内餐厅、书店、学校的办公室工作或去做实验室助理，还可以去做酒吧服务生、保姆、园丁、接待人员、销售人员、信息技术人员、餐馆服务生、收银人员或水果采摘工等。

在澳大利亚打工时，需要向澳大利亚的税务办公室申请缴税号码，当你开始工作后，雇主就会要求你在 28 天之内提供缴税号码。一般来说：国际学生在澳洲的居住身份决定了他的收入所应缴纳的税额。

如果在澳洲居住的时间超过 6 个月，收入达到 18200 澳元/年时，就要纳税；学生在澳大利亚打工的收入必须纳税。

留学澳大利亚的费用:除了学费还有额外收费

(1)学费。本科:25000～33000 澳元/年;研究生:40000～50000 澳元/年;研究生和本科人文科学类专业学费较低,医学类专业学费最高。

(2)额外收费。海外的学生需要预付学费,并收取一些额外的相关费用,如各种学生组织会员费、使用图书馆和实验室的费用及使用体育设施的费用等。有的课程,还有一些特殊的费用,比如旅行费、书本、文具及其他基本用品的费用。所以,学费会因所选择课程或者大学而有很大的差异。

(3)生活费。每年需要 20000～26000 澳元生活费。澳大利亚各地的生活费差异很大。生活费包括衣、食、住、行、医疗及娱乐的开支。根据澳大利亚移民法规定,国际学生还必须购买医疗保险。

澳大利亚留学申请条件和签证技巧

澳大利亚留学申请条件

(1)申请预科的基本要求:高二学业完成,成绩优秀;雅思 5.5 分,单科 5.0 分以上。

(2)申请本科的基本要求:高中毕业,高考成绩一本线以上,或国内大一完成,成绩优秀;雅思 6.5 分,单科 6.0 分以上。

(3)申请硕士的基本要求:本科毕业有学位,成绩优秀;雅思 6.5 分,单科 6.0 分以上。

澳大利亚留学申请技巧

(1)选好申请时间。每年的申请高峰期为 3—4 月和 9—11 月,申请高峰期期间大学审核不仅缓慢,而且由于竞争激烈而收紧 offer 的发放。如果能在 1—2 月,以及 7—8 月递交申请,成功的可能性将会提高。

(2)选好学校和课程。部分学校经常会有一些额外的申请要求,如有的大学需要提供 PS,有的大学需要提供各种认证等。各个大学审核周期快慢也不同,有些只需要 3—4 周就可以发放 offer,有些则需要 3～4 个月。有些院校的一些专业,需要经过院系专业老师的审核,才能发放 offer,由此审核周期也会被延长。专业、地区的选择要结合自己的兴趣爱好、性格和能力、职业规划、当地就业情况做出正确的选择。

澳大利亚留学签证技巧

材料准备要充分。在面试之前,必须充分准备好签证所需要的材料,包括:护照、身份证、签证申请表、学历材料、照片,以及英文成绩单等。在学历材料中,不要忽略了学历、学位原件及中英文证明原件、成绩单中英文证明原件。与签证官交流时要注意以下几个方面:

(1)说话速度要慢,反应要快。申请人由于紧张或过于表现自己,说话的语速比较快,说快了容易造成签证官听不懂在说什么。

(2)态度积极且要诚实。在签证官提问的时候,反应要快,不要停顿太长时间才回答问题。如果没有听清楚签证官的提问,可以礼貌地再问一遍,切忌不懂装懂。回答签证官的问题时,千万不要撒谎,否则后果很严重。

(3)表达方式要顺畅。签证过程中难免因为紧张而出现口误,因此,签证之前就应该对签证官的提问有一个大概的了解。

(4)不要表现出移民倾向。要有自己合理的留学规划,没有移民倾向并且学成后会归国,表明自己没有要留在当地工作的想法。

澳大利亚驻华使领馆

地　　　址	邮　编	电　　话
北京市朝阳区东直门外大街 21 号	100600	010-5140 4111
广东省广州市珠江新城临江大道 3 号发展中心 12 楼	510623	020-3814 0111
上海市南京西路 1168 号中信泰富广场 22 楼	200041	021-2215 5200
四川省成都市锦江区东御街 18 号百扬大厦 27 层	610016	028-6268 5200

 # 出国行前准备及入境禁忌早知道

 出国行前准备

学生在着手准备旅行前,首先应确保所有入境所需的文件已办理齐全,包括:

(1)已签证的有效护照。

(2)机票。

(3)健康黄皮书。

(4)学校录取通知书。

(5)学位/资格证书公证件。

(6)在澳大利亚住宿的相关文件。

▶▶▶ 需要带备多少钱

简单来讲,学费和生活费。生活费用因人而异,但多数中国留学生在生活上都过得相当简朴。澳大利亚一年的生活费用(包括住宿、食物、书本、衣物和日常交通)约为8000澳元。

▶▶▶ 可兑换多少澳元出国

目前国家外汇管理局规定自费出国的留学生可以一次性购买一定数额的外汇,具体标准是:攻读硕士以下的为2000美元;硕士及以上的可直接到国家外汇管理局进行批汇。批汇的数额通常以录取通知书为准。所以,批汇时一定要带上学校的录取通知书。

▶▶▶ 怎样把钱带过去

旅行时携带大笔现金,不仅不方便,还很危险。最好的办法是去银行以你的名义开一张银行汇票(手续费为:汇款金额×2.6% +20元人民币)及一些旅行支票,既便于随身携带,也相对安全得多。到了澳大利亚后,尽快在所在地银行开立学生账户,然后将汇票存进去。除银行汇票和旅行支票外,另准备少量的现金,以备即时之需。

▶▶▶ 可以带多少行李

行李的多少完全是个人选择,但如果你的行李重量超过了航空公司允许免费托运的重量,你就得为超出的重量支付一笔不少的费用。一般航空公司允许免费托运的行李重量是20千克。国际机场一般都很大,你可能要步行相当长的一段路,因此,无论从省钱还是省力的角度考虑,行李都宜精简。

▶▶▶ 有用的物品

(1)字典和书籍(但请谨记免费托运的行李重量)。

(2)相机、电池、变压器。

(3)常备药。

(4)戴眼镜的同学,可考虑带上验眼配方,及一副备用眼镜;如是隐形眼镜,护理液和清洗药片不妨多带些。

(5)多备一些护照标准尺寸的照片。

(6)由于第一次出国,对当地的环境陌生,因此短时间的生活必需品要备齐。

(7)有条件的话,可带一部手提电脑。

▶▶▶ 衣　物

位于南半球的澳大利亚,季节与中国相反(夏季是12—次年2月,秋季是3—5月,冬季是6—8月),加之其幅员辽阔,所以各地气候不尽相同。但总体来讲,澳大利亚气候温和,全年阳光普照,晴朗少雨,年平均气温在13℃~27℃。在悉尼一带,冬天白天低于15℃的日子基本没有。所以,不需备很厚的冬装。而墨尔本的冬天气温较悉尼低,需要准备较厚的冬装。

入境禁忌早知道

飞机靠近悉尼、墨尔本、布里斯班时，机内的乘务员会分发入境卡、海关检疫申报书。入境卡在入境检查时、海关检疫申报书在海关检疫时上交，应提前填好有关事项。内容包括姓名、出生年月日（公历）、护照号码和发行年月等简单项目。在联系地址一栏中，填上你住宿的地址。

入境必须办理 Q（检疫）、I（入境检查）、C（海关）手续。

Q：走出机场首先是检疫，出示你的健康黄皮书便可通过。

I：接下来是入境检查，将护照和入境卡交检查员。检查员一般不会问什么，若被问到，按入境卡内容回答便可。

C：出了这个检查台，便是领取行李处。可在有航班号的转台处等候领取行李。拿到行李后去海关（如行李有损坏，可当场要求赔偿）。

在海关，你会看到两个出口：绿色通道和红色通道。如果你携带的免税物品超过有关限额，你就必须选择红色通道。即使你选择了绿色通道，海关官员也有可能要求检查你的行李。

澳大利亚的禁止带入物品：含肉食物（火腿、乳酪、速食面等）、果实、蛋等副食品、动植物等一概禁止入内。

澳大利亚入境卡栏目名称如下：

（1）姓。

（2）名。

（3）护照号。

（4）国籍。

（5）出生国。

（6）出生年月日：日/月/年。

（7）性别：男 = Male；女 = Female。

（8）婚姻状况：未婚 = Never Married；已婚 = Now Married；未亡人 = Widowed；离婚者 = Divorced。

（9）停留时间。

（10）入境目的。

（11）居住国：住在中国填"CHINA"。

（12）职业：学生 = Student；公司职员 = Office Clerk。

（13）澳大利亚的联络地址。

（14）航班号。

（15）出发地。

（16）是否有过结核病。

（17）是否被处过 12 个月以上的监禁。

（18）签名：与护照相同。

（19）日期：日/月/年。

出境常识：乘机离开澳大利亚，需缴税（在买机票时支付）。

韩 国

实现理想,通向成功的捷径

韩国有哪些全球知名大学

国立首尔大学、韩国高等科技学院、浦项科技大学、高丽大学、延世大学、成均馆大学、汉阳大学、庆熙大学、梨花女子大学、光州科技学院、韩国外国语大学、西江大学、东国大学、釜山国立大学、全北国立大学、韩国天主大学、世宗大学、蔚山大学、全南国立大学、仁荷大学、亚洲大学、翰林大学、建国大学、檀国大学、庆北国立大学、韩国岭南大学、忠南国立大学和首尔国立科技大学。

国立首尔大学

国立首尔大学位于韩国首都首尔,前身是日本于 1924 年创立的京城帝国大学,是日本 9 所帝国大学的第 6 所。国立首尔大学是韩国 10 所国立旗帜大学中最早建立的一所,一直是韩国国立大学的典范。60 多年来,得到了划时代的发展,已成为韩国国内最高水平的教育与研究机构,同时也是亚洲少数进入世界综合排名前 100 位的高等学府。多位韩国总统出身于国立首尔大学。国立首尔大学是韩国的最高学府,世界著名大学、亚洲顶尖的研究型国立综合大学之一,是环太平洋大学联盟和东亚四大学论坛东亚研究型大学协会的成员之一。国立首尔大学在 2016—2017 年 QS 世界大学排名中排名全球大学第 35 位,亚洲大学第 10 位,韩国大学第一位 。该校在 2016—2017 年泰晤士世界大学排名中位于全球第 72 位。

高丽大学

高丽大学是韩国最大的私立研究型综合大学,设有两大校区,分别为安岩校区和世宗校区,是亚太国际贸易教育与研究联盟的成员和 Universitas 21 的创始会员,世界大学 100 强之一。它始建于 1905 年,由大韩帝国大臣李容翊创立,前身为普成学校。高丽大学历史悠久,目前在韩国大学排名第 2 位,私立大学第 1 位。高丽大学对韩国在政治、经济、社会、文化等各领域的发展起到了积极的作用。两个校区共设置了 17 个单科大学,83 个学科,24 个大学院,89 个各种研究所等教学研究机构。高丽大学依据韩国特性,继承、发展和独创了各学科教育,以国际化、情报化等未来发展前沿学科为目标,努力致力于各国学术间的交流。

 ## 韩国留学优势:专业课程领先,就业前景广阔

(1)语言方面。中国学生到了韩国,不但学习了韩语,同时还学习了英语,因为在韩国的语言课程教材上的注解都是英文的,并且在本科课程中,英文的成绩也占到了 10% 的学分,所以去韩国留学,韩语、英文,一样都不能少,学生具有明显的语言优势。

(2)经费方面。韩国政府鼓励中国学生留学韩国,各个大学对中国学生进入本科之后,都给予30% ~50%学费减免的优惠政策,只要每科成绩达到 C,出勤率90%以上,都可以享受这个优惠政策。另外,学生可利用课余进行勤工俭学,首都首尔,人口 1000 多万,是个国际化都市,留学生打工机会很多。

(3)宽松进入重点名校。韩国政府除了对中国学生有学费减免的政策外,还给予进入重点名校宽松入学的优惠政策。中国学生,只要韩语达到大学专业课的入学要求,就可以申请本科课程,无须额外的专业课考试,比韩国国民进入重点大学还要轻松。

(4)入学要求低,申请手续简便,周期短。只要在国内完成 12 年及以上教育的学生,毕业不超过两年,都可以申请韩国留学。语言课程每年 4 次招生,一般一个半月左右就可以办理完签证手续出国。

(5)领先的专业课程设置。国际经营、国际贸易、国际管理、观光与酒店管理、房地产经营、高尔夫经营、游戏设计、艺术设计类等专业,在国际上都很有名。

(6)拥有世界知名高等学府,学校专业设置广泛。韩国拥有世界知名的高等学府,专业设置广泛以注重应用学科而闻名,例如半导体、造船纺织、家用电器和汽车制造等专业有很高的水准,计算机应用、经济学和商学绝对是亚洲一流。另外韩国的动漫设计、美容整形、同声传译等都有很高的造诣。

(7)大学文凭含金量高,为世界各国公认。韩国教育先进,教育体系完善,学校为国立、公立、私立三类。高等教育机构80%为私立,质量高、信誉好的多为私立学校。政府高度重视教育,文盲占有率世界最低。韩国的高等教育兼收并蓄了东西方教育的优势。韩国高等院校治学严谨、师资雄厚,大学教师必须具备博士以上的学历,其大学文凭含金量高,为世界各国所公认。

(8)广阔的就业前景。韩国企业大规模进入中国,中韩两国贸易逐年上升,急需通晓中韩文高素质人才。

韩国奖学金:多数大学设立留学生奖学金

韩国的所有大学都设有奖学金制度,多数大学都为留学生设立了比较有利的奖学金。一般来说,获得奖学金者会减免学费的30%~50%。

按韩国与我国签订的文化交流协议,到韩国的留学生,可享受韩国教育部提供的奖学金。享受政府奖学金的外国留学生应在政治、经济等各领域,为增强与世界各国的联系、增加友谊,作出贡献。一旦获得这类奖学金,就会为学生提供国际机票、生活费、学费、研究费、住宿费、回国费用、语言进修费用、论文印刷费用、保险费等。

韩国的政府还设立了一系列的奖学金,如韩国政府邀请奖学金、海外优秀学生研究院邀请进修支援产业、东亚艺术人力培养奖学金等。

韩国留学打工:就读期间可以合法打工

韩国政府允许境内外国留学生小时制就业(打工)。在就读期间(包括假期),因经济拮据,难以支付学费、食宿费的情况下可以打工,但是不得违背学生身份、不得背离留学目的。

能打工的留学生为本科大学或大专院校校长推荐的对象:具有留学滞留资格、在大专以上高等院校就读,并且已经完成了1年(2学期)以上修学课程的人员(但不包括语言研修生)、修完正规学位课程后正在撰写论文的人员都可以在课余时间打工。对于修完硕士或博士课程正在准备论文的人员,限于已经获得论文指导教授推荐,并仅在2年内允许其打工。硕士生在修完正规课程后不得超过1年,博士生不得超过2年。

留学期间打工,一学期中一周不得超过20小时,打工场所仅限一处。打工的地点可以在餐厅、便利店、建筑工地等。如果有一定的韩语基础,了解韩国各个方面的知识,可以到旅行社当兼职的中文导游,还可以去做中文家庭教师。

留学韩国费用:大学学费居世界前列

韩国的大学学费居世界前列,本科生学费约800万韩元/年;研究生学费约900万韩元/年。韩国大学分国立、公立和私立三种,国立、公立大学的办学经费分别来自国家财政和地方财政，国立大学的学费相对便宜些，部分私立大学也为外国留学生提供减免学费30%～75%。留学韩国的生活费用因所居住的地区不同而有较大差别，饮食习惯和中国大同小异，不用担心不习惯等问题，但是物价水平和想象中就大相径庭，据国际人力资源公司公布的调查结果，首都首尔自2010年起就名列亚洲生活成本最昂贵的城市。首尔地区住宿费300万～500万韩元/年，地方城市相对便宜一些，200万～250万韩元/年。其他生活费200万～300万韩元/年。

韩语能力考试：TOPIK 考试

韩语能力考试（TOPIK）由韩国教育课程评价院主办，为评价韩语为非母语的外国人及海外侨胞的韩语能力而设置的考试，并作为留学、就业的重要依据。

韩语能力考试包括：一般韩语（低级、中级、高级）和实务韩语。一般韩语的考试是对考生理解韩国文化、参与学术活动所必须具备的韩语能力的测定和评价；实务韩语的考试是对考生在日常生活及在韩国企业就业所必需的语言沟通能力的测定和评价。

 ## 考试的结构

一般韩语的初级水平为小学毕业生水准（HSK 4～5级）；中级水平为初中毕业生水准（HSK6～8级）；高级水平为高中毕业生水准（HSK9～11级）。

申请韩国留学要求各不相同。希望赴韩留学的小学生需递交一般韩语能力的初级证书，申请初、高中时需要递交中级证书，就读大学及研究生院时需递交一般韩语的高级证书。各院校的录取要求不同，请参考学校网站上的相关信息。

实务韩语考试分4部分（语法、写作、听力、阅读），各部分包含30道题，4部分总分为400分。试题测试评估范围包括：①自我介绍、购物、点餐等基础语言能力；②使用公共设施与维持人际关系时所需的语言能力；③运用韩语完成公司交办的工作。

 ## 考试的认可度

目前，韩语能力考试在32个国家、99个城市设有考点。考试目的在于客观评价外国人掌握韩语的水平、指导正确学习韩语的方法。

世界各国及地区均承认该考试的评价与成绩。参加韩语能力考试的报考人员不分民族、地区和国籍。特别是学习韩语者、赴韩留学者、在韩国国内外大企业或公共机关就业者及在校生、毕业生均可报考。

当韩国企业要求雇员具备韩语能力时，实务韩语（中国公民均可参加应试）将发挥巨大作用，因此得到政府的大力宣传。因韩国劳动部与中国商务部签订"雇佣许可制"，相应机关就韩语能力考试是否采用实务韩语正在进行协商,韩语能力考试也适用于韩国法务部"访问就业制度"。

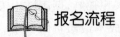 报名流程

▶▶▶ 用户注册

用户注册时,考生需填写本人姓名、性别、生日、证件类型和证件号,以及电话号码、手机号码和电子邮箱地址等联络信息,考生还需自定义填写并牢记密码。考生填写个人信息后,还需在"验证码"栏目处填入右边图形显示的大写字母。

已注册的考生可直接填写证件号、密码并在"验证码"栏目处填入右边图形显示的大写字母登录。

注意:①证件号和密码将作为考生再次登录报名系统(进行查询或修改部分信息)的密码,请考生牢记并慎重保管;②中国考生姓名的汉语拼音和生日将打印在考试资料和证书上,考生的中文姓名应严格按照《新华字典》的规范正确拼写。

▶▶▶ 上传照片

因照片将打印在考生的准考证上,建议考生到专业照相馆拍摄下述规格、尺寸的电子照片,以免由于照片问题,影响考生的考试。

照片要求:

(1)本人近6个月内标准护照照片电子格式文件。

(2)尺寸:宽3厘米,高4厘米。

(3)正面免冠,包括整体头部。

(4)脸部清晰。

(5)黑白或彩色照片均可。

(6)格式:JPG 或 JPEG。

(7)文件大小:6KB 到 100KB 之间。

登录报名网站时,单击"上传电子照片"后,进入电子照片上传系统,选择存储在存储设备中的电子照片文件,根据网站提示,完成照片上传。

▶▶▶ 选择考试级别和考点

选择考点:选择考点页面将显示考生所选定级别的所有考点名称、状态及对应的"查看"按钮。考生通过单击"进入"按钮选定考点并进入选择级别页面。

选择级别:选择级别页面将显示韩语能力考试的4个级别及各级别对应的报名开始时间和截止时间。考生可预订一个级别的考试,也可以同时分别预订上午和下午各一级别的考试,如果考生要预订一个级别的考试,请选中复选框,然后单击"预订所选级别"按钮,进行预订座位。

▶▶▶ 交纳考试费

交费方式：通过中国工商银行或中国招商银行的网上支付系统交纳考费。

交费期限：从预订座位起，考生须在3天内完成网上支付。逾期未支付考费，报名系统将自动取消考生预订的座位。

网上支付操作方法：考生单击"交费"按钮后，系统将显示相应的中国工商银行或中国招商银行网上付费按钮，单击其中之一便可开始进行网上付费。选择银行后，考生将被引导到中国工商银行或中国招商银行的安全网页。考生按要求完成银行付费后，请记录银行所提供的交易号码，以便日后核对及查询。通常，考试中心报名系统会立即收到付款确认，如银行网上支付系统发生延迟向考试中心报名系统确认考生付款的情况，请考生在24小时后登录考试中心报名网站核实考生的付费和报名状态。如仍未看到对考生付费的确认，请拨打考试中心服务热线寻求帮助。

考生在未确认是否交费成功时，不要重复进行网上支付。

交费规定：韩语能力考试网上报名系统确认考生交纳考费后，①考生因故不参加考试，不返还考试费；②报名截止日前，其他考点如有座位，考生可免费更换考点一次；③考生不得更改考试级别、证件类型和号码、姓名及出生日期；④因报名时提交个人信息错误导致无法领取准考证和无法进行考试者，不返还考试费。

▶▶▶ 打印准考证

报名截止后，网站在重要通知中会发布打印准考证的具体时间，届时请考生在规定的时间内，使用A4纸自行打印准考证。

注意：①考生须保证所持有效证件与网上报名时提交证件及证件号码一致；②考生报名时提交的证件号码已打印在准考证上，如考生所持证件与准考证上号码不符，将无法参加考试。

韩国留学申请条件和签证技巧

韩国留学申请条件

▶▶▶ 报读韩语课程的入学条件

（1）高中或具有同等学力（职业高中、中专等）。

（2）申请者及其亲属没有在韩国非法滞留的经历。

（3）原则上接受过12年教育，年龄25周岁以下。

▶▶▶ 报读大学课程的入学条件

(1)中国政府承认的高中、专科/本科毕业生或具有同等学力的学生。

(2)有一定的韩语水平,否则需接受6~12个月韩语学习。

(3)原则上年龄28周岁以下可报读专科/本科相关专业。

很多韩国大学将招生范围缩小到应届高中毕业生、连续受教育者和学习能力好的学生(平均成绩达到70分以上)。

▶▶▶ 报读研究生课程的入学条件

本科毕业生(学士学位),年龄30周岁以下,通过韩语考试或托福网考80分(雅思6.0分),可以直接推荐报读研究生相关专业。

1. 英文授课的研究生课程

(1)中国政府承认的已毕业或即将毕业的学士学位获得者。

(2)有TOEFL或雅思成绩。

2. 韩文授课的研究生课程

(1)具有中国政府承认的已毕业或即将毕业的学士学位者。

(2)有一定的韩语水平,否则需接受6~12个月韩语学习。

注意:中国学生经过韩语学习毕业后,可直接申请适合自己兴趣及符合自己经济承受能力的大学。

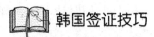 韩国签证技巧

▶▶▶ 签证出入使领馆注意事项

申请人进入韩国使领馆,须出示有效证件(户口簿、居民身份证、护照等),经保安确认后,方可进入。申请签证时,先到保安前台领取顺序号,然后在座位上等候。窗口叫号后,方可到窗口申请(过号作废,请重新领取顺序号)。

为签证及其他业务进入使领馆内部时,请按照保安及使领馆工作人员的安排出入。若不按照保安及使领馆工作人员安排擅自出入,使领馆会采取警告及驱逐出使领馆等措施。

▶▶▶ 学生签证

(1)90天以内短期研修(C-3)申请人。如果申请人计划90天以内短期研修(C-3),请准备如下资料向管辖户籍所在地的使领馆申请签证:

①签证申请表2张。

②护照。

③照片2张。

④入学通知书。

⑤户口簿原件及复印件。

⑥毕业证原件及复印件。

⑦毕业照片 1 张。

⑧交纳学费证明书。

(2)90 天以上长期滞留留学(D-2)、语言研修(D-4)的申请人。计划在韩国 90 天以上长期滞留留学(D-2)、语言研修(D-4)的申请人必须出示其录取学校发放的有效签证颁发许可证。

为了在韩国 90 天以上长期滞留,向使领馆申请签证之前,必须办理韩国法务部的签证颁发许可证。有关办理签证颁发许可证的事宜,请跟韩国学校联系咨询。

①签证申请表 2 张。

②照片 2 张。

③护照。

④身份证。

⑤签证颁发许可证。

▶▶▶ 办公时间

上午:9:00—12:00

下午:14:00—17:00

除以上对外开放时间外,不允许进入使领馆内部(除事件、事故等业务外)。

▶▶▶ 拒签提示

拒签后如要求面谈,请申请人本人到咨询台先填写一份面谈申请书并附上身份证复印件,回去等候。使领馆工作人员会在 2~3 个工作日内另行通知申请人。

韩国驻华大使馆:中国北京市朝阳区东方东路 20 号。

日 本

大学学科几乎涵盖所有的学术领域

日本有哪些全球知名大学

东京大学、京都大学、东京工业大学、大阪大学、东北大学(日本)、名古屋大学、北海道大学、九州大学、庆应义塾大学、早稻田大学、筑波大学、广岛大学、神户大学、东京医科齿科大学、一桥大学、千叶大学、冈山大学、横滨市立大学、金泽大学、熊本大学、长崎大学、大阪市立大学、东京农工大学、岐阜大学、鹿儿岛大学、首都大学东京、新潟大学、大阪府立大学、上智大学、东京理科大学、群马大学、名古屋工业大学、山口大学、横滨国立大学、青山学院大学、同志社大学、九州工业大学、明治大学、御茶水女子大学、立命馆大学、埼玉大学、信州大学和东海大学(日本)。

东京大学

东京大学是一所本部位于日本东京都文京区的世界级著名研究型综合大学。作为日本最高学术殿堂和七所旧帝国大学之首,其在全球都享有极高的声誉。该大学诞生于1877年,由"东京开成学校"与"东京医学校"在明治维新期间合并改制而成,初设法学、理学、文学、医学四个学部和一所大学预备学校,是日本第一所国立综合性大学,也是亚洲最早的西制大学之一,其部分科系最早可以溯源到灵元天皇时期,作为资本主义文明浪潮冲击下的直接产物,东京大学在日本社会有着举足轻重的历史性地位。学校于1886年更名为"帝国大学",这也是日本建立的第一所帝国大学;1897年,其易名为"东京帝国大学",以区分同年在京都创立的京都帝国大学;第二次世界大战后,其正式定名为"东京大学"。

京都大学

京都大学是一所本部位于日本京都市左京区的世界级顶尖研究型大学,在日本仅次于东京大学的学科齐全、规模宏大的国立综合大学,日本继东京大学之后设立的第二所旧制帝国大学。作为日本国内的最高学府之一,京都大学在全球都享有很高的声望,其培育出的人才和学术成果享誉世界,被誉为"科学家的摇篮"。京都大学创建于 1897 年,最初名为"京都帝国大学",第二次世界大战后,正式更名为"京都大学"。迄 2014 年为止,京都大学已经诞生了 9 位诺贝尔奖得主、2 名菲尔兹奖得主、1 名沃尔夫奖得主、4 名拉斯克奖得主、4 名芥川奖得主、4 名京都奖得主、2 名日本国际奖得主、日本唯一的达尔文－华莱士奖章得主,以及两位日本首相,其世界 500 强企业 CEO 校友数在全球位列第18 名。

 日本留学优势:就业发展空间大

(1)世界经济超级大国,拥有尖端科学技术和众多国际驰名企业。

(2)世界教育最发达国家之一,拥有众多高等学府,教学设施一流,师资雄厚,理念领先,留学生享受国民待遇,公费医疗,学历国际公认。

(3)日本在中国投资企业较多,归国后,就业发展空间大。

(4)日本是个注重礼仪的国家,法制完善,治安良好,服务一流,环境优雅。

(5)在日本读完大学后,可在日本就业,获得工作签证,只要有公司聘用可获长期居留权。

(6)中日两国一衣带水,具有很深的历史文化渊源,学生能够很快融入。

(7)众多勤工俭学的机会,基本能支付学费及生活费。

(8)日本交通便利,从上海出发,乘上飞机仅需 3 小时左右即可到达;日本境内公路网发达,留学生可以在当地以极低的价格购买到日产汽车,通过公路抵达日本的各个城市;日本现已投入使用的新干线磁悬浮列车,不但使旅行更为快捷、安全及舒适,而且是世界上此类技术最为尖端的实用典范。

日本奖学金:要通过审查笔试面试关获得

日本对在大学高等教育机构就学的外国留学生实施奖学金制度,在注册时,成绩优秀的学生可以获得学习奖励费。

文部省奖学金 1954 年设立,发放奖学金的方法:一种是通过日本驻外使领馆向国内文部省推荐;另一种方法是通过日本国内的大学向文部省推荐。

民间奖学金由民间团体向赴日留学生发放。这些奖学金中的一种类型是冠名留学奖学金,由财团法人日本国际教育协会统理。

除此以外,日本大学的奖学金还有自费外国人留学生学习奖学金、地方自治体奖学金、学校奖学金和民间团体奖学金。

申请日本的留学奖学金可在赴日本之前在国内申请,也可在赴日本后在日本申请。以奖学金的对象来看,大学以上的学生、研究人员提供的奖学金较多,为专修学校学生或在日语教育机关学习的学生、旁听生、科目等履修生、研究生所设的奖学金很少。

获得到奖学金的人,一般要通过书面资料审查,专门领域知识和语言等的笔试,最后,通过面试审查来决定能否得到奖学金。

日本留学打工:打工机会多,时间灵活

日本工作机会非常多,打工有日工、月工及小时工等各种形式,大多数地方提供工作餐和交通费。

要打工时,请事先到入国管理局去申请"资格外活动许可"。办理时须提交雇佣合同、填写规定表格,出示护照、外国人登陆证。大学本科生、研究生院正规生规定的时间在1周28小时以内;在学校所规定的长期假期内是1天8小时之内。

打工的条件:①以补贴学杂费为目的;②从事与风俗业无关的职业;③遵守规定时间。如经另外申请得到许可者可不受限制。

打工时,一定要事先同雇主确认好月工作日、日工作时间。除工资外,还需确认是否有其他补贴、交通费,是否提供免费工作餐,以及工资的支付方法等。在日本打工,也有工伤事故保险(包括上下班途中及在工作时间内)。在工作现场发生工伤事故时应马上告知负责人并要求给予治疗;在通勤途中遇到事故时须马上报警并去医院治疗,治疗过程所需各类费用及善后处理等事宜还需与有关部门协商。

如与雇主发生不支付工资及其他纠纷,不要与其正面冲突,最好找当地的劳动基准局反应寻求解决。打工的时候,尽量遵守雇佣规则,不要擅自迟到、早退、旷工,有事要提前打电话,请假告知。

留学日本的费用:费用相对较高,学费次年递减

(1)学费。日本留学费用相对较高。大学学部(即本科教育)的学费,国立大学(含入学金)学费约70万日元/年;公立大学(含入学金)学费约80万日元/年,国立、公立大

学学费不分地区、专业、院校排名。私立大学(含入学金)学费100万~120万日元/年,根据专业不同,学费浮动性较大,例如艺术类、设计类专业费用较高。语言学校学费每年需60万~80万日元。大学院即研究生院学费,国立约76万日元,公立约82万日元,私立约107万日元。以上都是指第一学年的学费(含入学金),从第二学年开始,就不需要再缴付入学金,所以学费比第一年减少30%。另外国立和公立大学学费都有一半的减免,私立大学也有不同程度的减免。

(2)生活费。日本1个月的生活费因地区的不同而不同。如北海道12.2万日元,东京15.8万日元,中部12.4万日元,九州11.9万日元。租房子或公寓的学生一个月的支出总额约为13万日元,住学生宿舍的学生一个月的支出总额大约为9万日元。如果要住学生宿舍,在办理入学登记时,须同时申请学生宿舍。但是日本大学的宿舍比较紧张,所以,留学生可以借助学校相关负责人、学长或朋友介绍在外面租房,只是费用较贵,除房租外,还要交礼金、保证金和介绍费等。

在日本留学,一般就餐都在食堂里解决,各种便当、三明治、面包,以及饮料、零食等食品都可以在学校的各个店铺里买到。当然也可自己做饭,一方面可以保证营养,另一方面也可以节省费用。如果同住的同学一起集中采购、轮流做饭,就更经济划算了。

日语水平考试:JLPT(日语能力测试)

日本语能力(JLPT)测试概述

日本语能力测试是由日本国际交流基金会及日本国际教育支援协会于1984年建立的一套较为完整的考试评价体系,并于同年开始在有关国家和地区实施。

该项考试在日本国内由考试实施委员会决定考试方针、实施计划、考试内容及证书的授予标准等。该委员会下设规划委员会和考试委员会,规划委员会负责实施计划的制订和考试结果的分析评价;考试委员会负责试题命制。

在我国,该项考试由教育部考试中心负责组织和实施。目前,在全国37个城市设有70个考点。该考试每年举办2次,于7月和12月的第一个星期日举行。报名没有年龄、职业、学历、地区、民族、国籍、在校与否等限制,中国公民凭居民身份证,外国人凭护照均可在网上报名。

去日本留学一般没有硬性语言要求。因为日本大学入学考试都在日本举行,不管你日语水平程度如何,只要能通过考试即可。如在国内直接联系日本大学,办理签证时,如有一定日语基础会较方便,签证率也会较高。

日本语能力测试以母语非日语人士为对象,评价其日语能力。考试共分4个级别,一级约相当于我国大学本科专业日语三四年级的水平。各级别考试又分为词汇、听力、阅读和语法 3 部分。所有试题均为选择题,满分 400 分,一级考试答对 70%(即 280 分)以上为合格;二级、三级和四级考试答对 60%(即 240 分)以上为合格。成绩通知书于次年 3 月初由国际交流基金会通过教育部考试中心及下设考点发放给考生本人,成绩合格者还将同时获得日本国际交流基金会颁发的合格证书。各级合格证书均长期有效。

 报名流程

▶▶▶ 用户注册

用户注册时,考生需填写本人姓名、性别、生日、证件类型和证件号(注意:使用护照报名的考生,请严格按照护照上的英文姓名填写),以及电话号码、手机号码和电子邮箱等联络信息,还要求考生填写自己随意定义并可以牢记的密码。考生填写个人信息后,还必须在"验证码"栏目处填入右边图形显示的大写字母。

▶▶▶ 选择考点

选择考点页面将显示考生选定级别的所有考点名称、状态和对应的"预订座位"按钮。考生按照个人意愿通过单击"预订"按钮预订座位。如果考点状态为"名额暂满",则"预订"按钮为非激活状态,该考点不能预订座位。

注意事项:

(1)考生在预订座位后,须在 24 小时内完成报名表的填写。否则,预订的座位将被系统自动取消。

(2)报名期间,如考点状态为"名额暂满",并不意味着该考点在报名截止前不再有名额。对于已经预订座位的考生,如过期未交费,取消预订或更换考点,系统将定时释放其预订的座位,供其他考生预订。

▶▶▶ 填写报名表

考生应按页面各项要求填写,所填信息须真实、准确、完整,否则系统将拒绝接受考生提交的信息。考生姓名、姓名拼音、性别、证件号码及生日等信息已从考生用户注册信息中导入,考生无须再次填写,但也不能改动。

▶▶▶ 交纳考费

交费方式:通过中国工商银行或中国招商银行的网上支付系统交纳考费。

交费期限:从预订座位开始,考生必须在 3 天内完成网上支付。报名截止日前 5 天考生未支付考费,报名系统将自动取消考生预订座位。

网上支付操作方法:考生单击"交费"按钮后,系统将显示相应中国工商银行或中国招商银行网上付费按钮,单击其中之一便可开始进行网上付费。选择银行后,考生将被

引导至中国工商银行或中国招商银行的安全网页。考生按要求完成付费后,请记录银行所提供的交易号码,以便日后核对及查询付款。通常,教育部考试中心报名系统会立即收到付款确认。银行网上支付系统如发生延迟向考试中心报名系统确认考生付款的情况,请考生在 24 小时后登录教育部考试中心报名网站核实考生付费和报名状态。

交费规定:考试网上报名系统确认考生交纳考试费后,①考生因故不能参加考试,不返还考试费;②报名截止日前,其他考点如有座位,在交纳转考费的前提下可更改一次所选考点;③考生不得更改证件类型和号码、姓名及出生日期;④因报名时提交个人信息错误导致不能参加考试,不返还考试费。

▶▶▶ 查询准考证号码

报名期间,考生报名到网上支付费用并被系统确认时,报名系统并未产生正式的准考证号码。准考证号码将在报名截止后生成。

▶▶▶ 领取准考证

考生在考点规定时间(可在考点信息中查询)内到所选考点领取准考证。领取准考证时须携带个人有效证件(来自中国大陆和香港、澳门地区的中国考生请使用有效身份证或护照;来自台湾地区的中国考生请使用台湾居民往来大陆通行证;外国考生请使用有效护照;未到法定领取身份证年龄的考生须携带学生证和户口本)和 2 张 1 寸正面免冠同版近照。

注意:考生必须保证所持有效证件与网上报名时提交的证件类型和证件号码一致。考生报名时提交的证件号码已打印在准考证上,如考生所持证件信息与准考证上信息不符,将不能领取准考证,也不能参加考试。

日本留学申请条件和签证技巧

日本留学申请条件

▶▶▶ 日语学校

(1)在本国完成 12 年的正规学校教育或同等学力者,包括完成初中、高中教育,此为必要条件。

(2)日语能力考试四级以上或具有 150 小时以上日语学习经历者。

注:有的国家到高中毕业为止所受教育为 10～11 年,此种情况以在国际学友会日本语学校或关西国际学友会日本语学校 1 年日本语学习的学生为限,可视为经过 12 年学校教育者同等学力。年龄要求在 18 周岁以上。

▶▶▶ 大学学科、专门学校日语科

（1）在本国完成 12 年的正规学校教育或同等学力者（包括完成中等教育），此为必要条件，并满 18 周岁以上。

（2）日语能力考试四级以上或具有 150 小时以上日语学习经历者。

▶▶▶ 本科、短期大学、专门学校专业课程

（1）必须完成 12 年的正规学校教育或同等学力者。

（2）在专修学校接受教育必须有相当的日语能力。日语能力要根据下述 3 项标准择一认定：

①在得到日本语振兴协会认定，并由法务大臣通告的日语学习班接受 6 个月以上的日本语教育者。

②在日本国际教育协会与日本国际交流基金共同实行的日本语能力测验中，通过了 1 级或 2 级者。

③在日本的小学、初中、高中接受过 1 年以上的教育者。

到设置英文授课专业的学校留学的留学生，没有对日语能力的要求，但是这种课程数量很少。

▶▶▶ 大学院（研究生院）

（1）相当于日语能力测试 2 级以上的日语水平。

（2）硕士课程：在本国接受过 16 年正规教育，大学（4 年）毕业获得学士学位者，或被承认具有同等以上学历者。

（3）博士课程：只限于具有硕士学位或具有同等以上学历者。

（4）研究生（日语的"研究生"与大学院的正规学生不同）一般分为以下几种：

①非以取得学位为目的而以从事短期的研究活动为目的的注册者。

②大学之间交流协定的交流学生。

③大学院正规课程入学前准备期间的学生。

入学资格根据大学要求各不相同。例如，受过 14 年学校教育、大学毕业（学完了 16 年课程）、完成了硕士课程、修完了博士课程，等等。同时，有些国家到大学教育结束，学校教育不满 16 年（修医学或牙医学的博士课程，到大学毕业时学校教育不满 18 年），对于在这些国家完成其大学教育的人来说，大学毕业后，在日本国内或日本以外的国家的大学或者国立大学共同利用机构等研究机构作为研究生、研究员从事了 1 年以上的研究并且年满 22 岁（修医学、牙医学博士课程者要满 24 岁）者，可以承认其入大学院的入学资格。

研究生（大学院正规课程前硕士生、博士生的预备课程）：入学资格根据大学要求各不相同，例如，大学毕业（学完 16 年课程）、完成硕士课程、修完博士课程，等等。大学院

入学有些对英语也有要求，一些研究生院只招收英语的学生。

 ## 日本签证技巧

▶▶▶ 签证手续及材料

以下根据签证的类型分别介绍手续和所需提交的材料。各个材料的有效期均在发行后 3 个月以内(材料上如果有有效期,则应在有效期内提交)。另外,若无专门提示,签证手续均须通过代办机构办理。

▶▶▶ 持在留资格认定证明书时的签证申请手续

办理短期商务、探亲、访友签证之外的赴日签证,首先需由日本国内的邀请人(单位)在法务省入国管理局为签证申请人办理相关的"在留资格认定证明书"。

在留资格认定证明书自签发之日起有效期为 3 个月。签证申请人须在该证明书有效期内在所属日本驻华使领馆申办签证,并入境日本,逾期自动作废。申请需要通过使领馆所指定的代办机构办理。

1. 在留资格所需的材料

根据在留资格种类,申请签证时需要提交的材料也有所不同。

(1)所有申请人需要提交的材料:

①签证申请书(贴附照片,2 英寸白色背景,PDF 格式)。

②护照。

③户口簿复印件(首页及申请人页)。

④暂住证或居住证明(限户籍非使领馆管辖范围者)。

⑤在留资格认定证明书原件及复印件。

(2)根据在留资格种类,除上述材料外,另需提交以下材料:

在留资格种类	提交的材料
教授、艺术、宗教、报道、投资、经营、法律、会计、医疗、研究、教育、技术、人文、国际、企业内转勤、文化活动、特定活动	无
技能	雇用合同书及个人简历
兴行	(1)合同书 (2)个人简历 (3)艺历证明材料
留学·就学	(1)调查表 (2)学费支付者的在职证明 (3)毕业证明书(仅限留学)

续表

在留资格种类	提交的材料
研修	（1）"研修派遣合同书"（只限通过派遣机构时，派遣机构和接收机构签订的文件） （2）"合同书"（申请人和派遣机构签订的文件）
家族滞在	提问表
日本人配偶者、永住者配偶者、定住者	婚姻经纬书（定住者签证申请，需提交调查表）

注：出于审查的需要，有时会要求申请人补充材料；如果申请人的户口所在地不在使领馆管辖范围之内，须提交相关材料（暂住证或居留证明）以证明申请人在使领馆管辖区内长期居住生活。

2. 审查所需天数

签证申请材料的审查一般需要 4 个工作日，根据具体情况，有时可能会延长审查时间。

日本驻华使领馆

地　址	邮　编	电　话
北京市东三环北路 2 号南银大厦 2 楼	100027	010-6410 6973
上海市万山路 8 号	200336	021-5257 4766
辽宁省沈阳市和平区十四纬路 50 号	110003	024-2322 7490
重庆市渝中区邹容路 68 号大都会商厦 37 楼	400010	023-6373 3585
广东省广州市环市东路 368 号花园大厦	510064	020-8334 3090

 出国行前准备及入境禁忌早知道

 出国行前准备

▶▶▶ **护照、在留资格认定书、入学通知书**

护照是必备的，在留资格认定书和入学通知书要放在随身的背包中，不要随大件行李一起托运。在办理相关的入国手续时，入管局会要求留学生出示在留资格认定书和入学通知书。

▶▶▶ **圆珠笔及铅笔**

出入境时填写各类表格会使用到圆珠笔，留学生可随身携带一支。在日本很少使用钢笔，通常情况下都使用圆珠笔、水笔及铅笔。日本人非常习惯使用铅笔做笔记，因此在学校的正规考试中，铅笔也是必备的学习用品之一。当然，这些文具在日本的百元店内都可以购买到，留学生不必携带很多到日本。

▶▶▶ 证件照

在日本办理各类证件都需要用到证件照，最经常使用的证件照尺寸是 1 寸和 2 寸的，一般背景为白色或蓝色。建议留学生在出国前准备 30 张 2 寸、10 张 1 寸的免冠证件照备用。

▶▶▶ 印　章

一般在日本银行开账户时需要用到印章，因此留学生从国内带去比较好。日本使用的印章规格，直径一般是 13～16 毫米的圆形印章（日本不使用国内的方形印章），字体最好使用繁体字。另外，橡皮材质的软印章、不需要用印泥的印章在日本是不被承认的。

▶▶▶ 日　元

出国之前，要兑换好两部分的日元。

第一部分是生活费，通常至少要携带 3 个月左右的费用。因为到了日本之后，需要办理外国人登陆手续、勤工俭学的许可，加之不能马上寻找到兼职打工的机会，这样至少需要 1 个多月的时间。如果宿舍没有安排在校内，需要在外租房，还需携带 1 个月的房租（包括礼金、押金、中介等费用）。

第二部分是随身携带的零钱。比如抵达成田/羽田机场后，打电话回国报平安。另外，购买电车票或机场大巴也需要使用零钱。

▶▶▶ 衣　物

日本国内的各地气候存在较大的差异，留学生在准备衣物前，首先要了解自己所前往地区的气候及常年气温。由于日本人自幼习惯寒冷，即使隆冬也穿得很少。留学生不要为了融入这样的生活而勉强自己挨冻。当然，日本的冬天，无论商场、饭店还是教学课堂，都有暖气设备。留学生只需在大衣或羽绒服内穿上春秋季服装即可，到了室内也不会觉得热。

在升学面试、学校的重大活动、入职面试时，需要留学生穿上西装或套装，以显正式和尊重。因为平时很少用到，建议留学生在日本当地购买，一来价格与国内相差不多；二来在日本购买的款式和颜色更符合当地的着装要求。

留学生出国前整理衣物行李，尽量以轻便的服饰为主，上课、打工都能穿就可以了。内衣、袜子等天天需要更换的贴身衣物需要多备一些，以免在忙碌的生活中不能及时打理和清洗。

▶▶▶ 食　品

留学生在整理行李时，尽量不要超过重量（经济舱一般为 20 千克）。尤其是一些航空违禁的食品，安全检查时会被全部没收。考虑到留学生刚到日本不能立即开伙，建议可以先到学生食堂或吉野家之类的快餐店解决餐点问题。等熟悉日本的超市，也有了一定的打工收入后,完全可以通过自己做料理满足饮食所需。习惯或喜欢喝花茶的留学生,可以带上几盒,在日本买是比较贵的。

▶▶▶ 生活用品

备一套个人卫生用品,如牙膏、牙刷、毛巾、洗浴用品等。大件的洗发水、护发素、洗衣粉、沐浴露等日用品都可以到日本的百元店购买,大多商品会比国内便宜一些,质量也会更好些。女孩子需要的卫生用品,可以适当带一些备用。另外,有近视的留学生最好带一副备用的眼镜,在日本买还是比较昂贵的。

▶▶▶ 应急药品

留学生常常会因为水土不服或学业、打工辛苦的原因生病。带上少量的应急药物,如治疗伤风感冒、退烧的药等,以备不时之需。据说,大多数习惯了日本生活的留学生是极少生病的,因此在国内不需要带太多的药品,常用的药物在日本的药店也能够买。另外,留学生可以加入国民健康保险,每年交纳一定的保险费,就可以享受日本国承担70%医疗费的福祉了。

慎重提醒留学生的是,有病要去医院医治,不要擅自服用药物,避免带来对身体的伤害。

▶▶▶ 行李箱

留学生选择行李箱的标准既要轻又要结实,最好带有轮子。轻便的行李箱可以节省免费托运行李的重量,行李箱多余出的重量可以多放些行李。

 入境禁忌早知道

▶▶▶ 学校宿舍

1. 校舍优势

留学生初到日本,一般都会进入语言学校学习,时长为半年至两年不等。在此期间,入住学校的宿舍是最合理的方法。相对校外租房居住,学校宿舍不仅费用便宜,也无须担保人,还能和前辈多交流。因为"门禁""熄灯""外出告知"等规定的实施,学校宿舍的安全性相对更好,还可以与同期进校的同学们相互照应。

校园宿舍的内部陈设,基本为床、书桌、衣柜、冷暖气。洗手间和淋浴有单间独用,也有楼层公用的情况。其他设备可能需要投币使用,如投币式自动洗衣机等。

2. 申请注意事项

由于校舍资源较为紧张,因此在国内申请语言学校的同时,也需向校方申请入住宿舍。日本校方秉持先申请先安排、额满为止的住宿规定,请各位留学生在办理相关手续时务必注意,切勿遗漏。有些语言学校的校区内没有建设新生宿舍楼,一般会安排新生

入住离校园较近地段的宿舍,但收费与学生宿舍是相同的。因此在申请宿舍时,留学生要仔细询问清楚"宿舍是几人房间、住宿费用、宿舍离学校的路程、大约需要多少交通费"等。

▶▶▶ 民宿出租

在完成语言学校的课程后,即将进入理想的大学继续深造。这期间,大多留学生为了拥有安静的学习生活环境,同时考虑兼职地点的便利性,通常会选择搬出校园宿舍,开始独立的生活。如何寻找好的住处,如何节省租房费用,就成了留学生必须面临的新问题。每个城市因其自身区域的不同、交通问题、所租房屋的楼层、内部陈设配件等条件,房租的行情也相差较大。留学生委托房产中介是一个常见的惯例,将自己的租房要求向中介人员说明清楚,同时了解"押金""礼金""保证人""中介费用"等日本特有的习惯,避免在实际过程中发生纠纷,为自己带来困扰。

租房注意事项:

(1)整理房间。一般情况下,租房是不附带家具的。如果对房内现有的设备或铺设造成损坏,是需要自费修理的。因此,留学生在搬家及平日居住的时候要小心,尽量避免不必要的开支。

比如搬家时,要留心硬物放置时不要刮伤墙面。家具尽量搬动,不要在地面上拖移,以免留下刮痕。房内的桌椅四脚,建议用软布包裹好,滚轮式的椅子最好不要使用。其他的设备,如厨房、淋浴排水口、柜架等,要注意及时清洁整理。搬离时,留学生要主动将租房打扫干净,尽量让房间的整体格局恢复原状,归还房东。

(2)公共区域及垃圾处理。公共区域也要整理干净,房内的垃圾要及时处理,切忌堆放在房门外或走道中。留学生必须将垃圾按照分类分别装入袋内,捆扎好放到指定的回收处,由垃圾收集车定时收取。

在日本,垃圾基本分为"可燃垃圾""不可燃垃圾""资源再回收垃圾"。依照地区的不同,回收各类垃圾的时间也是不同的。如果没有按照类别或指定日期处理,垃圾会被留在原处,不予收取。因此,留学生在搬入租房内,处理大件垃圾时,需要提前和专门管理处申请,支付一定的费用,将废弃的家具、电器等大件,统一交予管理处回收。

超市、便利店或药店出售垃圾分类的专用袋,留学生可购置一些,放在家中。

(3)公共设施。一般情况下,水电煤的费用是不包含在房屋租金内的。因此在入住前夕,留学生首先要和临近的公共设施公司办事处取得联系,说好搬入的时间,保证入住当天能够开通水电煤等公共设施。反之,在不续租的情况下,也要和办事处说明及时停止各项设施的供应。

①水。房门外有一个水阀的总开关,入住时可以再检查一下位置。日本的水费分成两个部分,即供水费和排水费。自来水公司所供应的自来水是可以直接饮用的。

②电。房门内有一个电源的总开关。日本的电压是100伏特,每户供应的电量都有

基本标准。为了避免超负荷引起的跳闸现象,建议留学生不要在房内同时使用多件电器。遇到特殊需求,可向临近供电公司申请,增加房内的供电量。

③煤。租房内有厨房的话,则需单独购买燃气具。留学生单独居住,一定要注意燃气安全。出门和入睡前,务必检查燃气阀门是否关闭。为了以防万一,建议安装燃气泄漏探测仪。

④账单。每月的固定时间,会收到水电煤的账单。留学生可以到就近的便利店、银行、邮局进行实地支付,也可以通过网络银行进行转账。

(4)生活细节。如果所租的房屋是木质结构的话,隔音效果可能会比较差。因此,生活噪声这样的问题,留学生需要特别留意。晚上打工回来,要尽量保持安静,避免打扰到邻居。

到了夏季,男生不可以随意裸露上身出门,这样的行为在日本是非常罕见的。

另外,没有经过中介公司或房东的允许,留学生不可以私自带朋友到租房处借宿,也不可以喂养宠物。一旦被房产公司发现,他们有权随时终止合同,请留学生务必注意。

加拿大

世界上最适合人类生活的地方

加拿大有哪些全球知名大学

多伦多大学、麦吉尔大学、英属哥伦比亚大学、阿尔伯塔大学、蒙特利尔大学、麦克马斯特大学、滑铁卢大学、西安大略大学、卡尔加里大学、皇后大学、西门菲莎大学、戴尔豪斯大学、渥太华大学、维多利亚大学(加拿大)、拉瓦尔大学、康考迪亚大学、约克大学(加拿大)、萨斯喀彻温大学、贵湖大学、魁北克大学、曼尼托巴大学、舍布鲁克大学、卡尔顿大学、温莎大学、纽芬兰纪念大学和瑞尔森大学。

多伦多大学

多伦多大学始建于1827年,坐落在加拿大第一大城市多伦多,是加拿大的一所顶尖学府,也是世界范围享有盛誉的研究性大学,主校区位于多伦多市中心,校园环绕安大略省政府与皇后公园。在学术及研究方面,其经费、捐款、国家教授奖项、研究出版规模和藏书量皆为加拿大之首。其图书馆藏书量位于北美第三(仅次于哈佛大学和耶鲁大学)。同样,多伦多大学出版社在北美地区也享有盛誉。多伦多大学亦为美国大学协会中仅有的两所非美国学府之一。多伦多大学每年发表的科研论文数量在北美仅次于哈佛大学,引用数量位居世界前五。主要学术贡献:干细胞及胰岛素的发现,电子起搏器、多点触摸技术、电子显微镜、抗荷服的发明和发展,NP完全理论,以及发现首个经核证的黑洞。作为一个北美地区少数尚存的书院联邦制大学(类似于牛津大学),除常规架构外,多伦多大学目前下属有12所本科学院,各有不同的历史和特点,享有较大程度的独立财务和管理权,在市中心的主校园外,多伦多大学还有多伦多大学世嘉堡校区与多伦多大学密西沙校区两个卫星校园。

滑铁卢大学

滑铁卢大学是一所位于加拿大安大略省滑铁卢的综合性公立大学。学校于1957年由格里·哈格博士和艾拉·湾·尼德尔斯共同创立。学校有很高的声誉,特别是作为北美地区第一个经认可建立数学系的大学,以及拥有世界上最大的合作办学项目。滑铁卢大学共有六个学院。学校共授予100多个本科学位专业,28种硕士及博士学位专业。滑铁卢大学以数学、电脑、工程科学等学科闻名,学校的代表队曾多次获得ACM国际大学生程序设计竞赛的冠军。滑铁卢大学教学设施完善,科研设备先进,学术力量雄厚,是一所著名的综合性公立大学。下设文学院、理学院、工程学院、数学院、环境学院和应用健康科学学院。滑铁卢大学设有北美唯一一所数学院,这也是全世界最大的数学和计算机的教育及研究中心。同时,在北美洲,该校是最早采用计算机教学的学府,而这所大学的计算机学科在整个北美洲也是极有名气的,加拿大其他大学在计算机科学领域上难以望其项背。除此之外,滑铁卢大学工程院拥有加拿大最好的软件工程、电子工程及机械工程专业。

加拿大留学优势:教学质量高,容易就业移民

教学质量高,课程选择广

加拿大高等院校教育质量名列世界前茅。很多大学设有预科项目,为没有语言成绩的学生提供入学机会,还有很多学校有转学分课程,让学生有更多选择。和美国学校相比,加拿大学校主体上都是公立的,整体的留学费用比较低,整体的质量较高。

留学成本比较低

加拿大的通货膨胀率在工业化国家中始终保持最低之列。所以,加拿大的大学向国际学生收的学费比其他国家同类学校要低,同时又能保持优异的教育质量。因此在加拿大留学费用比较低。

生活质量居世界首位

联合国的调查显示:加拿大教育普及程度高、人均寿命长(归功于全民医疗系统)、犯罪率低、暴力事件少,是世界上最佳的居住地区。作为世界上天然环境最美的国家之一,

加拿大有许多值得游览的野外风景。

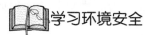

学习环境安全

加拿大的犯罪率很低，校园内采取一切措施来确保学生的安全。大多数学校每天24小时都有校园保安人员。有些大学备有学生夜间的保护措施，帮助学生在深夜安全地走到车站。在位于较冷地区的校园里，教学建筑经常通过连串的地道相接。这种设计不仅是为了御寒，而且也是为上下课的学生提供更多的安全保障。

人文环境宽松

加拿大是一个移民国家，鼓励多种文化的相互融合。在加拿大几乎能看到所有国家的人，因此，在这里能享受到许多与特殊文化有着密切关系的民族风味食品和娱乐活动，人们还可以加入带着不同民族背景的俱乐部和协会。

就业前景好、移民概率高

加拿大经济形势一直为全北美洲最好的国家，就业机会非常高。由于紧挨美国，美国也为加拿大毕业生提供了广阔的就业市场。根据新的移民政策，学生毕业以后，加拿大政府允许学生有3年工作签证机会，工作3年后基本上都可以成功移民。

加拿大奖学金：硕士、博士研究生获奖机会多

一般来说，加拿大大学本科生获得奖学金的机会较少，而硕士和博士研究生获奖学金的机会较多。

除非极其出类拔萃者，不然，大学不会向外国本科留学生提供助学金或奖学金，但为外国研究生以上的学生提供奖学金或助教、助研津贴。

根据助学金或奖学金的来源，可分为三大类：一类是加拿大政府提供的；二类是私人及私人性质的基金会提供的；三类是学校提供的。许多奖学金是按学科分类的，奖励或促进对某些领域的研究。有的是按申请人的成绩决定是否给奖学金，成绩优异者机会多。加拿大大学的获奖人数相对有限，奖项金额多寡不一。如安大略大学研究生奖学金每年有1000多个名额，但绝大部分名额只发给加拿大公民及永久公民，给外国学生的名额只有几十个。

从形式上看，奖学金有直接对研究生和学者本人的，研究生申请获准后，奖学金无条件地发给本人；也有由加拿大政府提供给某个国家的，属于加拿大援助外国的发展

项目,申请者须先向本国政府(或向驻加拿大使领馆)提出,由本国机构认可。获得后一种奖学金的人,要和本国政府签合同,列入公派项目,在加拿大完成学业后必须回国服务。

奖学金一般只有一个学年,读硕士可延长 1 年,读博士可延长 1~3 年,但若 1 年后成绩平平,或不想继续攻读者,奖学金就不予延长,助教或助研津贴一般也有时间限制。为了给刚来的学生提供更多机会,学校往往鼓励原持有此项津贴的人让位,不予延长。

加拿大留学打工:工作签证通过可以打工

在加拿大留学,公立大学和学院学习的留学生,学习期间可在校园外打工。留学生在加拿大高校完成学位教育后,可在加拿大合法工作 2 年。但是,在校外工作的留学生必须在开始工作前申请工作签证。留学生的工作签证将允许留学生在上学期间每周工作 20 个小时,在常规假期(寒假、暑假、春假)每周工作 40 个小时。

申请工作签证的条件:①持有有效学习许可证,需要就读于和移民局签订允许留学生校外工作的省份;②就读于和上述省份签订协议的大学、学院;③在申请前的 12 个月中至少有 6 个月是全日制的学生;④要有良好的学习记录,授权的学校、省政府和移民局有分享你个人信息的权利;⑤交纳相关规定的费用,填写工作签证申请表格。

有以下情况的学生不得申请校外工作签证:①正参加加拿大外交部资助的加拿大英联邦奖学金项目;②正参加加拿大外交部资助的加拿大政府奖励项目;③正接受加拿大国际发展局的资助;④正在上 ESL 课程。

留学加拿大的费用:修的学分越多,学费就越多

留学加拿大每学年所需的费用,因留学所在省份和所修科目的不同而有很大的差别。其中,魁北克省大学的学费最高,安大略省也比较高,其他省份相对要低一些。加拿大的大学多数是公立的,因此由政府核定价格,收费规范。制定学费标准的主要依据是各校所处城市的地价、人工和物价水平;该校的规模、设施等综合运营成本;具体专业教学所需的额外成本;以及招生的供求程度。实际学费的多少,要根据每个学生该学期选课情况而定。如果修的学分越多,那么应付的学费就越多。

一般情况下,留学费用包含学费和生活费两部分,具体花销如下:

(1)学费。

①本科:每年学费 16000~22000 加元。

②研究生:每年学费通常在 20000~50000 加元。

③MBA：每年学费 30000 ~ 60000 加元。

（2）生活费。

①住宿和伙食费：如果学生住宿在学校，学校是包三餐的，每年需 2300 ~ 4200 加元，如果和同学或朋友在一起租房住，可节省大约 1000 加元，以上费用差异主要由学生所处省份城市大学而决定。

②日常生活杂费：如通信费、交通费等其他花费，一般情况下，每年需要 800 加元左右。

③医疗费：在加拿大，医药费很贵，办理入学手续之后，应尽快参加学校代办的学生医疗保险，一般每年在 1500 加元左右。

④书本费：在加拿大留学，所需书本费及留学准备的学习用品等，每年需要花去留学生 200 ~ 400 加元，如果留学生的行李在准备的时候还没有超重，可以从国内尽量多携带一些需要的学习用品到加拿大，可以节省一部分费用。

加拿大留学申请条件和签证技巧

加拿大留学申请条件

本科、研究生留学加拿大，本科：4 年；研究生：2 年，有少部分学校研究生 1 年。

准备时间：申请加拿大本科需要提前半年开始准备，研究生需要提前 1 年准备。一般高三在读和大三在读即可开始准备。申请材料需提前 7 个月左右寄出。

加拿大的中学生升入大学不需要参加专门的考试。只要学生在高中期间修满必需的学分，毕业合格，即可申请进入大学继续深造。对海外学生申请的基本要求为：学历符合申请大学的要求；有可靠的资金来源；要求通过英文考试来测定语言能力；体检合格者。

对于母语是非英语国家的学生，要想继续进入加拿大的大学深造，参加 TOEFL 考试是必需的。以前持学生签证在加拿大就读的国际学生是不可以工作的，但是现在规定，持学生签证的大专学生及本科学生可以申请在学校内工作。并且联邦政府已经颁布了一个新的法案：凡是在加拿大就读大专或大学的国际学生，毕业后，可在加国工作 1 年。这些学生在校成绩合格，准予毕业后，可以自己找工作，也可以请学校代为寻找，每所学校均有专门的小组负责协助。在这 1 年期间，学生可凭毕业学校和聘雇的公司出具的证明，申请办理工作签证。

申请人可于开课前 9 个月，去函向自己选中的学校索取申请表格及有关资料。在截止申请期限前填好表格，连同校方所要求的文件及申请费一齐寄回该校，校方收到该文件、表格后，会进行查核及考虑，如决定录取，便寄出入学证明书。但部分学校则先发临时录取通知书,待申请人缴了全年费用后,才发正式的入学证明书。

开课前 3 个月前,申请人携带加拿大院校发出的入学证明书,并附 1 份影印件(申请人学历、英语或法语水平、入学注册截止日期等),向加拿大驻中国使领馆提出签证申请。

(1)申请表填写完毕后交(寄)使领馆,并附下列材料。

①入学证明书正本及副本各 1 份。

②学费正式收据。

③学历证明资料(毕业证书、高中最后的学期成绩、托福考试成绩)。

④父母或经济担保人之经济状况证明文件,银行证明书、存折、定期存款单(最近 6 个月)副本,利息收入或薪俸税单(最近 6 个月)、雇主证明书及房屋或地产契约、差饷单或物业税单(如出租),由中国驻加拿大大使馆认证。

⑤加拿大居住之监护人(永久居民)证明书。

⑥4 张报名照片。

⑦有效护照或身份证明书。

⑧申请人名下有加币 10000 元汇票,以作加国固定生活费。

⑨有时需要有特约医生所签发的体格检查或防疫注射证明,在得到使领馆正式体检表前请勿自行体检,使领馆收到申请表格和照片后会给你寄送体检表。

(2)使领馆要求面谈的学生,请按通知规定的时间来馆,其他时间不予面谈。

(3)自签证申请表交使领馆至签证办妥,不需面谈者,一般需 6~8 周。即使护照尚未签发,也应尽早开始申请。

加拿大签证技巧

中国留学生计划在加拿大学习 6 个月之内的短期课程,只需申请临时访问签证;6 个月以上的学习课程,需申请学习签证。如果留学生只获得 6 个月之内的临时访问签证,又想在加拿大继续学习,将被要求离开加拿大并在境外申请学习许可。因此,如果有意在加拿大学习超过 6 个月,即使仅被短期课程录取,也应考虑申请学习许可。

申请学习许可的中国留学生,如果在中国以外的其他国家居住时间超过 6 个月(任意 12 个月期间),则需要递交在该国期间无犯罪记录证明。这项要求不适用于 18 岁以前居住在其他国家的申请人。

▶▶▶ 签证材料

(1)临时居民访问签证(适用于申请 6 个月或 6 个月以内的短期课程的学生)。

①一份填写完整的"临时居民签证申请表"。年满 18 周岁及以上的随行子女必须单独填写其各自的申请表格。

②申请人及每位年满 18 周岁及以上的随行家庭成员需分别填写一份完整的"家属

表/教育及就业细节表"，请使用中英文或中法文填写。

③申请人及每位随行家庭成员每人需递交 3 张相同的、背景为纯白色或浅色，在最近 6 个月内拍摄的彩色或黑白照片。相片外框大小为 35 毫米 ×45 毫米。每张照片背面以拼音注明其姓名及出生日期（日/月/年）。

④申请人本人及每位随行家庭成员的有效护照。每本护照中需包含除最后一页外的至少一整页空白页。所有护照的有效期至少要持续到你计划从加拿大入境后的 6 个月。

⑤两份用中文填写并附有申请人现住址的黏性贴纸（无须信封）。

⑥以现金支付申请受理费，受理费不予退还。

⑦如有第三方人士帮您准备此次申请，请提供一份填写完整的代理人信息表。

⑧18 岁以下的申请人需有父母的同意函。

⑨由申请人父母的各自单位使用单位抬头纸出具的雇佣证明书原件，注明父亲或母亲的职务、收入和起聘日期。

⑩显示过去若干月中财政历史的银行文件原件（如存单、存折、已查证的账目清单等）。

⑪有组织的学生团体需递交包含有项目详情及人员组成名单的邀请信，并说明所涉及费用的支付责任方。

⑫来源于加拿大学校录取/登记办公室的录取通知书原件及复印件，显示申请人所需缴纳的准确学费数额、预期学习起止时间及申请人最晚注册时间。

⑬下列申请人需递交监护声明：18 岁以下且就读学校位于阿尔伯塔省、曼尼托巴省、安大略省、爱德华王子岛省、魁北克省或萨斯喀彻温省；19 岁以下且就读学校位于不列颠哥伦比亚省、纽布朗斯维克省、纽芬兰省、新斯科舍省、西北领地或育空省。

⑭申请人曾获得的最高学历的公证件。

A. 填写临时居民签证申请表。

B. 填写家属表/教育和就业细节。

C. 填写代理人信息表。

D. 短期学生临时居留签证申请审核表。

（2）学生许可（希望在加拿大学习超过 6 个月的时间）。

①填写学习申请表。

②填写学习许可的申请审核清单。

▶▶▶ **支付签证申请费**

1. 使用人民币（RMB）支付申请费

申请人可在签证申请中心（VAC）以现金支付签证申请费，如邮寄申请到加拿大使领馆，可通过中国邮政汇款单（PMO）支付，在加拿大使领馆直接递交申请可使用中国银联借记卡支付。

加拿大使领馆只接受数目准确的汇款单,该汇款单必须汇寄给"加拿大使领馆签证处"。申请人还必须在汇款单(PMO)上用中文和拼音明确标出申请人的姓名,同时还应清楚标明申请人的出生年月日。一份清晰的汇款收据复印件应作为付费证明附于申请内,如果选择使用邮政汇款支付申请费,申请则必须通过邮寄方式递交。使用中国邮政汇款单时请不要设置密码。请勿在信件中夹寄现金。

2. 使用加元(CAD)支付申请费

用加元付费可使用国际保付支票、国际银行汇票、国际汇款单。

国际保付支票、国际银行汇票和国际汇款单必须将准确的钱数汇寄给"the Receiver General for Canada"。上述票据必须拥有 1 年的有效期并能在指定的加拿大银行分支机构进行流通。加拿大使领馆不能接受汇寄给"加拿大使领馆"或"加拿大使领馆签证处"的国际保付支票、国际银行汇票或国际汇款单。如选择使用银行支票支付申请费,则申请必须通过邮寄方式递交。请勿在信件中夹寄现金。

▶▶▶ **递交申请**

申请人可向中国境内任何签证申请中心提出签证申请。所有申请人可在北京、上海、广州和重庆递交申请。

加拿大签证中心

地　址	邮　编
北京市东城区新中西里 13 号巨石大厦西区 7 层	100027
上海市徐家汇路 555 号 2 楼,广东发展银行大厦	200023
广东省广州市天河区体育西路 189 号城建大厦 3 楼 351 室	510620
重庆市渝中区青年路 77 号 J. W 万豪酒店国贸中心 3 楼 3U‒6	400010

▶▶▶ **护照返还**

申请人可到提交申请的签证申请中心领取护照,或在提交申请时另加附加费选择快递服务。

加拿大签证申请中心提供 24 小时网络在线申请状态查询。建议申请人在文件规定的签证审理时间过后开始查询申请状态。

加拿大驻华使领馆

地　址	邮　编	电　话
北京市朝阳区东直门外大街 19 号	100600	010-5139 4000
重庆市渝中区五一路大都会大厦 1705 室	400010	023-6373 8007
广东省广州市流花路中国大酒店商业楼 801 室	510015	020-8666 0569
上海市南京西路 1376 号上海商城西峰 604 室	200040	021-3279 2844

出国行前准备及入境禁忌早知道

行装注意事项

加拿大民风朴实,日常衣物用品都以实用为主,不大讲究名牌款式,所以留学生适宜携带普通的牛仔裤、T恤、外套、风衣等。不过最好预备一两套正式的衣服,如西装、礼服之类,以便有机会出席典礼、音乐会、学术会议时穿着。

加拿大冬季严寒,御寒衣物不可少,留学生一般都穿羽绒外套。购买时,最好选择有帽子的,帽子越大越好,因为在下雪前常刮大风,吹在脸上如刀削般痛,多一顶帽子保护头脸,就可以在风中疾步行走了。至于雪靴,最好在当地购买,国内市面上的鞋和靴,底部不够硬且坑纹不够深,不适合在雪地或冰面上行走。另外,千万别带羊毛内衣,冬天人们逗留在户外的时间很少,而户内场所及交通工具,一般都有暖气供应,外套和雪靴可以很方便地脱下来,但要脱去羊毛内衣就大费周折了。

一般生活用品都可以在当地购买,价钱亦不算昂贵。那些属奢侈品的东西,如体育用品和化妆品则很昂贵。所以,喜欢运动的同学可从国内带去质量高的球拍、球鞋,以便在大学的运动馆内大显身手。女孩子亦不妨多带些护肤用品。

书籍方面,中译英、英译中的字典固然是必备的工具书,除此之外,还应带几本爱读的中文书,既可作课余消暇之用,也让自己有阅读中文的机会。

根据加拿大法律,旅客可携带若干个人行李及数量有限的消费品入境,但这些物品必须向加拿大海关申报。此外,旅客可亲自携带或托运免税礼物赠与居住在加拿大的亲友,但每件礼物的价值不可超过40加元。

乘客可携一件手提行李和两件托运行李,至于行李的重量和尺寸限制,应尽早向航空公司或旅行社查询,以方便收拾东西。

## 机场入境

在飞机上,应把自己的手提行李安置在自己座位附近上部的货箱里,或放在座位下面。在飞机到达目的地之前,机上服务人员会发给每个乘客海关申报表,要填写所带进货物所值金额,一般不应该填零。除了一般的内容外,有一项对新移民者非常重要,就是你是否有随机行李以外的行李,指的是还在中国没有运过来的行李和正在途中的行李,例如通过海运跟来的行李。如果有,必须填"Yes",否则填"No"。填"Yes"的人,在入关时应向海关询问有关手续,以免将来在东西运来后报关时出现问题。

如果你需要在温哥华换机,应该事先弄清时间和登机口。

要注意头顶部的指路牌,按照所指引的方向寻找登机口。如需要自己办理转运行李手续,要尽快找到办理手续的服务台,以争取时间。有时候,办理入境手续的时间很长,事实上已经不可能赶得上转乘的班机了。这种情况下,如果你买的是联票,要主动找到航空公司,他们会为你安排其他班次。

你有时需要自己提取随机托运的行李并办理转运行李手续,是否需要这个过程,在中国出关前托运行李时即应该问明白。从飞机上卸下来的行李在传送带上循环,注意不要拿错行李,因为很多行李箱外表很相似。如果传送带已经空了还没有发现自己的行李,应立即与机场工作人员联系。一般情况下行李不会丢,但如果真的丢了,可根据贴在机票封面上的行李票向航空公司索赔。有时海关人员会要求打开某些人的手提或随机行李,这也是例行公事,应服从海关人员的指导,不必为此紧张或感到被冒犯,因为这并不是针对你个人的。

应该注意的是,加拿大农业部对植物包括植物种子、泥土及肉类有着严格的限制,因此不要携带这类物品,以免给自己带来不必要的麻烦。

📖 入境禁忌早知道

(1)航班即将抵达温哥华机场前应填好"加拿大入境申报单",并将其夹在护照中。

(2)抵达温哥华机场后,请带好随身物品离机。进入入境检查大厅前最好找洗手间方便,以免等候入境时间太长。进入入境大厅后,选择 Visitor 的柜台排队入境。

(3)入境柜台有海关官员执勤。他们只用英语(或法语)询问,国际学生会被引导到移民局的大厅再等候询问(此大厅有中文译员)。

(4)移民官提的问题一般有:入境的目的(读书)、停留的时间(1、2、4年)、目的地、学校、资金证明等。此时可出示学校的录取通知书和收据。如回答满意,移民官会签发"学生就读许可证",为期为1年、2年或4年不等(时间长短并不重要,到期之前可在加拿大境内续办)。

(5)移民局放行后,进入领取行李大厅,此时可能行李已不在输送带上,应向机场人员查询,取得行李后会有海关官员携小狗来嗅是否有毒品或食物(注意不要带食物入境,免得麻烦)。

(6)海关放行后,进入中转航班大厅,如需转机,在此办理行李托运及领取登机牌,然后走出大厅到楼上登机。

(7)如不需转机,则带行李出大厅,出口处有接机人员持校牌及学生姓名等候。如不见接机人,可在此区域等候,仍不见接机人再打电话联络。联络好后就地等候,直至见到接机人。到达住处后,立即用电话向父母报平安。

(8)在加拿大打电话时应注意:

①加拿大本市电话不收费。手机号码与座机无区别,同样是地区号加7位数字。

②国内(含美国)长途拨打方法为:在地区号前加拨"1"。

③国际长途拨打方法为:011＋国家号＋地区号＋电话号码。

④在加拿大许多便利店都可以买到长途电话卡,费用比打直拨长途便宜。在华人多的地区可买到有中文语音提示的长途电话卡,费用更便宜。

新加坡

美丽的海滨之国,岛上花园遍布

 新加坡有哪些顶尖大学

南洋理工大学、新加坡国立大学和新加坡管理大学。

新加坡国立大学

新加坡国立大学是新加坡首屈一指的世界级顶尖大学,为东亚 AACSB 认证成员、东亚 EQUIS 认证成员、国际研究型大学联盟成员、Universitas 21 大学联盟成员、环太平洋大学协会成员,在工程、生命科学及生物医学、社会科学及自然科学等领域的研究享有世界盛名。新加坡国立大学前身为 1905 年成立的海峡殖民地与马来亚联邦政府医学院;1912 年,该校改名为爱德华七世医科学校。1928 年,莱佛士学院成立。1949 年,爱德华七世医学院与莱佛士学院合并为马来亚大学。1955 年,新加坡华人社团组织创立了南洋大学。1962 年,马来亚大学位于新加坡的校区独立为新加坡大学。1980 年,新加坡大学和南洋大学合并,校名定为新加坡国立大学。截至 2015 年 4 月,学校建有肯特岗、武吉知马和欧南园 3 个校区;设有 16 所学院,包括一所音乐学院;有教学人员 2374 人,在校学生 37972 人。

南洋理工大学

南洋理工大学为国际科技大学联盟发起成员、AACSB 认证成员、国际事务专业学院协会成员,是新加坡一所科研密集型大学,在纳米材料、生物材料、功能性陶瓷和高分子材料等许多领域的研究享有世界盛名,为工科和商科并重的综合性大学。南洋理工大学前身为 1955 年由民间发动筹款运动而创办的南洋大学，南洋大学的倡办人是新马胶业巨子陈六使先生，云南园校址由新加坡福建会馆捐赠；1981 年，新加坡政府在南洋大学校址成立南洋理工学院，为新加坡经济培育工程专才；1991 年，南洋理工学院进行重组，将国立教育学院纳入旗下，更名为南洋理工大学，与快速发展的教育事业齐驱并进；2006 年 4 月，南洋理工大学正式企业化。截至 2015 年 4 月，南洋理工大学建有云南园、卫星 2 个校区，其中云南园校区占地 200 公顷；有专任教师 5546 人，各类本科生和研究生 33500 人。

 ## 新加坡留学优势：华人占 80%，不存在种族歧视

（1）新加坡政府非常欢迎各国学生来新加坡就读，至今已有 30 多年招收外国学生的历史和经验。由于新加坡华人占 80%，不存在种族歧视现象，采用的又是双语（英语和汉语）制教育，因此对境外华人有着极大的吸引力。

（2）新加坡的留学生还有一个特点，就是以中小学生居多。这是因为政府为中小学生提供了安全的寄宿制生活。所谓寄宿制，即学生以寄宿的方式和当地的居民家庭共同生活，与年龄相仿的新加坡学生一起学习、生活，同时接受富有爱心、有一定文化层次的成人的照顾。这使得家长对孩子在海外的生活十分放心。

（3）新加坡的英式教育体系是与其他英语国家同步的，所以中学毕业后，仅凭毕业统考成绩，便可直接申请英国、美国、加拿大、澳大利亚等国家的大学，且不需要任何入学考试。因此，在新加坡政府设立的中小学中，15% 以上的学生是来自世界各地的学生（年龄在 7~17 岁），其中，尤其以印尼华人和中国台湾学生为甚。

（4）不用远渡重洋，就能学习欧美文化。新加坡是一个多元化的移民国家，英语是官方语言，经济形态是国家资本主义。在新加坡留学，可以不用远渡重洋就能很好地学习欧美文化，了解资本运作带来的经济发展。

 ## 新加坡奖学金：基本上都能申请到奖学金

新加坡提供一系列的助学金、奖项和奖学金，海外学生可申请优秀奖项，以便支付较低的学费上学。前往新加坡留学的学生在出国前可以在本国申请奖学金，也可以到了新加坡一年以后申请，申请一次成功，就可以获得 4 年的资助。学生得到了 4 年的全额奖学金后，每年要参加一次考核，如果考试不及格，就会免掉所得奖学金。

为了帮助中国留学生在新加坡顺利地完成学业，新加坡政府特设高等教育的助学金。如果学生成绩很好，但家里有经济困难的话，政府可以提供助学金，虽然不是全额

的,却也能减轻学生的经济压力,学生毕业后可以用 5~10 年的时间偿还。

　　新加坡希望各国优秀人才留在该国,因此凡是享受新加坡政府奖学金的学生的基本条件为:不管是本地还是外籍学生,本科或硕士毕业后都要在新加坡工作若干年,之后假如学生希望做新加坡的永久居民或移民到新加坡,可以提出申请。

新加坡留学打工:通过申请工作准证才能打工

　　新加坡政府对于留学生的打工控制极为严格,留学生必须满足一定条件并通过申请工作准证才能打工。

　　留学生所在的学校如果是经过新加坡人力部门特批的,则留学生外出打工不需要向政府和学校申请,学习期间打工有时间限制,假期打工没有限制。留学新加坡学习酒店管理和旅游管理专业的学生,可以享有实习期,实习期是合法工作时间。新加坡高校的酒店及旅游管理专业,在课程中都设置有 6 个月至 1 年的实习期,实习期间的工作由留学生所在学校进行安排。

　　留学新加坡,在打工之前,首先要了解自己所在学校的基本情况和新加坡政府的相关规定,然后再规划自己的合法打工计划,这样才能保证自己在新加坡的打工权益。

留学新加坡的费用:费用低廉,适宜工薪阶层家庭

　　新加坡学校收取的学费与其他国家相比较为低廉。大学一年的学费 60000~80000元人民币。住宿每月 2500~4000 元人民币,生活费每月 2000~3000 元人民币(吃饭 + 交通)。

　　新加坡的学校一般不提供住宿,校内宿舍优先给予提出申请的留学新生。但是在大学的周边有很多提供住宿的地方。可以选择的住宿有:比较廉价的政府租屋;为私人提供的公寓;独立或半独立式洋房及排屋。在租房时,一定要与房东签订租房协议。

　　此外,新加坡有的家庭欢迎留学生入住,为留学生提供全面的食宿服务。学生可以尽快融入新加坡人的生活,体验不同的风俗。

新加坡留学申请条件和签证技巧

 ### 新加坡留学申请条件

　　(1)小学插班考试预备班。小学在读,存款证明 16 万元人民币,不需要托福或雅思

成绩。

（2）小学插班。通过小学插班考试。

（3）小学直通车。6～10岁，存款证明16万元人民币，不需要托福或雅思成绩。

（4）中学插班考试预备班。小学毕业，存款证明16万元人民币，不需要托福或雅思成绩。

（5）初中。通过中学插班考试。

（6）高中。通过O–Level水平考试。

（7）O–Level水平考试预备班。17岁以上，存款证明16万元人民币，不需要托福或雅思成绩。

（8）新加坡三所综合性大学。新加坡国立大学、新加坡南洋理工大学、新加坡管理大学这三所新加坡综合性大学是全球范围内知名学府，学术水平和认可程度极高，因此其申请条件相对较高。对中国留学生要求如下：

新加坡管理大学要求应届高考生高考成绩达到"一本线"以上；新加坡国立大学、新加坡南洋理工大学对高考成绩要求更高，视申请专业而定；有优秀的英文成绩，一般要求雅思6.0分以上。满足以上条件的申请者方有资格参加学校在中国组织的入学考试，考试合格即可被录取。

（9）新加坡五所理工学院。申请新加坡理工学院、义安理工学院、淡马锡理工学院、南洋理工学院和共和理工学院，对留学生要求如下：

申请人需提供高考成绩500分以上，数学与英文单科成绩不低于单科总分的65%，其他各科成绩须及格。满足以上条件的申请者方有资格参加学校在中国组织的入学考试，考试合格则可被录取。

（10）新加坡政府资助学校（艺术学校）。高中、中专毕业或大学在读生；具备一定的艺术基础；英文有要求，但无须托福或雅思成绩。

（11）新加坡私立大学。高一以上学历；存款证明16万元人民币；不需要托福或雅思成绩。

 新加坡签证技巧

▶▶▶▶ 申请私立教育机构签证要求

要申请学生签证，申请人必须先被一所新加坡教育部批准的私立教育机构接收并就读一个全日制的课程。

申请人的申请材料须通过网上的学生签证在线申请与注册系统呈交。

19周岁以上的中国学生（递交材料时已是19周岁）要申请非学历的语言、商务、工艺和艺术课程（包括伦敦大学的课程），需要首先将申请材料递交到北京新加坡使领馆，然后再由使领馆将材料呈递到新加坡移民局审批。如果中国学生想要申请已获得新加坡专业机构批准并认证的私立教育机构的全日制课程,则需将申请材料直接递交到新加坡移民局进行审批。如要更换所报读的课程或学校,均须重新提出申请。

如果学校仍未在移民局注册用于网上申请学生签证的,那么学校需要写信给新加坡移民局进行注册。

如果申请人是在19周岁以下,并且申请的是经批准的私立教育机构所设的全日制课程,可直接把申请材料递交到移民局。

使领馆只接收已获得"消协保证标志"的私立教育机构所提交的学生签证申请材料。有关"消协保证标志"教育认证计划及已获得"消协保证标志"的私立教育机构名单,请前往消费者协会的网站查询。

(1)担保人。申请学生签证者可以自行担保或由超过21周岁的新加坡公民/新加坡永久居民或学校担保。如担保人是新加坡公民或新加坡永久居民,则需在学生面试时呈交担保人的身份证复印件。

(2)签证所需材料与文件。

面试时,请带以下材料:

①申请人的出生证明公证书。

②最高学历证明公证书。

③成绩单证明公证书。

④银行存款证明公证书原件及复印件(公证书需附有英文译文)。

⑤如果申请人的父母/继父(母)/配偶是新加坡公民或永久居民,申请人还必须呈上父母/继父(母)及本人的结婚公证书原件及复印件。

上述公证书必须由申请人所在地的公证处公证,并经过中国外交部领事司或中国外交部授权的外事机构及新加坡驻华使领馆或领事馆的认证。

银行存款证明应是定期,存期最少3个月。银行存款证明可以是申请人本人/父母/本人和父母的银行存款。最低存款额为15万元人民币或与其数目相当的其他外币。

(3)面试。面试时间通常在材料呈上后1个月。届时,新加坡使领馆将书面通知学生面试时间。面试时,申请人需出示按照通知所列的有关文件的原件。面试后约2个月内,移民与关卡局将会告知学校申请结果。

(4)担保金与入境签证。自行担保的学生在申请被批准后将收到学校通知前往新加坡驻华使领馆交付担保金。学生本人或学生家长必须亲自来使领馆办理。届时,需呈交移民与关卡局致学校的批准函原件、担保书(请根据要求将此担保书相关项目填写清楚,签名样式需与申请表格中一致)及学校签发的正式开课通知书。交付担保金只能在学校开课前4个星期内办理。留学担保金需在上午缴纳。学生在缴纳担保金后才能办理入境签证申请手续,手续办理需2个工作日。

担保金的退款通知将在移民局授权使领馆后，由使领馆书面通知学生本人。学生在收到使领馆通知后，需亲自或委托父母亲来使领馆取回担保金。

（5）手续费。学生在移民与关卡局领取学生签证时需缴纳费用。此外不收任何其他手续费。

（6）呈交材料。新的申请材料要通过网上的学生签证在线申请与注册系统呈交。

注：申请学生准证通常需要 2~4 个月。

▶▶▶ 申请公立高等教育机构签证基本要求

申请公立高等教育机构的申请人由新加坡高等教育机构直接向新加坡移民局递交申请。新加坡高等教育机构收到移民局的批文后会寄给申请人，申请人凭移民局批文直接入境。

新加坡驻华使领馆：北京朝阳区建国门外秀水北街 1 号。

出国行前准备及入境禁忌早知道

行装准备

新加坡属于热带海洋性气候国家，年平均温度 25℃，常年皆夏，秋冬衣物不能派上用场。T 恤、牛仔裤、长裤、休闲短裤等是新加坡常见的着装，准备一套衬衫、领带、西裤及一双皮鞋是必要的，偶尔在正式场合使用。

新加坡的日用品应有尽有，但仍可带一些生活用品。参考书和工具书是必不可少的。但不要超重，国际航班规定旅客免费托运行李不超过 20 千克，超出部分运费相当昂贵。

证件检查

出发前，亲自检查全部证件文件：护照、新加坡移民局的学生准证批准信和签证等，你申请签证时的全部公证书也是必带的，将来可能用得到。

出入境禁忌早知道

▶▶▶ 入　境

前往新加坡最普通的方法就是搭乘飞机。几乎所有抵离新加坡的飞机都使用新加坡的樟宜国际机场。机场内有购物中心、餐厅、医疗、饭店、桑拿等设施。

当飞机下降，可眺望到新加坡港内的油轮时，飞机就要在机场着陆了。飞机降落后，学生先到大厅的二楼,搭乘电梯到一楼,就是入境检查站。以前,新加坡对留长发、蓄胡须的人拒绝入境。现在,只要不过分,基本上没问题。

入境时,要向入境检察员出示在飞机内填写的入出境卡片和护照。偶尔,入境检察员会要求你出示新加坡出境的机票,并询问入境目的、停留期间,只要如实回答就可通过。

入境检查结束后,就来到入境者的免税店。通常,免税店只适于出境者,但新加坡是个自由港,入境者也可以购买免税品。

在免税店之后,就是行李领取处。在中央大厅有几条行李传送带,要在自己所乘航班的传送带处等待提取行李。

提取行李后,就可以过海关了。办完海关手续后,便到了抵达大厅,也算来到了新加坡。抵达中心的中央是信息中心,两侧有饭店咨询及汽车出租台。

▶▶▶ 出　境

樟宜国际机场的离港大厅在二楼。办理登机手续就在这里。要注意的是,不同的航班在不同的柜台办理。办理登机手续之前,先弄清楚航班的柜台。

通常办理登机手续是在离飞机起飞 1~2 小时开始。樟宜机场的机场费为 15 新元。办理登机手续时,你可以提出自己希望乘坐的座位,拿到登机牌后,登机手续就算完成。

此后为出境检查。出示护照及入境卡的另半张,盖上出境章就算完成。出境检查结束后,就是等上飞机了。离港大厅内设有免税店、礼品店、书店等店铺。一般来说飞机起飞前 30 分钟开始登机。

▶▶▶ 海关规定

1. 新加坡海关对于携带入境的外币没有最高金额的限制

2. 课税品

(1)酒类(包括葡萄酒、啤酒、麦酒与黑啤酒)。

(2)烟草(包括香烟与雪茄)。

(3)皮包与钱包。

(4)人造珠宝。

(5)巧克力与糖果。

(6)面包、饼干与蛋糕。

3. 免税品

(1)电器制品。

(2)化妆品。

(3)相机与钟表。

(4)珠宝、宝石与贵金属。

（5）鞋。

（6）艺术创作品与玩具。

▶▶▶ **免税许可范围**

观光客携带下列物品入境无须付税：

（1）个人用品。

（2）食品如巧克力、饼干、蛋糕等，但价值不得超过新币 50 元。

年满 18 岁而且不是从马来西亚入境，下列物品免税：

（1）烈酒一公升。

（2）酒一公升。

（3）啤酒、麦酒或黑啤酒一公升。

上述的免课税品只限于个人消费，禁止转售或赠与。如果携带入境的物品超出免税范围，超出部分将被课税；转机过境旅客若携带过量的物品，其超出免税范围的物品必须存放于海关，并且自行负担保管费用。

另外，携带入境的酒类与香烟的标签、盒面与包装上不得有"新加坡免税品"字样；香烟包装上有 E 标示也不得携带，任何条装香烟经由空运、陆运或海运方式入境都必须付税，免税香烟只售给出境旅客。

▶▶▶ **其他禁止、管制与限制品**

（1）管制药物与精神镇静剂。

（2）鞭炮。

（3）手枪与左轮手枪型打火机。

（4）玩具印币与纸钞。

（5）盗版刊物、录像带、碟片与录音带。

（6）濒临绝种的野生动物及其制品。

（7）猥亵的文章与出版品。

（8）危险与叛国物品。

新西兰

最不缺少的就是草地和蓝天

新西兰有哪些全球知名大学

奥克兰大学、奥塔哥大学、坎特伯雷大学（新西兰）、惠灵顿维多利亚大学、怀卡托大学、梅西大学、林肯大学和奥克兰理工大学。

奥克兰大学

奥克兰大学是世界百强名校,世界顶尖历史名校。建校于1883年,坐落于新西兰第一大城市奥克兰市,拥有7个校区,是新西兰最大的一所从事教学研究且拥有最多专业的综合性大学,在新西兰综合排名第一。奥克兰大学被誉为新西兰的"国宝级"大学,是一所世界顶尖的研究型大学,享有极高的国际声誉。奥克兰大学是全球顶尖高校大学联盟 Universitas 21(U21),世界大学联盟(WUN)及环太平洋大学联盟(APRU)的成员。作为亚太地区一流的高等教育及研究中心,奥克兰大学的研究工作和成果占新西兰全国70%以上,是该国最重要的学术研究机构。目前在校教师5000人,学生42000人,包括6000名国际生。其中在读硕士8000人,博士3000人。奥克兰大学以各类基础学科研究闻名于世,最为著名的院系有计算机、土木工程、建筑与规划、医学、药学、教育和传媒等,且商学院获得 AACSB、EQUIS 和 AMBA 三大认证。汇丰银行总裁 Vincent Cheng,牛津大学校长 John Hood,菲尔兹奖得主 Vaughan Jones,著名物理学家、超对称量子色动力学鼻祖 Stephen Parke,两任新西兰总理 Helen Clark 与 David Lange,新西兰总督 Anand Satyanand 等,这些杰出人物都是毕业于奥克兰大学。

奥塔哥大学

奥塔哥大学位于新西兰南岛奥塔哥省首府达尼丁市,成立于1869年,是新西兰第一所大学,世界Top 1%大学,也是新西兰唯一能够提供消费者与应用科学、牙医学、人类营养学、药学、体育、理疗及测量学等专业的综合性大学。该校有商学、健康科学、人文科学、理学四所学院,目前有超过21700名学生在此就读,其中包括来自90多个国家地区超过2800名的国际学生。该大学研究课题宽泛,学术强项包括生物科学、心理学、人类学、历史和艺术史等,其中奥塔哥大学医学院有很强的科研能力,在海内外颇负盛名。奥塔哥大学的主校园位于达尼丁,达尼丁的环境安全、舒适、不拥挤,是理想的学习和开展各种户外活动的好地方。达尼丁校园位于市中心,大多是学生住在只需要步行即可到达校园的地方,离市中心的服务和购物中心也不远。奥塔哥大学还在基督城与惠灵顿设有医学和健康科学学院。

 新西兰留学优势:享受完美教育和优惠移民

(1)纯英语国家:良好的语言环境,使您能说一口纯正英语。

(2)国际化的教育体制和世界一流的教育水准。

(3)与其他发达国家相比,新西兰费用合理、低廉。

(4)学位课程多种多样,常年招生,弹性入学。

(5)申请签证无须语言成绩。

(6)政府允许留学生勤工俭学。

(7)气候宜人,环境优美,无污染。

(8)移民政策开放,学成后可享受优惠移民政策。

(9)与住宿家庭一起居住分享高水平的生活条件。

(10)新西兰教育体制完善,实力雄厚,是世界上最好的教育体制之一。

新西兰的教育体制承袭英国的优秀传统,加之富有创意的改革,被视为世界上最好的教育体制之一。新西兰高等学府拥有优秀的学术教育水平,先后培养出多名诺贝尔奖得主,许多专业如生物技术、法医学、牙医、海洋工程、环境科学和园艺学等居于世界领先地位。新西兰八所大学均在世界排名前500内,其中奥克兰大学为世界百强之一。

新西兰奖学金:留学各阶段都有奖学金

(1)新西兰发展奖学金。每年新西兰都向中国西部的学生提供"新西兰发展奖学金

（NZDS）"，援助来自中国西部的研究生到新西兰留学。申请者必须来自中国西部七个省份中的一个。

（2）新西兰的每所大学都有自己的奖学金项目。

（3）新西兰国际本科奖学金。新西兰为国际留学生提供了一个新的奖学金计划——新西兰国际本科奖学金 。该奖学金覆盖全部学费，资助学生在新西兰的大学完成三年或者六个学期的本科阶段的学习。

（4）新西兰国际博士研究奖学金和国际博士学生学费下调。国际博士研究奖学金于 2005 年 4 月设立，是一项全额奖学金。奖金资助覆盖学费、生活费、保险、交通费及其他方面的补助，为学生在新西兰攻读博士学位研究课程的 3 年时间提供全奖。在新西兰攻读博士学位的国际学生，只要导师是新西兰的科研带头人，就可以享受本土学生的学费标准，即一年 25000 元人民币。而之前，攻读博士学位的国际学生一年的学费是 250000 元人民币左右。同时，攻读博士学位的国际学生的子女如果是学龄期间（高中阶段以下），可以享受与本土学生同等的学费标准。

新西兰留学打工：用人单位注重学习成绩

新西兰的相关法律规定，外国学生如果在新西兰进行 1 年以上的全日制学习，就可以在暑假寻找工作。申请工作前，学生需要在所在地的新西兰移民局办理在学生许可证上加注手续，并支付手续费。

研究生也可申请在学生许可证上加注，然后利用学习期间做一些非全日制的工作，每周工作时间 15～20 小时。学习语言的学生不能打工。

虽然新西兰是一个失业率较低的国家，但是留学生要想找到一份称心的工作还是需要努力学习，最起码要具备以下两个条件：

（1）比较优秀的学习成绩。用人单位举办的面试会或者是招聘过程中都需要留学生提供学习成绩单。新西兰与中国国内不一样，新西兰用人单位比较重视学生的学习成绩。

（2）具备英语沟通能力。新西兰用人单位比较重视沟通能力，在录用过程中面试官会考察留学生的英语沟通能力。

因此，留学生在新西兰学习期间，一要努力学习，提高学习成绩；二要充分利用校园学习生活环境，多与师生用英语交流，锻炼自己的英语沟通能力。

留学新西兰的费用：比其他英联邦国家费用低廉

新西兰不同的大学和课程有着不同的收费标准，留学生应该在获得学生签证之前缴纳学费。

大学本科的文科、商学和法律课程每年的学费为 10000～16000 新西兰元，与实验室有关的课程如自然科学、工程学、农业科学的学费为 14000～19000 新西兰元。

理工学院的课程每年的学费为 11000～15000 新西兰元，工程学、文科每年的学费为 10000～16000 新西兰元。

生活费主要为食宿费用。留学生在新西兰可以选择住宿在学校的宿舍、青年旅馆、公寓、私人住宅或者寄宿在校外的家庭。学生的宿舍或青年旅馆通常在学校的附近，基本上会向学生提供星期一到星期五每日的三餐，每周的费用一般为 140～170 新西兰元；公寓或私人住宅一般有 2～4 个房间，学生可以选择同住的室友，每周的费用为 100～120 新西兰元，但是不包括吃；校外寄宿的家庭一般是位于城市里的新西兰家庭，房东会给学生提供单独的房间及三餐，在周末或者节假日也提供午餐，每周的费用为 130～230 新西兰元。

新西兰留学申请条件和签证技巧

新西兰留学申请条件

▶▶▶ 中学入学标准

一般来说，只要申请人在新西兰报读的中学学历与其现有的国内中学学历相当，在名额允许的情况下，新西兰的中学通常都会录取。但要求申请人提供国内中学的成绩，有的还要求品行记录及老师的推荐信。

除此以外没有其他的入学要求，中学生可在一年中任何时间入学。学校除了帮助安排学生的住宿外，还可以安排本地学生对新来的留学生进行一对一的语言帮助，以帮助他们尽快适应新的学习环境，有的还提供专门的语言班供留学生强化英语。

▶▶▶ 大学本科入学标准

申请就读新西兰的 8 所大学及 25 所理工学院的外国留学生的英语水平必须达到 IELTS(雅思)6.0 分，达不到此标准的留学生可以先读各大学的语言班或者校外的语言学校，待考试通过后方可入学。在读语言期间大学保留学生的入学权利。新西兰的大学是 3 年制，其大学一年级相当于国内的大学二年级，高中生在中学完成大学的预科后才能进入大学学习。对于年龄 20 岁以下，只有国内高中学历的留学生，要求先读一年大学的预科，预科与语言学习可以在同一时期内完成。

申请材料：留学生入学申请表、中学毕业证、成绩单（包括课程、成绩、学分的评分制度）、英语成绩（如果有的话）。如果申请前的 12 个月内不在校学习，需提供在此期间的工作或活动证明材料。以上材料需有正规的英文翻译(如学校翻译后密封或者翻译公证)。

▶▶▶ 硕士、博士研究生入学标准

申报就读新西兰大学或理工学院的硕士、博士课程,申请人必须具有学士学位,英语水平必须达到 IELTS(雅思)6.5 分。如果申请人的原专业与所申请的专业相似,一些大学对其英语成绩的要求可能降低。

要正式入读新西兰大学的研究生,各个院校一般都会要求学生先读桥梁课程,时间大约在半年到 1 年,视申请人的学习成绩而定。通过桥梁课程后就可以做研究课题,硕士课题大约 1~1.5 年完成,博士需 3~5 年。

申请材料:留学生入学申请表、大学毕业证、成绩单(包括课程、成绩、学分的评分制度)、一份推荐信(可以是你的老师或者是雇主)、英语成绩。如果申请前的 12 个月内不在校学习,需提供在此期间的工作或活动证明材料。以上材料需有正规的英文翻译(如学校翻译后密封或者翻译公证)。

 ## 新西兰签证技巧

▶▶▶ 签证材料

申请学生签证必须提供以下材料:

(1)有效护照,如果护照无法递交,请提供出生公证书和身份证。

(2)填写完整并签字的访问签证申请表及中国公民赴新西兰访问、留学、工作的补充表(学生签证申请表)从网站下载。

(3)申请人近期护照照片 1 张。

(4)入学通知书。

(5)申请费。

(6)资金证明或填写完整并签字的学生资金担保表。

(7)健康证明。

(8)无犯罪记录证明。

说明:如果缺少上述几项中的任何一项,申请材料将被退回。

▶▶▶ 健康要求

(1)来自肺结核高发病率国家,计划在新西兰停留超过 6 个月的申请人,或者在过去 5 年间曾在肺结核高发病率国家停留 3 个月或以上的申请人,必须提供一份填写完整的短期入境签证胸部 X 光检查表。

(2)计划在新西兰停留 12 个月以上的申请人,必须提供一份填写完整的体检与胸部 X 光检查表。

所有体检表必须由新西兰移民局指定医院填写并签署。体检完成日期与递交申请

的时间间隔不得超过 3 个月。以前曾递交过体检与胸部 X 光检查表,且距本次申请之日不超过 24 个月的申请人不必再提供新的体检表,除非签证官或移民官提出要求。

说明:孕妇及不满 11 岁的儿童不需要进行胸部 X 光透视检查。

▶▶▶ 品行要求

17 周岁或 17 周岁以上的申请人,如果打算在新西兰停留 24 个月以上,应该提交未受刑事处分公证书,其出具的日期距提交申请之日应该少于 6 个月。同时,申请人还必须提供由当地派出所或刑侦大队出具的未受刑事处分证明信的复印件,其出具的日期距提交申请之日应该少于 6 个月。请注意使领馆不接受由申请人所在单位、单位保卫部、街道或人才中心出具的无刑事犯罪证明信。

▶▶▶ 其他证明文件

(1)出生公证或出生证明原件,附英文译文。

(2)亲属关系公证,说明所有直系亲属(父母、兄妹、伴侣和子女)的详情,包括其全名和出生日期,不论他们的居留权或国籍归属何方。

(3)户口簿原件或经公证的副本。

(4)英文解释信,说明申请人的求学选择和完成学业后的计划。

(5)来自新西兰教育机构出具的入学接收信,该证明信必须包括以下内容:

①课程名称及级别,包括完成课程所需的最低学时。

②有关整个课程的学费说明,若课程时间超过 1 年,则需有关年度学费的说明。

③学生是否必须支付课程学费。

④将在新西兰停留的时间。

⑤请注意入学接收必须得到新西兰学历评估委员会的批准。

(6)由申请人目前就读的学校出具的证明信,说明申请人目前在中国国内学习课程的程度,或是经过公证、带有英文译文的学历证明。

(7)申请人在过去 5 年中所获得的任何学历证书原件、结业证书原件及结业证明的原件及其复印件;对于部分完成的课程,须提供课程的详细情况。

(8)由新西兰学校提供或其他愿意且有能力者提供的住宿担保。

(9)证明申请人有足够资金支付在新西兰停留期间的生活和学习费用的材料。证明材料可以不限于以下种类:

①来自申请人父母的雇主证明信或资金担保人的雇主证明信。该信必须使用带有公司抬头的信纸书写,且需盖有公司印章和公司领导人或人事部负责人的签名。信函内容需包括:

A.年收入(包括奖金和所有提成)。

B.雇用期限和所担任的职务。

②如果申请人父母为企业的所有者或股东,他们需提供:

A.营业执照的原件或公证件。

B.由工商局盖章签发的企业注册情况查询单,列出所有股东姓名及股份份额。

C.过去两年的企业所得税。

D.上一财政年度企业的损益表。

E.上一财政年度企业的银行对账单,显示公司日常收支情况,银行对账单须加盖银行公章。

F.由企业所有者出具的证明,说明企业创立的时间、企业的管理形式及雇员人数,证明信需使用带公司抬头的信纸书写。

③如果申请人本人为其留学提供担保,申请人需提供由雇主或配偶的雇主(如果适用)提供的包括上述内容的证明信。

④申请人、父母或其他资金担保人的所有银行转账/活动记录,时间要涵盖提交申请之前的至少12个月。

⑤其他证明资金能力的材料,最好提供原件,包括:银行存款证明、银行存折、存单、个人所得税缴税回执及过去12个月的股票交易报告;如果资金来自股票投资收益,则需同时提供股东账户证明。

⑥对在过去6个月中存入的大笔资金,申请人需要提供有利的材料证明这些存款的历史和资金来源,例如利息清单、股票交易收据等;请同时提供关于这些存款的历史和资金来源的书面解释说明。

⑦如果申请人的资助人生活在国外,则需提供1份其最新的所得税纳税单、其雇主出具的证明其目前职位和年收入的证明函,以及其合法定居身份或公民身份的证明;此外,该资助人还需提供一份法定的资助声明,说明所提供的资助金额、提供资助的原因及该资金是无偿赠与还是贷款。

⑧盖有银行印鉴、说明过去12个月内日常交易情况的银行单据原件。

⑨学生贷款材料。

申请人在学生申请被原则批准之后,还需提供以下证明:

(1)由新西兰教育机构出具的已付学费证明,此证明应由学校直接邮送或传真至新西兰移民局。

(2)由新西兰教育机构出具的最新接收信,写明申请人已交费的课程的起止日期。

(3)学生在新西兰停留期间保证金的证明,此证明可为以下任意一种:

①由新西兰银行提供的信件或证明,确认相当于10000新元的资金已存入该银行;如果所学课程少于36周,按每月1000新元计算,如住宿费已预付,每月按400新元计算(新西兰移民局可以接受学生名下的旅行支票,请将旅行支票原件递交新西兰移民局)。

②一封由新西兰教育机构出具的信函,确认住宿费和生活费已包括在预付款中(寄

宿家庭）。

③新西兰银行认证的学生资金担保表。

（4）有效护照，如果以前没有递交。

（5）健康材料。

（6）品行材料。

海外留学生没有资格享受新西兰的健康福利，所以政府强制要求所有学生购买医疗保险。

 提交申请

请将全部申请材料递交到：

单位：新西兰移民局北京办公室

地址：中国北京市亮马河南路 14 号塔园外交人员办公大楼 2 - 5 - 1

邮编：100600

新西兰驻华使领馆

地　　址	邮　编	电　话
北京市朝阳区三里屯东三街 3 号	100600	010-8531 2700
上海市黄浦区湖滨路，企业天地商业中心 5 号楼	200031	021-5407 5858
广东省广州市天河区天河路 385 号太古汇一座 3006 室	510620	020-8931 9600

 出国行前准备及入境禁忌早知道

 出国行前准备

▶▶▶ **证　件**

首先应确保所有入境所需文件已办理齐全：已签证的有效护照、机票、健康黄皮书、录取通知书，以上证件必须随身携带，以便于出入境时检查。

▶▶▶ **费用准备**

如预批时已按要求将第一年所需的学费及生活费汇到新西兰，赴新时只需带第一年零用钱。按规定中国公民出境时原则上只能带 5000 美元。兑换时所需文件：已签证的有效护照及复印件、录取通知书及复印件、户口本、身份证及复印件、单位开具的不属于 5 种不能出境人员的证明及复印件。

▶▶▶ 行　李

一般航空公司允许免费托运的行李重量是 20 千克,如果你的行李重量超过 20 千克,就需为超出的重量支付不少的费用。国际机场一般都很大,你可能要步行相当长的一段路。因此,无论从省钱还是省体力的角度考虑,行李都应精简。注意:不要忘记将你的姓名和就读学校联系方式写在贴于行李的标签上。

新西兰属温带气候,四季分明,每年 9—11 月是春季,12—次年 2 月是夏季,3—5 月是秋季,6—8 月是冬季。

▶▶▶ 行程计划

从中国可以经北京或香港直飞奥克兰的国际机场,如果你的学校不在奥克兰,你必须从奥克兰转新西兰国内航班飞抵你的学校所在的城市。北京、上海等城市开通了飞往奥克兰的航线,但要途经澳大利亚的悉尼和墨尔本,需澳大利亚过境签证,为行前准备增添了麻烦。建议航线:中国某城市—中国香港—奥克兰。

在计划行程时,尽量安排在周一至周五这段时间内抵达,以免遇到周末,很多办公服务设施关门停业;最好上午抵达,这样会有较充裕的时间进行下一段旅程和安顿下来。新西兰和中国的时差为 4 个小时。

📖 入境禁忌早知道

▶▶▶ 入　境

新西兰四面环海,地理位置独特,其农牧产品是新西兰重要的经济来源。为了防止病菌侵入新西兰,新西兰采取了极为严格的检疫措施。

在抵达新西兰前空乘人员会分发旅客入境申报表和海关、检疫申报表,用英文照实填写、签名即可。有不清楚处空乘人员会非常乐意帮助你。在入关申报栏项下,应选无任何物品申报一项,如携带有需申报物品,新西兰边检人员查出后会让你补申报,记住:你是初到新西兰,任何无意的错误都会被谅解。我们强烈建议不要携带食物入境。相反如选择了申报物品,而被查出有需要申报的物品而没有申报,就将面临罚款。到境旅客携带的物品如果是用作商业用途或超出免税额的,一律要申报和缴纳关税及货品服务税。

奥克兰、威灵顿或基督城国际机场下机后,需要先办理入境手续,才前往行李输送带提取行李。奥克兰国际机场内有非常醒目的引导标志,或者跟着人群走也不会错。托运的行李会自动送出来。机场内的告示牌会按你的航班号指引你到合适的传输带等候提取所托运行李。机场内的手推车是完全免费提供的。奥克兰国际机场查验违禁品方法之一是采用警犬,如碰上,保持不动就好,警犬非常友善。在确信所有托运行李完好无损后(如有损坏,即时向工作人员申报),选择"访客"标志下的柜台办理入境手续。入境官员会在护照上注明你可以合法停留时间,如有疑问,应马上向入境官员提出。

海关限制:除私用贴身用品和个人物品外,到访新西兰的旅客(17 周岁以上)购买下列物品可享受免税优惠:香烟、雪茄、烟草(200 根香烟、250 克雪茄或 50 根雪茄;或三者混合不超过 250 克);含酒精烈酒(4.5 公升的果酒及一瓶 1125 毫升装的烈酒或甜酒)。

新西兰严格的海关检查使得新西兰的动植物免遭病毒传染。任何生物及植物,包括种子类的中药、土壤等必须经过严密检查,而且一般都是不能带入境的。至于任何食物,包括干货、水果、零食都必须向海关申报清楚,否则可能会被罚款,更严重者或会被判入狱。由于新西兰是个农业国家,故当飞机降落机场之前,机舱皆需喷射杀虫剂,以确保不会意外地将外地害虫带入境。为了配合打击、侦查洗黑钱和其他严重犯罪活动,新西兰海关规定旅客要申报随身携带的现金。如果旅客所带现金超过 1 万新币,需填写"边境现金申报表",在海关要绝对实话实说,否则将会带来许多不必要的麻烦。现金的定义只包括硬币和钞票;其他诸如旅行支票、汇票、债券或银行本票等都不用申报。如果你在经过海关时有任何不能肯定之处,则应经由红色通道,接受检疫官员的检查。

▶▶▶ 交　通

奥克兰国际机场几乎是每一个国人踏上新西兰的第一站,它仅有一个国际航班出口。如有人接,你会在那里见到他们。机场出口处有货币兑换、投币电话、出租车、餐厅、咨询服务。机场有巴士和出租车往返市区。对初到者来说,应该在国内提前安排好新西兰的机场接待。

▶▶▶ 住　宿

绝大多数新西兰人的住房是一层或二层结构,有庭院,房屋密度相对较低,大多数住房以木材制作,占地超过 150 平方米,风格以英式为主。

▶▶▶ 购　物

新西兰商店的营业时间一般从上午 9:00—下午 5:30,加上每周一天的晚间营业(至晚上 9:00 或更晚,通常为周四或周五)。华人较多的地区都有面向华人的商场,出售华人较喜欢的食品及日用品,较大的华人商场有:常源、金门超市、太平及豆腐店等。

▶▶▶ 娱　乐

新西兰是体育之国,橄榄球是新西兰的国技,奥克兰又被称为:千帆之城。网球、高尔夫球、钓鱼及滑雪运动也深受新西兰人的喜爱。每周六市体育馆都对学生免费开放。新西兰的国家公园是政府给予保留和保护的风景美丽的场所,人们可以免费进入国家公园游览,但采摘树木和花朵是被禁止的。奥克兰市中心立着一座南半球最高的摩天塔,游客可以乘快速升降机上主观景台,俯视奥克兰市。

▶▶▶ 饮食及习俗

新西兰人的饮食习惯大体上与英国人相同,饮食以西餐为主。饮茶和喝啤酒是新西兰人的两大嗜好。新西兰人一天至少饮茶七次,即早茶、早餐茶、午餐茶、午后茶、下午茶、晚餐茶和晚茶,茶馆遍布各地。新西兰人均年啤酒消费量达110公升。新西兰人性格比较拘谨,见面和告别均行握手礼。鞠躬和点头也是他们的通用礼节。观看电影要男女分场。时间观念较强,约会需事先商定,准时赴约。

▶▶▶ 在新西兰应注意的问题

(1)在上课时间不能穿着校服逛街,即不能旷课,否则一定会有警察把你送回学校。

(2)与其他西方国家一样,新西兰人忌讳谈及个人私事、宗教、种族等问题。

(3)当众嚼口香糖或用牙签被认为是不文明的行为,打呵欠时,务必要捂住嘴。

(4)给别人拍照,特别是当地土著毛利人,一定要事先征得同意。

▶▶▶ 哪些物品检疫部门认为是危险的

大体上来说包括下列物品:肉和肉类制品、蛋类和蛋制品、奶制品、动物制品(例如羊毛、兽皮、狩猎品)、土壤、种子和植物、旧马具、兽用药物、某些中药材、旧机动车、旧机械和受到污染的容器。

▶▶▶ 旅客的免税额类别

到境旅客携带的物品要是用作商业用途或超出免税额的,便一律要申报和缴纳关税及货品服务税。

1.私用贴身用品

每个旅客的私用贴身用品都是豁免关税及货品服务税的,但必须要完全符合以下条件:

(1)属于自己私人拥有。

(2)会自用,不会转售。

(3)并非大量携带或作商业用途。

一般来说,私人贴身用品就是旅客本身需要的穿着、佩戴和使用的物品,例如衣服、鞋帽、手表、电风筒、古龙水、香水、刮胡刀、首饰等。

2.个人物品

个人物品必须要完全符合以下条件:

(1)并非携带入境作商业、生意或贸易用途。

(2)并非替他人携带。

(3)并非香烟、烟草或酒类。

(4)并非私用贴身物品。

▶▶▶ 携带药品须知

新西兰的大部分中国学生和新移民,有些在原居地已经习惯使用某些药品,会随身携带备用。新西兰是一个先进文明及高度尊重人权的国家,政府方面是允许旅客携带应

用药品的。可是,这里对药品进口管制十分严格。旅客携带药品要符合以下 3 个条件:

(1)具备西医处方。

(2)西医书面证明病人需要服用这些药品来治疗疾病或维持生命。

(3)这些药品仍然存放在原来的包装内(最好还是原封未动)。

海关官员检阅有关文件及检查包装无可疑后便会放行。

被列入禁止带入的动植物制成的药品多达 35000 种。以下列举的仅仅是常见的不能带入的药品:

(1)美国花旗参。

(2)含有木香的药品:保济丸、大活络丸、归脾丸。

(3)天麻及含有天麻的药物:天麻再造丸、通痹片。

(4)含有麝香的药品,如各种麝香止痛膏、麝香痔疮膏、再造丸。

(5)含有龟板的药物,如双龙丸。

(6)含有熊胆、羚羊角或者虎豹产品的药品。

如果携带药品,请在入境时如实申报,在"是否携带植物制品……"选"Yes",主动说明有药品,并拿给工作人员看。不要存侥幸心理,万一被查到,罚款金额特别高,还有可能被监禁。

法　国

学生融入职业环境的深度领先发达国家

法国有哪些全球知名大学

巴黎高等师范学院、巴黎综合理工大学、巴黎第六大学、里昂高等师范学院、法国中央理工学院、巴黎政治学院、格勒诺布尔大学、巴黎第十一大学、巴黎第一大学、巴黎高等路桥学院、巴黎第四大学、斯特拉斯堡大学、巴黎第七大学、卡尚高等师范学院、巴黎第九大学、蒙彼利埃大学、马赛大学、巴黎第五大学、里昂应用科学学院、里昂第一大学、波尔多大学、图卢兹第三大学、里尔第一大学、巴黎第二大学、尼斯大学、雷恩第一大学、洛林大学、南特大学、里昂第二大学、图卢兹第一大学、里尔第三大学、卡昂大学、塞吉－蓬图瓦兹大学、普瓦捷大学、里昂第三大学、里尔第二大学、巴黎第十大学、蒙彼利埃第三大学和图卢兹第二大学。

巴黎高等师范学院

巴黎高等师范学院依照法国共和三年 5 月 9 日（1794 年 10 月 30 日）政令创办，是一所高等师范大学，其初始使命是培养"已受过实用知识训练的公民，使他们在各方面最有能力的教授的指导下，学习教书的艺术"。之后，巴黎高等师范学院的使命发生了演变，并为其他职业前景开辟了道路。巴黎高等师范学院通过一种高水平的学术与文化训练，培养有志从事基础或应用科学研究的学生从事大学和中学教学，为法国家行政部门和企业服务。巴黎高等师范学院所设科系包括：数学及其应用、物理、地球－大气－海洋、化学、生物、计算机信息学、认知研究、社会科学－经济－法学、地理学、哲学、历史、文学与语言、艺术交流、古代科学、科学历史与哲学。巴黎高等师范学院在国际合作交流中还选择走出巴黎校园，前往与她建立密切合作关系的国家就地办学，设立硕士水平的课程。

巴黎综合理工大学

巴黎综合理工大学是位于法国巴黎的高等教育和研究机构,是法国最顶尖的工程师学院,被誉为法国精英教育模式的巅峰。综合理工大学于1794年法国大革命时期创立,最初校名为"中央公共工程学院",于1804年拿破仑一世将其变成一所军事学院,如今综合理工大学仍隶属于法国国防部。2007年起,综合理工大学成为法国高等教育和科研的核心之一——"巴黎高科集团"的一个创立成员。2014年,综合理工大学成为"巴黎萨克莱大学联盟"的创始成员。在其校友中有3位诺贝尔奖获得者,1名菲亚特奖得主,3位法国总统,以及近半数法国企业的首席执行官。综合理工大学在法国高等教育界享有很高的威望,它的名字通常意味着严格的选拔和杰出的学术。它在法国工程师大学校的排名中经常位居榜首:在《快车》周刊、《大学生》月刊、《新经济学人》周刊和《挑战》周刊的排名中位居第一;麻省理工学院和哥伦比亚大学认为它是法国最负盛名的工程师学校。

法国留学优势:拥有丰富的高等教育资源

丰富的专业课程

法国具有非常丰富的高等教育资源,教学分别由综合教育机构和专业教育机构来承担:

(1)多学科综合性大学(科学、经济、法律、医学、文学等)。

(2)工程师学院。

(3)商学院。

(4)专科学院:艺术、建筑、新闻、药学、语言、技术等。

在法国,学生能够根据自己的期望选择在适合的领域或专业中学习,完成学业后可以得到国家文凭或国家承认的其他文凭。

教学质量高

法国的科学研究水平处于世界领先地位。在创新和研究领域,专利申请处于世界第四位。高水平的法国教授长期在其所属的实验室进行科学研究,保障了法国高等教育的水平。在这种背景下,法国也鼓励研究人员的国际交流,尤其是每年在中国与法国之间的联合研究和新项目的开发。

企业在教育方面投入多

法国高等教育体系的一个特点是最大限度地促进学校与企业间的联系。不仅工程师院校和商校是这样的,而且综合性大学也通过专业型的本科和硕士课程越来越多地与企业联系。

实习已经被融入大学课程中,与理论知识相辅相成。实习使学生更好地了解企业的实际情况,以便于制定出将来的职业方向。

企业方面,很多法国企业为学生提供奖学金来帮助外国学生在法国学习。

 中国承认法国的文凭和学位

法国政府与中国于 2007 年 11 月签订了一项文凭互认协议,学生的文凭可以被中国和欧洲雇主认可,或者继续在彼此的国家取得更高等级的文凭。

 有利于外国学生的政府政策

由于法国政府在教育方面的高投入,去法国留学的费用低于其他发达国家。中国学生可以像其他被录取的外国学生一样享受政府补贴。外国学生与法国学生交付相同的学费。

法国政府根据收入状况,对学生建立了一些特殊的政府补贴。这些补贴涵盖了日常生活的诸多方面(如社会保险、住房补贴、公共交通优惠等)。

此外,为了让外国学生在结束学业后更容易在法国找到工作,在法国获得硕士文凭的学生可获得一个为期 6 个月的临时居留证以便找到与其专业相对应的工作。

 法国文凭成为欧洲标准文凭

法国是旨在统一欧盟教育与文凭的"波伦亚程序"的发起国之一。这就意味着,从此以后,所有的法国文凭等值于欧洲文凭。"波伦亚程序"同时也有利于学生在欧洲的交流互动。得益于欧洲学分制"ETCS",大学之间的交流更加频繁,从此以后,学生可以在欧盟一个国家开始学业,并在另一个国家继续深造。

自 2003 年起,法国大学颁发以下 3 种欧洲标准的学位:学士(3 年);硕士(2 年);博士(3 年)。

 毕业生综合素质高,就业前景广阔

法国高等教育的文凭含金量高,学习过程中注重锻炼学生的综合素质,让学生在未来的生活和工作中更具备适应力和竞争力。法国政府的吸引优秀人才政策规定外国学生在拿到硕士或相当于硕士的文凭（工程师文凭、高等商学院文凭等）后，可以申请6个月的居留证，以寻找或从事与所学专业有关的带薪工作。在中国，有超过1000多家的法国企业和众多大型国企央企和民企迫切需求具有双重文化背景，精通法语并深谙法国文化的高校毕业生、工程师或管理人士。同时，说法语是一个巨大的优势，全世界五大洲有2.5亿人讲法语，745000人正在学习法语。法语是欧盟和联合国机构的官方语言和工作语言。法语同时也是奥林匹克运动会官方用语。法国是世界上第五大贸易强国，是许多国家，尤其是欧洲国家的首要经济合作伙伴。可见，留学法国将来毕业后，不仅综合素质高，而且就业前景广阔。

 # 法国留学打工：获得法国当局许可可以打工

 ## 留学打工的原则

法国留学生打工，原则上只能从事兼职工作，并且不能影响自己正常的学习生活。在法国的相关法律中，规定外国留学生不论参加任何可以获取薪金报酬的工作，都必须首先得到当局的许可。

 ## 留学打工申请种类

▶▶▶ 假期中的打工申请

法国留学打工申请的种类首先是放假期间的打工申请，这里的放假指的是暑假，具体的日期各个学校有所不同，但基本上是在每年的6月初到10月底，此外还包括节日假期，等等。在上述各类假期中，赴法留学生是可以打工的并且可以做全职工作。

法国留学打工申请的种类中，放假期间的打工申请时，需要留学生携带雇主雇佣的证明，并且详细列出打工的具体时间（小时数）、薪金待遇、工作环境等，申请者还需要携带自己的居留证和学生证等证件以证明自己的身份。

法国留学打工申请的种类中放假期间的打工申请并不是都可以获得批准的，当地的省级劳工局会根据各省及学生的具体情况决定批准还是拒绝申请。还有一点需要注意的是，在为期4个月的暑期中，留学生必须留出1个月的时间进行休息，因此，劳工局不会批准留学生整个暑假全部打工的申请。

▶▶▶ 假期之外打工申请

法国留学打工申请的种类还包括假期之外的打工申请，也就是留学生在学校学习时的打工申请,时间只能限定在每天半小时或者 1 小时。以往法国规定来法第一年的留学生不可以在学习的同时进行打工,以及首次注册的大学新生也没有这项权利(从 1998 年开始这项规定有所放松)。

在法国留学申请假期之外的打工时,申请者需要携带一系列材料,其中包括书面的打工申请、雇主的雇佣证明及申请者的居留证和学生证等。

在法国留学假期之外的打工申请如果获得了批准,申请者会得到有效期在 9 个月以内的许可,但是同样会出现申请被拒绝的情况。

一般而言,翻译、家教、实验室办公等零工、办公的工作比较容易得到批准;而接近于全职的并且容易与求职人员要求相冲突的服务等行业的工作容易被拒绝。

另外,假期之外的打工申请中还有一类特殊情况,就是如果申请者申请的是与自己专业相关的全职工作,一般情况下也会获得批准而得到许可。

 ## 寻找工作的方法

可以翻阅本区的免费广告报;注意学校、超市或其他公共场所的广告招贴;向周围人士打听;等等。

 # 留学法国的费用:第一年费用较高

 ## 大学学费

法国学费因学校性质不同而高低不等:综合大学每年注册费 120 ~ 700 欧元;高等专科学院每年 400 ~ 15000 欧元;其他类型院校每年 300 ~ 6000 欧元。中国留学生赴法国学习的第一年往往需要在语言学校或预科班就读,这些学校的费用一般是每年 2000 ~ 6000 欧元。

 ## 生活费用

在法国,中国学生可享受法国政府的住房及交通补助,生活费一年 5 万 ~ 8 万元人民币。

一般来讲,由于第一年的学费较高,各方面支出较高,因此总费用也相对较高。如第二年就读于公立学校,并且找到合适的住房,全年费用可低至 4000 欧元。

 ## 法国留学省钱策略

(1)选择公立学校,节省学费。法国公立学校和私立学校的收费有着巨大差别。一

般公立学校只收取注册费而不收取学费。即使位于巴黎的公立大学的注册费，每年仅需110欧元左右，可以说一般到法国留学的国际学生都能承受得起。而私立学校除了交纳注册费，还必须交纳高额的学费，一些名气大的高等师范、工程师学校或商学院每年的学费要交7000～15000欧元不等，还不包括书本费在内。

（2）选择巴黎市外同类大学就读，减少房租支出。巴黎市内的住房非常紧张，适合学生居住的房子，房租最低也要每月300～400欧元，而且不少是多人合租的大套间。对于公派留学人员来说情况要好些，可以到专门办理外国留学生事宜的大学后勤服务中心所管辖的大学生宿舍楼居住，房租每月120～150欧元不等。租房子对于自费的留学生来说，是一件非常头疼的事。减少房租支出，最好的方案是：选择巴黎市外同类大学就读，一般情况下，学校附近一间20平方米左右，厨卫齐全的单间房子，月租金100欧元左右，而且距离学校很近，除了房租便宜，还省了不少交通费，因此不妨考虑选择巴黎市外的同类大学，可以节约一笔费用开支。

（3）充分利用学生证，享受各种优惠便利。法国铁路、公路等交通设施现代化程度非常高。无论飞机、火车和城市地铁对于学生，都有优惠。对于26岁以下的学生，如果办了铁路卡，火车票可以打对折。如果留学生住在巴黎，每月一张地铁月票也就40多欧元。如果购买市内的学生年票，则更便宜。可以说，所到之处，凭学生证可以享受不少优惠，除了乘车，看电影、参观博物馆都可以优惠。

法语水平考试：TCF、TEF、DELF 和 DALF 考试

TCF 考试

TCF 是一种很正规的语言水平测试工具。该考试旨在测试非母语法语人员的法语水平。应试者一般出于专业或个人的需要参加考试，该考试可简单、快速、可信地测试其法语水平。TCF 考试由必考部分和补充测试两部分组成。根据测试结果，便可按照由欧洲委员会制定的6个等级对考生水平予以定位。在中国，TCF 考试已经过渡为机考，考生可以在电脑上直接答题。成绩有效期为2年。

▶▶▶ **TCF 考试及评分**

完整的 TCF 考试由3项必考项目和2项补充测试组成，全部考试时长3小时。必考部分时间为90分钟，由80道选择题组成。测试内容包括以下4个方面：

1. 听力考试

30道题，时间为25分钟。

（1）日常交流中常用的词汇（对话、采访、会见、电话讨论等）。

（2）信息简要，题目用词简单明了。

（3）电视广播及时事、个人及职业题材节目中一些关于任务、事件、重大事件的信息。

（4）一些关于具体或抽象题材的叙述；各种各样正常语速的谈话。

2. 语言结构

20 道题，时间为 20 分钟。这些题目测试考生掌握从最简单到复杂的语法的能力。

（1）纠正用词错误，辨别语言表达形式。

（2）选择同义词或相同语法用词。

（3）为一段情景对话进行正确排序。

3. 阅读理解

30 道题，时间为 45 分钟。

（1）常用的名称，交流中方便使用的词和句子（友好信函或行政信函）。

（2）日常文件中包含的信息（小启示、广告说明、菜单及时间表等）。

（3）关于人物、事件或重大事件的信息（个人信件）。

（4）一些包含与日常生活或工作有关的常用词语的文章。

（5）一些只作叙述，不加评论的文章，或长篇复杂的文学作品，或谈论一些专业题目的文章。

（6）一些从著作、专业文章、文学作品中抽出来的复杂、抽象的文章。

补充测试包括：

（1）写作考试（对一篇资料进行评述，以及对主题进行论证），考试时间为 105 分钟。

（2）一个 15 分钟的口语考试。

4. TCF 考试的评分

所有考题的批改都由法国国际教学研究中心来进行。考试总分在 100～699 分，并分为 6 个法语级别，这 6 个级别是参照欧洲委员会"欧洲语言共同参考大纲"来确定的。

（1）初级（A1）：100～199 分，掌握法语基础。能够理解有关日常生活中简单、具体的场景。如果对方语速较慢，能够进行简单的交流。

（2）初级偏上（A2）：200～299 分，能够初步掌握语言。对所熟悉的主题能够理解孤立的句子。在日常生活中能够交流，并且用简单的方式提及、涉及本人的问题。

（3）中级（B1）：300～399 分，能够有效地，但有限地掌握语言。在熟悉的领域能理解标准的语言。在旅途中可以自立，谈论自己的喜好，就某一个计划或想法作简短说明。

（4）中上级（B2）：400～499 分，对语言有总体性和自然的掌握。能够理解复杂文章的中心思想。能够就一般性或职业性主题详细地参与交谈，并且能够有根据地说明自己的观点。

（5）高级（C1）：500～599 分，能够良好地掌握语言。能够理解篇幅长、要求高、并带有深层含义的文章。就本人社会、职业及学术等生活及复杂的主题表达通畅,有条理。

(6)特高级(C2):600~699分,能够非常熟练地掌握语言,无须费力就能理解几乎所有读到的、听到的内容,并能有条理地予以简述。对不同的复杂主题表达通畅、有鉴别并且细腻。

考试结束后,考生可以立刻拿到结果,但该成绩为临时分数。证书会在测试结束后3个星期内到达测试中心。

注意:参加 TCF 考试的考生必须遵守两次考试时间间隔 60 天的规定。所有没有遵守此项规定重新注册的考生,即便已经成功报名也都将会被取消注册。

TEF 考试

TEF 成绩可以作为法国大学和高等专科学校测试入学者法语水平的依据,也可以作为法国企业招聘海外员工的参考条件之一。

首先,TEF 考试可对自己的法语学习做一个阶段性总结;其次,可得到一份被广泛认可的法语水平证明。另外,还可作为申请进入法语区的高等教育机构学习的重要依据。

TEF 考试在法国具有广泛的认可度。考试结束后,法国巴黎工商会将为考生出具一份为教育机构及用人单位所广泛认可,由法国教育服务中心颁发的成绩证明,该成绩证明有效期为 1 年(从参加考试之日算起)。

在中国地区机考形式已经完全取代传统的 TEF 考试形式,考生直接在电脑上进行答题。

TEF 考试是一种新型权威的水平考试,通过测试报考者的法语理解和表达能力,TEF 将对其法语水平进行全面评估,并做出阶梯式的质量分析。

TEF 考试内容由 3 个必考项目和两个非强制性考试项目两部分组成。3 项必考项目包括:阅读理解(1 小时)、听说测试(40 分钟)和词汇与结构(30 分钟),3 项总计 900 分;非强制性考试项目包括:笔头表达(1 小时)和口头表达(35 分钟)。凡是意欲赴法留学的学生,均需要参加必考项目的考试。

3 项必考项目共由 150 道选择题构成,多数为四选一的题目。

但对于听力理解部分的一些考题选项可能会超过 4 项,而正确答案依然是唯一的。

考生直接在电脑上答题,答案随后由思科认证资深互联网专家进行处理。

考试成绩形式如下:

(1)必考部分满分为 900 分。

(2)阅读理解总分为 300 分。

(3)听力部分总分为 360 分。

(4)词汇结构总分为 240 分。

考试结束后考生可马上得到一个非正式的(未经法国巴黎工商会确认)成绩单来了

解考生的考试情况。

 ## TCF 考试及 TEF 考试报名

第一步：登录 http://www.chine.campusfrance.org，进入 Pastel 网站进行注册。通过银行汇款支付 TCF 或者 TEF 必考部分考试费，并登录 Pastel 网站填写付款声明，在填写付款声明时需选择相应的必考部分考试类型。

第二步：考生需汇款确认后方能选择考试场次。

第三步：通过 Pastel 系统在考生的个人页面向"法语考试"发送一封报名选考部分考试申请邮件，切记注明考生的姓名及 Pastel 注册号。

第四步：通过银行汇款支付 TCF 或者 TEF 选考部分考试费（写作及口语表达），并登录 Pastel 网站填写付款声明，在填写付款声明时需要选择相应的选考部分考试类型。

第五步：考生付款确认后在 Pastel 网站选择考生选考部分、考试地点及考试场次。

第六步：通过 Pastel 系统在考生的个人页面向"法语考试"发送一封确认邮件。邮件中应注明考生的姓名、Pastel 注册号及考生必考部分的考号；如果考生还没有考，请注明考生注册参加的必考部分的考试场次及考试地点。

第七步：考试前两周考生将会在 Pastel 个人页面收到准考证。

注意：如考生参加过 TCF 必考部分的考试，那考生就只能报名参加 TCF 的选考部分，相应的，如果考生参加的是 TEF 考试的必考部分，考生就应报名参加 TEF 选考部分的考试。

 ## DELF 和 DALF

▶▶▶ DELF 考试

DELF 法语学习文凭是由法国教育部颁发的国家文凭，是外国人法语水平实用、掌握程度的成绩证明。该考试分为两个等级，这两个等级是该文凭的前两个准备阶段，第三阶段为正式的 DALF 考试。这三个阶段分别有三个不同的文凭，分别需参加共计 10 个考试，每个考试满分为 20 分，及格分为 10 分。

1. DELF 第一等级

（1）A1 科目：考查日常表达能力（与考官面对面的形式，口语 + 写作）。

（2）A2 科目：考查思想和情感的表达能力（意见与情感的表达，与考官面对面形式，口语 + 写作）。

（3）A3 科目：考查文字和书面表达能力（与考官面对面形式，口语 + 写作）。

（4）A4 科目：考查基本语言应用能力（写作）。

你可报名参加全部 4 个考试，也可进行选择性报名，没有任何限制。

第一阶段的考试每年共计 3 次，一般安排在 1 月中旬、4 月下旬和 10 月上旬。根据每年具体日历安排在周三和周六，分别为周三笔试，周六口试。

2. DELF 第二等级

（1）A5 科目：考查法国文学与文化内容（写小论文）。

（2）A6 科目：考查专业表达能力（口语）。

第二阶段的考试每年共有 3 次，分别安排在 3 月中旬、6 月上旬和 11 月下旬。根据每年具体日历安排在周三和周六，分别为周三笔试，周六口试。

考试评委主任在每个项目考试合格后，会分别发给一个证书，所有证书在法国国内和国外均有效，且没有时间限制。

如考生顺利通过前 4 科目（A1 ~ A4）考试后，又顺利通过最后两项考试（A5、A6），将获得由巴黎教育局颁发并附有每科目成绩的 DELF 第二等级文凭。

▶▶▶**DALF 考试**

DALF 法语深入学习文凭，是由法国教育部颁发的国家文凭，是外国人法语水平、实用及掌握程度的成绩证明。获得 DALF 文凭的外国学生在申请法国大学时可免除其他一切法语水平测试。该考试为法语文凭的第三阶段。

DALF 考试由 4 个考查单元组成，体现考生较高的日常法语水平及对其相关专业法语的掌握情况，对考生法语水平要求较高，难度也相对较大。

（1）B1 阅读理解和笔头表达：考查考生日常法语理解和表达能力。笔试内容：阅读一篇 500 ~ 700 个单词的文章，用 100 ~ 150 个单词概述文章的主要内容（1 小时 30 分），且回答与文章相关的 5 个问题（45 分钟）。

（2）B2 听力理解和口头表达：考查考生对原版听力材料（直接选自电台或电视台录音，内容涉及采访、新闻报道等方面）的理解能力。考试时间（笔试）为 30 分钟，听力录音重复播放两遍后，考生即可回答问题。

（3）B3 专业术语的阅读理解和笔头表达：重点考查考生对专业法语的理解和表达能力，考生可选择专业法语的范围，分析一系列与同一主题相关的文章（3 ~ 5 篇文章，每篇文章单词数 150 个以上，笔试时间为 1 小时 30 分），并根据文章的内容回答与该主题相关的 5 个问题。

（4）B4 专业术语的阅读理解和口头表达：口试形式，准备时间为 1 小时，考试时间 1 小时，考生在专业法语范围内选择自己报考的主题，口头简述与主题相关的某一论题，并与考官进行讨论。

如考生对自己的法语水平比较有把握，想跳过 DELF 第一级文凭，直接参加 DELF 第二级或 DALF 的考试，则必须先通过一项预备考试。考生最好是在国内学习并通过考试取得证书后再申请法国学校，这样既经济，又无压力；也可通过留学中介机构，直接进入法国专门辅导 DELF、DALF 考试的语言学校，但费用较高；还有一种方法较适合已进入法国的中国学生,就是进入法中合办的 DELF、DALF 考试的专门辅导班,这是为适应中国留学生需要而在法国逐步形成的教学模式,这种方式有利于中国学生通过 DELF、DALF 考试,但费用较高。

DALF 的考试一般每年组织 4 次,分别安排在每年 3 月、6 月、9 月及 12 月。参加考试的考生一般要提前 2~3 个月与考试中心联系报名,报名者必须具备高中学历并出示有效身份证明。在国内报名和参加考试的地点是所有被授权的法语学校,考试费用可能因考试中心的不同而有所差别。

法国留学申请条件和签证技巧

法国留学申请条件

▶▶▶ 申请资格

(1)年满 18 周岁。

(2)最低学历要求:高中毕业并参加高考(目前拿到国内大专或大学的录取通知书已不是必要条件)。

(3)语言要求:

申请法语授课者:在国内必须接受法语培训(学时不限)。

申请英语授课者:必须持有在有效期内的英语成绩(雅思、托福等)。

注:在申请学校时并不需要法语成绩。

根据法国官方公布的申请条件可以看出,留学法国的条件是比较宽松的,凡是具有高中、中专和职高毕业以上学历,并参加过高考(包括成人高考)的中国学生都有资格申请赴法国留学,即应届、往届高中毕业生,大专、大本在读生,专科、本科毕业生都完全可以申请留学法国。但是如果想申请入读法国的知名院校,申请者的高考成绩越优异则被录取的把握越大。

注意:高中在读生、初中生是不可以申请法国留学的,这一点与英联邦国家不同。

▶▶▶ 申请材料准备

1.必备材料及其他要求

(1)必备材料:个人简历、留学动机信、出生证明、护照和照片 8~10 张(2 寸、彩色)。

(2)根据申请者的学历背景差异,还有如下要求:

①高中毕业生:高中毕业证、高考成绩单、中国大学的录取通知书、艺术作品(针对艺术类学生)、英语成绩(针对选择英语授课的学生)。

②已获得学历、学位的申请者：毕业证、学位证、大学成绩单、艺术作品（针对艺术类学生）、英语成绩（针对选择英语授课的学生）和两份推荐信（对于申请精英学院的学生）。

③在读生身份的申请者：高中毕业证、高考成绩单、在读证明、大学成绩单、艺术作品（针对艺术类学生）、英语成绩（针对选择英语授课的学生）。

注意：高中毕业证、高考成绩单、中国大学的录取通知书、本/专科毕业证、学位证、大学成绩单、出生证明都需要提交公证件。

2. 接受普通全日制教学（包括成教）的申请者

（1）高中毕业生（含大一上学期在读生）可申请工程师学院预科或普通商学院第一年。

（2）两年制大专毕业生（含大二下学期在读生）可申请综合大学 LICENCE（BAC＋3）或普通商学院第二年课程。

（3）3 年制大专毕业生（含大三下学期在读生）可申请综合大学 LICENCE（BAC＋3）或综合大学 MASTER 1/IUP 2（BAC＋4）或工程师文凭第一年课程。

（4）本科毕业生（含大四下学期在读生）可申请综合大学 MASTER 1/IUP 2（BAC＋4）或工程师文凭第二年课程/SPECIAL MASTER 或高等商学院英语授课硕士项目。

3. 接受自考、夜大、函授、远程教育的申请者

此类申请者必须在完成学业并获得毕业证书、文凭之后才能申请法国留学。自考、成考等非全日制教育学历完全得到法国的承认，因此该类学生无须担心自己的申请资格。

4. 申请艺术类院校的学生

（1）没有艺术基础的高中毕业生可申请预科阶段。

（2）有艺术基础的高中毕业生可申请短期教育阶段。

（3）艺术类 2 年或 3 年制大专毕业生可申请长期教育阶段或高等教育阶段。

（4）艺术类本科毕业生可申请通过学校的考试申请高等教育阶段最后一年的学习。

5. 成考、自考、电大、函授、远程教育等留学法国的资格问题

（1）成考学生因为通过了成人高考，具有接受高等教育的能力，所以可以在在读期间申请到法国留学。

（2）其他各类学生，根据目前的留学政策，或者以原有最高学历身份申请，或者在完成自考、电大、函授、远程教育学业并获得相应的学历文凭之后再申请。

法国签证技巧

登录法国教育服务中心网站申请人可获取预签证程序的详细信息，了解赴法留学的相关步骤,同时还可报名签证法语水平考试和评估面试,这是申请赴法留学最基本的两项步骤。预签证程序是所有希望赴法留学的学生去使领馆申请签证前的必经过程。

预签证程序是赴法留学不可或缺的步骤,申请人需在网站注册建立个人页面,以便随时浏览其个人信息。由于报名参加预签证程序的学生人数很多,申请人应尽早报名,报名时间应比预计的动身日期至少提前 2 个月。报名参加评估面试,无须一定要有签证法语考试成绩,只要被确认报名签证法语考试即可。申请人需在居住地相对应的中心进行预签证程序。

▶▶▶ 签证准备

申请人需要向法国教育服务中心提供预签证程序材料(除特别注明,请提供复印件)。

1. 预签证注册

所有注册程序均需要在 Pastel 系统上完成。

2. 面试付费

预签证程序费用只能在中国银行的各支行进行银行转账。请先去一家中国银行网点用现金进行银行转账。

3. 评估面试

评估面试并不是考试,而是顾问希望通过聆听申请人亲自介绍学习计划并进行相应的讨论。面试中顾问将向申请人提出一些简单的问题,涉及学习经历、未来规划和赴法留学的动机,由此对申请人的语言水平和留学意向有更进一步的了解;并评估申请人的计划与其在国内所受的教育是否与未来学业与职业的规划相协调。

面试结束后,顾问将出具一份意见书,该文件将转至法国驻华使领馆文化处,以便文化处专员进行评估。

注:申请人在法国教育服务中心进行面试后需要等待个人页面收到一条短消息,短消息将说明申请人的学术材料已经被处理。然后申请人需要在签证中心的网站上注册以便申请签证。

▶▶▶ 法国签证的类型

1. 短期签证

在申根区停留时间不超过 90 天。申根签证是一种面向需签证国家公民(例如中国公民)发放的“访问签证”,粘贴在护照、旅行文件或者其他有效证件上,申请人需要在进入申根区之前申请,并且凭此进入申根区域。

申根签证的持有者可以随意在申根区域内旅行,申根国之间出入境将没有国界限制。但是获得申根签证并不代表申请人一定能入境。

只有在其他条件,比如旅行目的和方式、旅行资金和保险等条件都符合《申根协定》

的前提下,才能入境。持有申根签证者,可以在 6 个月的有效期限内,在申根区域内最多停留 90 天。如果申请人希望停留时间超过 3 个月,需要向相应的国家申请长期签证或者居留证。

2. 长期签证

在法国停留时间超过 90 天。任何在法国逗留超过 90 天的申请和前往法国海外省、海外领地、海外领土集团和新喀里多尼亚的申请都要申请专门的签证,这些情况不属于申根协议范围。

长期签证属于"D"类签证,分为"长期居留签证"和"临时长期居留签证"。

(1)临时长期居留签证是指居留时间大于 90 天但是小于 6 个月的签证。

(2)长期居留签证是指在法国本土或法国海外省、海外领地、海外领土集团或新喀里多尼亚居留超过 6 个月的签证。

注:在法国长期居留,不论是学习、工作或者退休,都需要申请长期签证。

▶▶▶ **文件准备**

1. 北京地区签证申请材料

(1)评估面试的证明。

(2)贴有照片的签证申请表,以及护照规格照片 1 张。

(3)护照原件及复印件。

(4)身份证原件及其复印件、翻译件。

(5)住房证明(原件及复印件 1 份):

①如果是租住房:房屋租约。

②如果是免费住房:房主出具的住房证明,及其法国身份证明(身份证、居留证或护照)。

③如果是大学城住房:大学服务福利中心出具的住房证明。

④其他情况:完整清楚的说明材料。

(6)资金证明(原件、翻译件及复印件 1 份):

①银行存款证明。

②父母的收入证明:工作证明,以及至少 6 个月的工资账户的发薪记录。

③父母签字的负担子女在法期间费用的证明。

(7)出生证明(原件及复印件 1 份)。

(8)注册私立学校的学生,需要提供学费缴付证明(原件及复印件一份)。

注意:签证申请费只能用现金支付,所有中文材料必须提供英文和法文的翻译件。

2. 广州地区签证申请材料

(1)法国教育服务中心评估面试的证明(原件)。

（2）填写好并且签名的长期签证申请表2张（可在法国教育服务中心或者签证处领取）。

（3）相同证件照3张（6个月内，宽35毫米、高45毫米，白底，其中2张贴到签证申请表上）。

（4）有效期内护照原件和个人信息页的复印件。

（5）最高学历证书的复印件1张（高中毕业证书，或大专毕业证书，或本科毕业证书，或硕士研究生毕业证书……）。

（6）在法国留学的经济担保证明：学生本人名字的银行存款证明（原件及复印件1份），奖学金获得者只需提供奖学金证明（须包含奖学金数额和享受奖学金起止时间）。

（7）法国大学的预注册证明或者注册证明复印件1份。

签证费（不可退还）请准备好零钱用人民币现金支付（奖学金获得者免签证费）。

3. 上海地区签证申请材料

（1）由申请人完整填写且注明申请日期并签名的长期签证申请表原件（英文申请表或法文申请表）。

（2）报名照片2张。

（3）护照原件＋护照前5页复印件，及所有具有签证或盖章页页面的复印件。

（4）居住在中国的其他国籍学生：当地发证机关签发的有效暂住证＋该暂住证所含所有事项与页面的复印件。

（5）上海法国教育服务中心出具的证明。

（6）学校预注册证明，若递交签证申请晚于学校的开学时间，还需学校出具延迟证明（原件＋复印件）。

（7）出生公证原件（含翻译件）＋复印件。

（8）住宿证明（原件＋复印件）：

①如果入住租赁住房，须提供租赁证明。

②如果住房为免费提供：须在空白纸上写下接待证明，并提供接待方的法国身份证复印件或护照和居住证。

③如果入住大学城的住宿：大学服务福利中心出具的证明。

④其他情况：须提供解释信。

（9）财政来源证明（原件＋复印件）：

①获得法国政府奖学金的学生：签证申请材料直接递交于法国驻上海总领馆签证处。

②获得其他国家政府奖学金的学生，须提交所获奖学金证明，注明金额及期限。

③其他情况：银行存款证明，至少一笔4300欧元的存款（不包括学费在内），以保证在法逗留一年所需的生活费用。

④如果从父母处获得经济来源:

A.由父母签字的财政来源证明信(原件 + 复印件 + 翻译件);

B.父母的经济来源证明:父母银行存款证明(原件 + 复印件)或父母双方近 6 个月的工资证明(原件 + 复印件 + 翻译件);

C.学校注册费支付证明(原件 + 复印件)。

4.成都地区签证申请材料

(1)法国教育服务中心登记证明。

(2)长期签证申请表 1 张,按要求填写完整并签字。

(3)两张近期身份证照片,白底,35 毫米宽,45 毫米高。照片须清晰可辨,无褶皱、无污渍的免冠照。

(4)需要提交的资料清单 2 份,独立完整并按以下顺序排列的资料:

①护照(签发日期需为距今 10 年以内,该护照的有效期至少涵盖签证有限期;护照前 5 页复印件及所有含有签证或印章的页面)。

②大学预录证明,如有需要,出示延期证明(如在学期开始后需出示注册证明)。

③出生证明,翻译并公证(附复印件)。

④住房证明(附复印件):

A.如果是租房:租房合同。

B.如果住房是免费提供的:应提供住房者法国身份证复印件或居住证。

C.如果居住在大学城:大学服务福利中心出具的证明。

D.其他情况:情况说明书。

⑤财产证明(附复印件):

A.法国政府奖学金获得者:请咨询大使馆或领事馆法国文化中心。

B.其他国家奖学金获得者:奖学金证明,并注明奖学金金额及期限。

C.其他情况:银行存款证明达到 4300 欧元(除学费以外),足够支付 1 年的生活费。

D.如果是父母承担费用:父母签名确认的承担留学生赴法费用声明书及父母财产证明(银行账号或超过 6 个月固定工资证明)。

E.学费缴纳证明。

⑥对于居住在中国的外国人(对于居住在中国的外国人:居留证的所有页面复印件):在有效期内的居留证。

▶▶▶ **领取护照**

签证中心会以短信的形式通知申请人领取护照。领取护照时请申请人携带身份证原件、复印件及申请表校对单。如由他人代领的,需要提供申请人的身份证复印件和申请人的委托书,以及代领人的身份证原件、复印件、申请表校对单。如需要发票,请携带交费收据。

法国签证申请中心

地　址	邮　编
北京市东直门外大街 26 号中服商务酒店 3 层	100027
广东省广州市环市东路 339 号广东国际大酒店主楼 810 室 1 号窗	510098
四川省成都市锦江区大业路 6 号财富中心 C 楼 10 层	610016
上海市西藏中路 336 号华旭国际广场 21 楼	200040
湖北省武汉市汉口建设大道 568 号武汉新世界国贸大厦 1701－1708 室	430022

 出国行前准备及入境禁忌早知道

 出国行前准备

▶▶▶ 兑换外汇

根据国家最新外汇管理条例规定,凡出国留学生攻读正规大学预科以上学位(含预科)的自费留学人员的学费和生活费予以供汇,自费留学人员按学年度购买外汇。

▶▶▶ 准备入境所需文件、行李

入境所需文件,包括已签证的有效证件(护照)、机票、学校录取通知书、毕业证书公证、出生公证(须有法文译本)、在法住宿的相关文件(如居住证明等);最终目的地地址和电话;学校相关资料;备份护照,支票和信用卡;几件保暖(最好能防水)的衣服等。

另外,有些日用品在法国较贵,建议携带一些,例如:手提电脑、数码相机、电池、磁盘、CD、磁带、个人常备药、隐形眼镜和药水、字典、棉制品等。还有法国的电源插头为圆头两插 220V,所以要买转换插座(欧洲标准)。

 入境禁忌早知道

▶▶▶ 部分学生可获 200 欧元住房补助

在法国,满足一定条件的学生可获得社会住房补助(ALS),最多补助为 200 欧元。具体情况可咨询当地的相关机构。申请所需材料如下:有效护照;个人状况证明,凭护照可从区政府获得;收入申报单,申请地点有表格填写,可一律填"没有";房屋租约;房租收据,第一张至最近一张,当年 1 个月份的房租收据;如住大学城或学生公寓,需相应的证明;银行开户证明;在法居留证复印件;学生证复印件。

注意:只有备齐所需材料,对方才会受理社会住房补助,最好准备好各种材料的复印件。另外，头一个月和最后一个月没有住房补贴。第一次申请成功后，会得到一个编号，作为以后查询或重新申请的依据。

▶▶▶ 入境后首先办理医疗保险和居住许可证

加入医疗保险可最高报销治疗费用70%，报销药费的40%～60%；报销一些疾病的医疗费用。另外，可以加入学生互助会，缴纳少量的金额，可提供以下的补充补助：报销差额（实付金额和社会保险报销金额之间的差额）；民事责任风险担保；事故和身亡保险。来法学习的留学生，如学习时间超过3个月，须在到达后，尽快到居住地的警察局办理居住许可证。

俄罗斯

航空航天和军事尖端技术世界一流

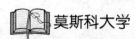 俄罗斯有哪些全球知名大学

莫斯科大学、圣彼得堡国立大学、新西伯利亚国立大学、鲍曼大学、托木斯克国立大学、莫斯科物理技术学院、莫斯科国立国际关系学院、莫斯科核子研究大学、国立高等经济学院、托木斯克理工大学、圣彼得堡理工大学、喀山联邦大学、乌拉尔联邦大学、俄罗斯国立科技大学、俄罗斯友谊大学、萨拉托夫州立大学、南方联邦大学、远东联邦大学、圣彼得堡国立信息技术大学、罗巴切夫斯基州立大学、新西伯利亚国立科技大学、俄罗斯经济大学、萨马拉大学和沃罗涅日国立大学。

📖 莫斯科大学

莫斯科大学是俄罗斯联邦规模最大、历史最悠久的综合性高等学校,学校1755年由教育家 M. B. 罗蒙诺索夫倡议并创办。校址在俄罗斯首都莫斯科,全名是莫斯科国立罗蒙诺索夫大学,是一所历史悠久且拥有优良传统的大学,以师资雄厚、设备完善、高教学质量和高学术水准而享誉世界。莫斯科大学在俄罗斯联邦具有特殊地位,它是俄罗斯独立的有自治权的大学,其《章程》由俄罗斯大学教职工代表大会研究制定。莫斯科大学不但是全俄罗斯联邦最大的大学和学术中心,也是全世界最大和最著名的高等学府之一。该校的教授和毕业生有13位诺贝尔奖获得者和世界著名科学家。世界100所著名大学排名第12名,世界声誉排名第25名。

📖 圣彼得堡国立大学

圣彼得堡国立大学是俄罗斯最古老的大学,世界最优秀的大学之一,也是世界知名的众多学派的源头和进步的社会运动的重大中心之一。在俄罗斯史册上,圣彼得堡国立大学曾涌现出了许多杰出人士和科学家,写下了许多光辉篇章,并为世界和人类科技进步,做出了自己的贡献。学校创建于1724年,是俄罗斯最早建立的大学。是著名的综合性大学,也是俄罗斯教育、科学和文化中心之一。它有4万名教职员工,有12个科学研究学院和19个系,总计培养了各类专家165000余人。圣彼得堡国立大学在俄罗斯联邦内部有着特殊的地位,是俄罗斯仅有的两所拥有独立自治权的大学之一(另一所为莫斯科大学)。如今它已成为俄罗斯最主要的科学及教育中心之一。

 ## 俄罗斯留学优势:世界著名学府众多

俄罗斯高等教育的历史可以追溯到17世纪,高等教育体系庞大,院校众多,设备精良,师资雄厚,其中更不乏莫斯科大学、圣彼得堡国立大学、圣彼得堡理工大学、圣彼得堡光机学院这样的世界著名高等学府。整体教学水平和毕业生的质量得到国际上的普遍承认,在国际教育界具有重要的地位和很高的影响力。

俄罗斯的高等教育水平一直位于世界前列,拥有许多国际著名大学。莫斯科国立大学世界排名前10,圣彼得堡列宾美院是世界四大美院之一,与巴黎美院齐名。莫斯科柴可夫斯基音乐学院是世界上最大和最著名的音乐学府之一。此外俄罗斯的航空航天,建筑,石油、生物、医学,艺术和无线电等专业均居世界前列。

俄罗斯高等院校按专业大致可分为8种类型,即综合大学、高等技术院校、高等农业院校、师范院校、医学院校、文科专业院校(经济和法律学院)、文化和艺术院校、体育院校。其中,综合大学在俄罗斯教育体系中占据突出的地位,是科研、教学的研究中心和培养专门人才和师资的基地。

高等技术院校是俄罗斯数量最多的一类院校,它包括多科性的工学院和单科性的工学院的专业学院,许多学院的学生人数超过万人。

俄罗斯的高等教育体制与其他国家相比有所不同,主要有:

四年制高等教育:主要帮助学生取得职业经验,学生经过4年的学习,通过考核,合格者可获得所学专业的学士学位。

五年制高等教育:学生经过5年的学习,通过者可获得所学专业的工作资格证书,如工程学工作资格、教师资格、农业(家)资格、经济(工作者)资格。

六年制高等教育:包括本科4年的专业学习和2年专门的研究学习与实践,最后对学生学业成绩进行考核与测试,通过者可获得所学专业的硕士学位。

此外,俄罗斯学位体制中还设有副博士、博士学位。俄罗斯的大学入学时间与中国大学相仿。

赴俄罗斯留学如果没有较好的语言基础,都必须先读1年的预科,学习俄语及相关专业的基础知识。预科每个班 10 人左右,整个预科期间有 1400 学时,10 个月教育时间。预科学完后,学生要通过俄语和其他课程考试,取得俄语水平的资格认定,学校发给证书,凭此即可进入大学。一般来讲,只要学生努力学习,通过考试是没有问题的。

俄罗斯奖学金:奖项多,发放的规定也多

(1)总统奖学金和俄联邦政府国家专业奖学金。其发放对象是在总统和政府规定的学习和科研活动中,取得突出成绩的教育机构和科研机构的在读学生、硕士生和博士生。

(2)国家和市设立的硕士生和博士生奖学金。主要由联邦财政和地方财政预算负担,奖学金的具体金额由联邦总统和政府的标准法令确定,各教育机构和科研机构领导人根据每年成绩评定结果确定硕士生和博士生的奖金获得者。

(3)国家和市设立的科学奖学金。主要由联邦和地方财政预算负担,发放对象为在学习和科研活动中取得突出成绩的全日制学生。此项奖学金的金额由教育机构自行确定,但不能低于法律规定的金额。教育机构的负责人根据由学生工会代表和学生代表组成的奖学金委员会推荐的人员,来确定奖学金获得者获奖学生的成绩等级,优秀、优良或良好。如果取得特别突出的成绩,经教育机构或科研组织的学术委员会来确定,可以提高奖学金数额。

(4)国家和市设立的社会性奖学金。主要由联邦和地方财政预算负担。发放对象为需要社会帮助的学生,包括孤儿和无父母照管的学生、一等和二等残疾学生、在切尔诺贝利核泄漏和其他辐射事故中的受害学生、战争致残或退伍的学生。这些学生只要持有居民区发放的可以得到国家帮助的证明就有权获得此项奖学金,证明每年更换一次。此项奖学金按月发放,学生离开学校或根据教育机构负责人的命令可以终止奖学金的发放。获得该项奖学金的学生仍有权争取获得科学奖学金。

(5)专门命名的奖学金。由国家权力机构、地方自治组织、法人和自然人创立。发放对象是高等和中等职业教育机构的学生、硕士生和博士生。

对学生、硕士生和博士生提供的其他物质支持包括以下几种:

(1)向孤儿和无父母照管的全日制在校生每年提供 3 个月的奖学金,供其购买教科书和学习用品。

(2)硕士生和博士生每年提供两个月的奖学金供其购买科学书籍。

(3)学生提供伙食涨价的补贴,在学生乘火车、飞机、水运和公交车方面给以优惠。

硕士生和博士生生病超过一个月,如果有医生证明则可以延长学习期限并正常进行奖学金发放。

俄罗斯留学打工：打工要带上各种证件

按照俄罗斯有关部门的规定，是不允许留学生打私工的，如果想打工，则需要办理相关手续（如打工卡）才允许。但是这种规定对留学生的约束力不是很强，除非留学生想在俄罗斯公司或正规的中资公司工作。而且，办理该手续非常昂贵，如果只是打短工或是兼职是不需要办理这种手续的。

在俄罗斯大多数留学生都是利用暑假的时间来打工，一般是从事翻译、导游及市场营销之类的工作。寒假昼短夜长，一般不打工。

在俄罗斯经商的华人很多，尤以浙江、福建、广东和河北人为多，他们需要大量的俄语人才从事翻译、营销等工作，所以只要语言人品都不错的话，寻找一份满意的工作是不成问题的。

如果已经做好了打工准备的话，就要带好3种证件：

（1）护照。护照必须要随身携带，无论是学习、旅游或是打工，因为俄罗斯的外来人口非常多，为了不造成不必要的麻烦，护照一定要随身携带。

（2）学生证。俄罗斯的学生证有很多妙用，它除了可以用来证明留学生的学生身份外，还可以让您享受到很多福利，如可以免费参观博物馆、动物园等。在打工时，有时候某些警察会核对学生证，所以最好也随身携带学生证。但如果确实是把学生证弄丢了或忘记带了，而又碰到警察检查的话，只要说明情况即可，切忌慌乱，以免让人产生误解。在此时，能说一口流利的俄语也是很关键的。

（3）最好提前一个月办理地铁月票及公车月票，以节省交通费和时间。

留学俄罗斯的费用：中国一般家庭都可以接受

留学俄罗斯平均年度费用在5万~7万元人民币，办理留学签证保证金需5万元人民币，同时门槛较低，中国高三毕业学生只要平时成绩良好，无须语言基础就可以直接就读俄罗斯名牌大学预科，等预科毕业就可直接就读大学专业，无须升学考试。

从开始办理申请到入学的全部费用如下：

（1）办理入学通知书费。

（2）办理护照费。

（3）办理签证费、保险费。

（4）体格检查费。

（5）各种所需要的相关证件公证费用。

（6）国际机票费用。

（7）居留证费。

（8）学费、住宿费、教材费。

（9）生活费与交通费。

其中还包括各项手续费用等，总计 5 万 ~7 万元人民币。

 俄罗斯留学申请条件和签证技巧

 俄罗斯留学申请条件

▶▶▶ **申请材料**

留学候选人档案包括以下用俄文或英文（法文、西班牙文）填写的文件：

（1）说明完整专业名称的履历表。

（2）在规定程序中得到确认的教育文凭（文件）复印件，包括曾经学习过的科目及相应科目的成绩单（分数）。

（3）由所在国官方卫生机构出具的体检报告。

（4）由所在国官方卫生机构出具的无艾滋病病毒检验报告。

（5）在规定程序中得到确认的出生证明复印件。

（6）6 张 4 厘米 ×6 厘米的照片。

除此以外，候选研究生还必须提供在规定程序中得到确认的高等教育专业学位证书或科学/艺术硕士学位证书、所学科目的考试清单或成绩单的复印件，以及发表过的科研文章的目录清单（如果有的话）。

提高专业技能的候选人最好应该备有一份实习计划。

▶▶▶ **学　制**

根据俄罗斯现行高等教育体制，各类院校本科学制为 4 ~5 年、硕士研究生学制为 2 年、副博士研究生学制 3 年，最高一级学位为国家博士（一般不容易获得此学位）。中国学生欲进入俄罗斯大学学习者，需提供完整的中等学历证明；对硕士生则需要本科毕业证；对博士生则要求硕士毕业证。对没有具备一定俄语基础的外国留学生，必须经过 1 年预科语言学习，结业成绩合格后可以直接升入大学本科学习专业，或攻读硕士研究生、博士研究生学位。

▶▶▶ **入学要求**

中国高中（含应届高中毕业生）、中专、职高以上学历，无须高考成绩、无须语言基础,可直接就读名牌大学预科。预科毕业直接就读大学专业,无须升学考试。大专毕业生可申请专升本——插班入读大学本科。本科毕业生预科毕业后可直接报读硕士和博士课程。希望取得学士学位教育的外国公民,必须拥有中等教育学历,或者相当于普通中等教育学历或中等职业教育学历。希望接受硕士教育的外国公民必须具有所选专业的学士学位。俄罗斯高等教育学校的研究生院只能录取拥有高等教育专业水平或理科/文科硕士水平的外国公民。

接收外国公民在俄罗斯联邦国家高等教育和中等职业教育机构学习必须符合国际政府间的协议,以及俄罗斯科技教育部(以前称为"俄罗斯国家高等教育委员会"),或者是其他教育管理执行机构与外国管理教育的国家机构根据俄方要求签订的协议。

在相关的俄罗斯联邦教育执行机构,或者俄罗斯驻国外大使馆提出申请的基础之上,俄罗斯科技教育部国际合作司根据与各省的国际教育合作委员会达成的协议,于每年5月1日之前,向俄罗斯科技教育部的领导提交独立于主管部门的教育机构(学校)接收或扩招外国公民来俄留学的方案,以便得到核实批准。

在俄罗斯科技教育部国际合作司发出派遣的基础之上,才能录取外国公民到俄罗斯高等或中等职业教育机构学习或提高专业技能。

(1)没有俄语基础的外国公民来俄罗斯后必须就读1年俄语预科。

(2)外国公民根据他们希望研究的专业来学习俄语预科和其他课程。

(3)1年的预科学习之后要进行入学考试。通过相当于俄罗斯中学水平的考生可以得到预科结业证书,并可以继续在高等教育机构接受所选专业的学习;通过相当于普通基础教育水平的考生也可以得到相应的证书并被派往中等职业学校学习。

外国留学生在结束1年的预科之后,俄罗斯方面根据分配计划将他们派遣到相应的城市和学校学习。

(4)预科学习后没有掌握相应学校所要求知识的外国公民将被开除。

▶▶▶ 学位授予

(1)顺利完成学习计划并通过国家考试合格的外国公民,将被授予国家承认的、符合教育或专业技能(文理科学士、文理科硕士、合格专家)的毕业证书。

(2)顺利完成研究生教育并通过答辩的外国公民,将被授予理科副博士学位的称号和国家承认的理科副博士证书。

(3)顺利完成博士生教育并通过答辩的外国公民,将被授予理科博士学位和国家承认的理科博士证书。

 ## 俄罗斯签证技巧

▶▶▶ 签证须知

(1)多次签证自第一次入境以来每180天内,在俄罗斯一次或几次停留的时间不可超过 90 天。

（2）其他俄罗斯机关签发的签证，不予延期。

（3）如因故未领到签证，外交部、移民局和公司邀请函的原件不予退还。

（4）如签证申请表填写不完整，则不予办理签证。

（5）个别情况下，可能会要求申请人提供补充文件或面试。

（6）如被同时邀请，则每位申请人均应提供一份完整的文件。

（7）申请人应本人来送取签证或提供公证过的委托书。

（8）申根条约国家和以色列、芬兰、爱沙尼亚、立陶宛公民应提供有效的医疗保险单或邀请方补偿医疗成本的保证书。

▶▶▶ **留学签证**

（1）有效护照及护照主页复印件。

（2）一张照片（3.5 厘米 ×4.5 厘米）。

（3）签证申请表（应回答表内所有问题）。

（4）俄罗斯移民局签发的邀请函原件。

（5）俄罗斯邀请学院（大学）的有效邀请函原件及其复印件。

（6）申请人与该学院（大学）的有效合同原件及其复印件。

（7）申请人毕业证书复印件。

（8）证明有足够支付能力的银行存款证明（如是父母的账户必须提供户口簿证明亲属关系）。

（9）有效（有效期为 3 个月）健康证明书、艾滋病检疫报告（如在俄罗斯停留的时间超过 90 天）。

（10）未满 18 周岁的申请者应提供父母同意的公证件。

▶▶▶ **过境签证**

（1）有效护照及护照主页复印件。

（2）1 张照片（3.5 厘米 ×4.5 厘米）。

（3）签证申请表（应回答表内所有的问题）。

（4）目的地国家的有效签证。

（5）经俄罗斯到第三国的全程票。

▶▶▶ **签证表格的填写要求**

（1）必须用黑色签字笔填写表格，不能用蘸水钢笔填写。

（2）表格中一个标尺格只能填写一个字母或者一个数字。

（3）字迹要清楚。

（4）申请人的照片需要符合以下要求并贴在履历表指定的位置上：

①照片尺寸为 3.5 厘米×4.5 厘米。

②要求是最近 6 个月内的照片。

③图像清晰,并且要求底色明亮。

④脸部要处于照片的中心位置,表情严肃,不能皱眉,也不能微笑,嘴唇要闭拢。

⑤照相时不能戴墨镜。

⑥照片应为正面(免冠)照片。

俄罗斯驻华使领馆:北京东直门北中街 4 号。

荷 兰

经济上的巨人和花园式的国家

🔍 荷兰有哪些全球知名大学

代尔夫特理工大学、阿姆斯特丹大学、埃因霍温理工大学、莱顿大学、乌得勒支大学、格罗宁根大学、瓦格宁根大学、伊拉斯姆斯大学、特文特大学、马斯特里赫特大学、奈梅亨大学、阿姆斯特丹自由大学和蒂尔堡大学。

📖 阿姆斯特丹大学

阿姆斯特丹大学在世界上享有盛誉,其有着高质量的研究生和世界前沿的科学研究,同时,其本科教育也相当卓越。该校注重国际化,提供超过 85 个英语授课的硕士项目。它产生过 6 名诺贝尔奖得主,其中诺贝尔物理学家得主 3 名,和平、医学和化学奖得主各一名。此外,它还产生了斯宾诺莎奖得主 7 名。如今,作为研究型大学的阿姆斯特丹大学有超过 30000 名学生,5000 名员工和 285 个研究项目(学士和硕士项目),其中许多都是用英语授课的。阿姆斯特丹大学拥有超过 6 亿欧元的预算,目前该校设有 7 个学院:人文、社会与行为科学、经济、法学、科学、医学与牙医。阿姆斯特丹大学和全球 100 多所名校建立了研究和交换生协议,与中国内陆的合作院校有清华大学、北京大学、上海交通大学、复旦大学、中国人民大学、厦门大学和西南财经大学这 7 所顶尖大学。在该校的校园里,不乏来自中国名校乃至全世界的学生。阿姆斯特丹大学的国际生比例很高,而国际生中大多以欧盟国家的学生为主,中国学生占比不高,一般情况下,一个专业中有 2~3 名中国学生。

📖 莱顿大学

莱顿大学是最具声望的欧洲大学之一,成立于公元 1575 年 2 月 8 日,是荷兰王国历史最悠久的高等学府。在过去近5个世纪的漫长岁月中，莱顿大学培养了众多影响人类文明进程的杰出人才。笛卡尔、伦勃朗、斯宾诺莎等科学文艺巨匠，16位诺贝尔奖得主（洛伦兹、爱因斯坦、费米等），9位国家元首（美国第六任总统约翰·昆西·亚当斯、丘吉尔、曼德拉、两任北约秘书长等），10位荷兰领袖（包括荷兰首相马克·吕特），都在莱顿大学以求学、任教等方式留下了他们的足迹。莱顿大学是有"欧洲常春藤"之称欧洲研究型大学联盟12个创立成员之一，也是Coimbra Group、Europaeum等大学联盟的一员。前荷兰女王威廉明娜、朱丽安娜、贝娅特丽克丝及现任国王威廉·亚历山大都曾在莱顿大学学习。莱顿大学有9大学院，50多个系所，150多个专业，11个核心研究领域，该学校设立有40多个国家级或国际级研究机构。

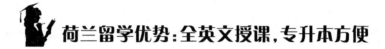

荷兰留学优势：全英文授课，专升本方便

荷兰国土虽小，但是国力却十分强盛，经济形势在欧洲是最好的，近年来人均年收入稳居世界前几名。荷兰社会稳定，人民安居乐业，气候宜人，环境优雅，被誉为经济上的巨人和花园式的国家。

全英文授课，商科最负盛名

荷兰属于欧洲申根国家，采取全英文授课的形式讲授国际课程，覆盖1400多个专业。由于95%的荷兰人可以用英语进行交流，因此在留学过程中，完全可以得到犹如在英语母语国家一般的语言训练。

荷兰最负盛名的专业是商科，商科在国际商务和管理领域的专业地位无可比拟。其中，阿姆斯特丹商学院的国际金融、会计等专业，鹿特丹商学院的物流管理、海牙大学的国际商业管理等专业都在国际上享有很高声誉，而蒂尔堡大学的经济学研究全欧排名第一，鹿特丹伊拉斯姆大学管理学院的MBA课程更是排在世界前列。

专升本途径较多，方便提升学历

荷兰的专升本途径较多，专升本项目除了紧凑的核心课程外，还要求学生在学习期间留出半年时间进行实习，让学生在充分的理论学习后，有机会把掌握的理论应用到实践当中，达到理论和实践的完美结合。

三年制大专或五年一贯制大专在读或毕业生均有机会专升本，根据学生的雅思成绩和相关背景，有2年制、1.5年制（雅思6.0以上）和半年或一年预科加上专升本课程（雅思5.0或5.5以上）三种方案供学生自由选择。

硕士阶段提供转专业课程

荷兰的硕士课程多数不接受转专业申请的学生,不过,针对国内一些确实想通过更换专业来达到提升自己就业竞争力的学生,去荷兰留学还是可行的,比如鹿特丹商学院就为留学生提供了转专业课程,学制只要通过一年预科的学习,就可以直接进入荷兰硕士课程,此外,斯坦德大学、海牙大学等提供部分转专业硕士课程。此外,值得一提的是荷兰课程设置方面有适合中国大专生的专升本课程,一般来说 2 年制的课程适合国内 2 年或 3 年的大专在读或毕业生,有工作经验的留学生还可以选读 1 年或 1.5 年的课程。

 ## 教育质量均衡

荷兰高校的教育质量均衡,对课程实行类似产品检测的质量标准管理体系,学位证书为国际承认。

 ## 课程设计独特

(1)教学方式多样化,始终以培养解决实际问题能力为目标。
(2)学习期间有机会学到多门外语。
(3)学习期间有机会去欧洲其他国家的姊妹学校参加校际交流课程。
(4)学习期间实习机会多。

 ## 国际化程度高

来自世界各地的优秀教师和朝气蓬勃的学生营造出高度国际化的学习和生活氛围。有的学校还定期邀请富有实践经验的跨国企业管理人员到学校授课。一些课程中甚至加入了到其他国家的考察安排和校际交流活动。

虽然留学生已经成为荷兰第二大留学生群体,但是中国留学生在所有留学荷兰的国际学生群体中所占比例不到 7%。在荷兰读书的留学生们具有国籍、民族多样性,没有来自哪一国家和地区的留学生占有绝对的主流地位,同学和家长们无须担心出现"中国班"的情况。另一方面,去荷兰留学的签证属于申根签证,此签证允许学生畅通进出欧洲 25 个国家,学生可以接触到先进、多元的欧洲文化,探寻各国风情,这样的体验能极大地丰富留学生的视野,并开拓他们的眼界。

 ## 就业前景好

荷兰近年来经济形势一直为全欧最好,失业率为欧洲最低。荷兰有大量的产业在海外,多数聘用外籍雇员管理,为在荷兰受过高等教育的高素质外籍毕业生提供了较多的就业机会。

 荷兰奖学金：种类较多,适合中国学生

奖学金

(1)DELTA 奖学金。DELTA 奖学金计划是荷兰政府拨款专门向来自中国大陆、台湾地区、印度尼西亚和南非学生发放的奖助学金,该奖学金由政府向荷兰部分高等院校直接发放,再由各学校根据自己在该奖学金上不同的政策,来最终决定具体额度后发放给留学生。

申请 DELTA 奖学金的条件是：①35 岁以下；②具有中国国籍；③在荷兰以外的国家已完成了大学前的教育；④被荷兰高等学院录取学习 3 个月以上的课程；⑤符合外国学生进入荷兰并在荷兰居住的签证要求。

(2)ISS 奖学金。荷兰社会科学研究学院 ISS 的任何专业都可以申请到高额奖学金。ISS 是社会发展研究领域中的世界学术权威中心之一,其最显著的特征是,从多学科角度比较、分析全球性和区域性发展中存在的问题,学院设有经济学、社会学、政治学、公共管理和国际法等领域的硕士、博士学位项目,所有课程均为全英文授课,毕业生大多在政府部门、计划署、国际性机构、法律和高等教育部门中担任领导职务,拥有良好的国际声誉。

(3)CHEER 优秀学生奖学金。该奖学金由中欧教育研究基金会在荷兰设立的,用以奖励通过 CHEER 基金会赴荷兰留学的优秀中国学生。

该奖学金的评选标准为：在荷兰学习第一学年成绩优秀的学生；或成绩异常优异的学生；或对中欧教育研究协会在荷兰倡导的学生会组织做出突出贡献的学生,这一奖学金于中欧教育研究基金会在荷兰每年 10 月的年会上颁发。

(4)Erasmus Mundus 欧盟硕士课程奖学金。欧盟提供奖学金给非欧盟国家的国际学生前往欧洲攻读硕士学位,在 Erasmus Mundus 项目下学习的学生,至少要在欧洲两个国家内完成学业,当然,毕业生也会得到双学位或多个大学联合颁发的学位。

(5)HSP Huygens 奖学金。荷兰教育文化与科学部为来荷兰攻读的留学生设立了 HSP Huygens 奖学金。HSP Huygens 奖学金数额并不固定,实际数额取决于奖学金各组成部分的总和。

荷兰大学能为符合以下条件的留学生提供奖学金：

(1)35 岁以下。

(2)具有中国国籍。

（3）在荷兰以外的国家已经完成大学前的教育。

（4）被荷兰高等院校录取学习 3 个月以上的课程。

（5）符合外国学生进入荷兰并在荷兰居住的签证要求。

 ## 荷兰留学打工：毕业前可以合法打工

荷兰法律规定非欧盟国家的留学生在上课期间一周最多只能打工 10 小时（假期可以无限制打工）。但若合法打工，需申请打工证。一般学校为学生申请打工证。该打工证是和学生身份联系在一起的，毕业后就失效了。当您拿到打工证后，您需要到当地的税务局申请一个税号。学生收入少，纳税额低，所交的大部分的税款都会在下一年凭退税申报领回。

大部分学生在荷兰打工是在中餐馆做服务员、酒吧洗盘子、清洁房间、帮人带孩子、剧院衣帽间发牌子、送外卖等。如果是在餐馆工作，还可以在工资之外赚一些小费，有时一个月的小费加起来比工资还高。

打工的优势是既可以补贴生活，也可以帮助留学生更好地融入荷兰社会。如果留学生找工作的目的是积累海外工作经验，建议以实习生的身份在假期里找工作。实习生工资虽然低，却是留学生将来进入跨国公司的第一步。而如果留学生实习所在的单位是一家有名气的跨国公司或国际组织，那么将来找工作会容易得多。

 ## 留学荷兰的费用：学习费用低于其他欧美国家

荷兰为了吸引更多的海外留学生，目前留学费用依然不高，根据条件不同的学校本科学费为 3000～7000 欧元/年，硕士学费则为 8000～15000 欧元/年。由于地处欧洲中心地区，除学费外，在荷兰一年的留学生活费用在 5000～9000 欧元。

 ## 荷兰留学申请条件和签证技巧

 ### 荷兰留学申请条件

▶▶▶ **申请直接入读大学课程**

（1）高中毕业或高中以上学历。

（2）身体健康。

（3）托福网考 80 分以上或相应雅思成绩。

（4）具有一定的经济基础。

申请本科课程时学生须提交：

（1）高中毕业证（中英文公证件）。

（2）成绩单（中英文公证件）。

（3）入学申请表。

（4）英语成绩证明。

（5）护照照片 2 张。

▶▶▶ 申请入读语言学校

（1）高中毕业或高中以上学历。

（2）身体健康。

（3）托福网考 60 分以上或相应雅思成绩。

（4）具有一定的经济基础。

▶▶▶ 申请入读硕士研究生

（1）取得学士学位证书。

（2）大专毕业者需视工作经验、所学专业、学校要求等而定。

（3）身体健康。

（4）托福网考 80 分以上或相应雅思成绩。

（5）具有一定的经济基础。

申请硕士课程时学生需提交：

（1）学士学位证书（中英文公证件）。

（2）成绩单公证件。

（3）导师推荐信（申请硕士学位者）。

（4）入学申请表。

（5）英语成绩证明。

（6）护照照片 2 张。

 ## 荷兰签证技巧

中国学生赴荷兰留学，如在荷兰居留时间不足 3 个月，需要办理"短期签证"；如居留时间超过 3 个月，就需要办理"短期居留签证"，即 MVV 签证。中国学生享有通过"快捷MVV 签证程序"的优惠待遇。

快捷 MVV 签证是由荷兰教育机构向签证机关——移民局提出申请。所以，如果学生已被学校录取，按要求提供了签证文件后，在签证方面比较有保证。签证周期是 6 ～

8 周。

在成功通过移民局的签证审核后,学生将收到荷兰驻中国使领馆的准签通知,学生需要到其户口所在地所属的荷兰使领馆办理领取签证手续。领签手续在 48 小时内可以办理完成。

▶▶▶ **签证办理**

(1)短期停留签证(6 个月之内不超过 90 天)

学习签证的申请必须由本人亲自到使领馆递交。如果申请材料不完整,申请人会收到所缺材料的清单及补充材料的最后期限。如果申请材料不能补充完整,申请将被拒绝。签证费用须由人民币现金方式在递交申请材料之后即时交纳,汇率根据使领馆公布的汇率为准,该费用一经交纳不可退还。如果递交的申请材料是完整的,3 个工作日之后可以领取签证结果。如果申请人不能亲自到使领馆领取签证结果,可委托他人,但被委托人须提供签证领取单原件及申请人签写的委托书。

得到签证并不意味着持有人有进入所申请国家的权力。申请人确保保留一份申请签证时提交的所有材料的复印件,因为移民官员有可能要求申请人出示除有效护照、签证及旅行保险之外的其他有效证明材料。

申根国家停留的时间仅限于签证上显示的天数,无论签证的有效期限是多久,以签证上标明的有效停留天数为最长停留时间,如签证标明的是多次出入境,签证上标明的有效停留天数应为签证有效时间内持有者于申根国家停留的总天数。如果签证持有者经常往返申根国家,那么在 6 个月之内,持有者在申根国家停留的总天数不能超出 90 天。如果非法滞留于申根国家,那么该行为人将面临 2 年之内禁止进入申根国家的制裁。如根据实际情况,任何人于 6 个月之内需要在申根国家停留 90 天以上,该人必须办理临时居留许可证(MVV)。

(2)短期居留签证 MVV

到达荷兰后,中国学生还需要到当地政府机关登记,最终取得 1 年的居住证。

▶▶▶ **领取签证所需要的文件**

学生在收到荷兰驻中国使领馆的准签通知后,根据其户口所在地不同,需要亲自到其户口所属地区的荷兰驻中国使领馆办理领取签证手续。

荷兰驻中国使领馆分别在:北京、上海、广州、香港。学生在前往北京使领馆领签时需要携带以下文件:

(1)有空白页的、有效期在 1 年以上的护照原件及照片页 A4 纸复印件。

(2)填写完整的 MVV 申请表及 1 张近 3 个月内的 2 寸彩色证件照片。

(3)录取通知书原件及 A4 纸复印件。

(4)毕业证书和学位证书原件及 A4 纸复印件。

（5）如申请人是学生，请提供学生证及学校的证明信原件。

（6）出生公证双认证及 A4 纸复印件。

（7）全家人的户口本原件及每页的 A4 纸复印件。

（8）国际旅行健康证明书（长期到国外劳务、留学、定居人员，均须到指定的卫生检疫机关或医院办理《国际旅行健康证明书》）。

（9）填写完整的学生声明。

（10）签证费用（约 50 欧元，按当日牌价收人民币）。

（11）使领馆准签通知。

荷兰驻华使领馆

地　　址	邮　编	电　话
北京市朝阳区东直门外大街 21 号	100600	010-5140 4424
广东省广州市珠江新城临江大道 3 号发展中心 12 楼	510623	020-3814 0250
上海市南京西路 1376 号上海商城 401 室	200040	021-6279 8098

 # 出国行前准备及入境禁忌早知道

 ## 出国行前准备

▶▶▶ 随身携带的重要物品

（1）现金、支票和汇票等。

（2）护照、机票、荷兰学校录取通知书件和体检、接种证明。

（3）各种公证书、毕业文凭及其他学籍证明、照片等重要文件。

（4）照相机、摄像机等贵重物品。

（5）备用眼镜、笔、正在服用的药品、预防晕机的药品等。

▶▶▶ 学习用品

（1）英汉词典（如条件允许，可自备快译通）及相关二外词典（如荷英词典/法汉词典/西班牙汉词典等），相关商务类书籍和词典。

（2）较高级计算器。

（3）少量笔记本、笔等学习文具。

▶▶▶ 常用衣物

（1）荷兰经常下雨，需要准备雨鞋、风雨衣、防水外衣及雨具。

(2)睡衣、内衣、袜子、外衣(裙子、夹克、裤子、1~2套西服、领带等)、运动衣(包括游泳衣)、皮鞋、运动鞋等。

(3)带2套床单、枕巾、被套,以便换洗;方便的话也带一个枕头。

(4)冬装、羽绒服、薄毛衣。

▶▶▶ 生活用品

(1)筷子、勺子、水杯和碗(不易碎)、小锅一个、小电饭煲、菜刀、小水果刀、指甲剪、小剪刀、针线等。

(2)欧标转换插头(两个圆头)。

(3)常用药:创可贴、感冒药、烫伤药、黄连素、牛黄解毒片、跌打损伤药、眼药水及副作用小且本人不过敏的抗生素等。

另外,在荷兰期间若生病,一定要找医生诊治,再凭收据到保险公司报销。

(4)少量营养品(胶囊、口服液、冲剂)。

(5)日常使用的洗漱用品(毛巾、牙膏、牙刷、香皂、洗衣粉);这些物品尽量多带,相比较在中国买较便宜。

(6)充电电池及充电器、小螺丝刀。

(7)少量备用食品(如2~3包方便面、榨菜等)。

(8)少量做菜的调料(海关允许范围内的)。

(9)手机(在荷兰买也很便宜)。

(10)如考虑上学期间使用自行车,可带一个性能好的自行车锁。

📖 入境禁忌早知道

▶▶▶ 对货币没有限制

凡是合法授权的物品可以随意携带出入境。

▶▶▶ 可免税带入的物品

(1)可带入香烟200支 。

(2)2架普通照相机、15卷胶卷、1台摄像机、10盘摄像带、收音机、计算器和1副望远镜,CD机1个。

(3)对肉食品诸如牛肉、猪肉、羊肉、火腿等最多可带1千克。

(4)除违禁书籍外,其他书籍可带入 。

▶▶▶ 违禁品

毒品、盗版书籍、荷兰政府查禁的书籍的图片、武器和爆炸物禁止带入。

德　国

现代教育的发源地之一

德国有哪些全球知名大学

慕尼黑工业大学、慕尼黑大学、海德堡大学、卡尔斯鲁厄理工学院、柏林洪堡大学、柏林自由大学、亚琛工业大学、柏林工业大学、蒂宾根大学、弗莱堡大学、哥廷根大学、德累斯顿工业大学、汉堡大学、波恩大学、法兰克福大学、斯图加特大学、达姆施塔特工业大学、埃尔朗根－纽伦堡大学、明斯特大学、科隆大学、耶拿大学、乌尔姆大学、康斯坦茨大学、曼海姆大学、美因茨大学、汉诺威大学、波鸿大学、基尔大学(德国)、哈勒－维滕贝格大学、波茨坦大学、维尔茨堡大学、不来梅大学、布伦瑞克工业大学、萨尔大学、霍恩海姆大学、莱比锡大学、雷根斯堡大学、吉森大学、马尔堡大学、拜罗伊特大学、多特蒙德工业大学、杜伊斯堡－埃森大学、比勒费尔德大学、杜塞尔多夫大学和罗斯托克大学。

海德堡大学

海德堡大学全称为鲁普莱希特－卡尔海德堡大学,创建于1386年,是德国最古老的大学,也是神圣罗马帝国继布拉格和维也纳之后开设的第三所大学。原校名为鲁普莱希特－卡尔大学,即为纪念两位办学名人——鲁普莱希特选帝侯是海德堡大学的创始元勋,巴登的卡尔·弗里德里希大公则是海德堡大学的再造恩公。海德堡大学向来为德国浪漫主义与人文主义之象征,每年吸引大批外国学生或学者前来求学或研究。大学所在的海德堡市也是一座以古堡、内卡河闻名的文化名城。歌德曾赋诗一首《我把心遗忘在海德堡》令海德堡这一古老而浪漫的大学城不仅因学术更因其独特魅力风靡于外。截至2016年,共31位诺贝尔奖得主及18位莱布尼兹奖得主曾于此求学、任教或研究,为德国乃至于欧洲顶尖之研究型大学。

慕尼黑大学

慕尼黑大学全称为路德维希-马克西米利安-慕尼黑大学,也简称LMU。最初由巴伐利亚公爵路易九世于1472年所创建,1800年巴伐利亚国王马克西米利安一世将其迁至兰茨胡特,后于1826年被路德维希一世迁至现大学所在地慕尼黑。慕尼黑大学建校至今已有500多年,自19世纪以来便是德国和欧洲最具声望大学之一,也是德国精英大学和欧洲研究型大学联盟成员,其自然科学,生命科学,医学及人文科学等领域均在国际上享有盛名。慕尼黑大学人才辈出,名声斐然,以36名诺贝尔奖得主在全球院校诺奖排名中位列17名,马克斯·普朗克、沃纳·海森堡、康拉德·阿登纳等都曾在此求学。英国泰晤士报(THE)世界大学2016—2017的最新排名中,慕尼黑大学位列德国第1,世界第29位。其中生命科学第36位,物理学第22位,艺术及人文科学第21位,临床医学及健康科学第32位,商学及经济学第30位。2016年QS世界排名综合位居德国第2,世界第68位。学科排名中物理及天文学第13位,哲学第15位,兽医学第23位,药学及药理学第26位,生物科学第34位。

德国留学优势:部分高校无须考试免费就读

部分大学基本免费

德国部分大学是真正意义上的义务教育,不但学费全免,就连杂费(德国称之为注册费)也很少,通常每学期100欧元左右。这对于经济上不富裕、但又渴望出国镀金的学生来说,无疑是一种很大的诱惑。虽然从2004年起不少德国大学开始征收超学期学费,但主要是针对长期赖在校园里不肯毕业的学生,而中国学生基本上可以在规定学制内完成学业,所以无须为此过分担忧。

生活费用低

外国学生在德国留学与当地学生一样可以享受免费的交通、医疗、上网等福利。德国政府允许大学生免税打工,并规定了保护性的最低报酬标准。所以,留学德国除了自备第一年生活费用外,剩下的所有学年的生活费用完全可凭打工解决。

大学毕业直接获得硕士学位

德国高校分3类:大学、高专和艺术学院。大学一般读5～7年,毕业后取得硕士文凭,并可直接申请攻读博士;高专一般读 4 年,毕业后取得高专硕士文凭,相当于国内学士,有工作经验后可申请读博士。

学位和学历的含金量首屈一指

德国在战后废墟上用了短短的几十年时间,人均国民生产总值就成了世界第一,靠的就是传统的强大的科技和教育实力。千百年来科技人才辈出,近三分之一的诺贝尔奖获得者出于德国。其毕业文凭在全世界得到认可,就像德国的产品一样,是质量和信誉的象征,备受青睐。

留学德国,可以接触到优秀、纯正的西方文化

传统西方文明造就了日耳曼民族的性格及特点,在德国留学可以接触到优秀、纯正的西方文化。歌德、尼采、康德等世界级大师留给我们许许多多的传世佳作。经过东西方文化的碰撞和融合,能够登上大师们的故土、拜访他们的故居、与他们的灵魂进行超越时空阻隔的对话,相信留学学子们将会有所感悟。

学成出路前景光明,发展空间广阔

德国企业对投资中国充满信心,西门子、奔驰、大众等大公司和其他各类企业加速涌入中国。最近毕业的留学生任职德国公司驻华或东南亚代表已是就业定势,进入跨国公司高级管理层的留学生也屡见不鲜。至于回国的就业前景更不用说。另外,因为有欧洲背景,直接向北美发展或移民要容易得多,当然也可以就地移民德国。

德国奖学金:禁止一人同时拥有两份奖学金

在德国有 100 多个发放奖学金的团体和个人基金会,他们向申请人发放的奖学金标准、金额各异。按德国教育部制定的奖学金发放条例规定,凡是家境贫寒的德国或外国学生均有权向任何基金会申请奖学金,本人可以直接写信给德国大使馆文化处索取奖学金申请表格。在收到表格的同时,你必须认真阅读,因为有的基金会不接受个人申请,需要团体出面为本人申请才行。有的基金会要求本人出示前两个学期的成绩单,本人必须每科优良才予以考虑。另外请注意,德国法律禁止一个人同时拥有两份奖学金。德国有名的奖学金有以下几种:

弗里德里希·艾伯特奖学金

弗里德里希·艾伯特奖学金的先决条件是:你毕业后,有哪些科技研究或社会科学

的论文发表,请寄去一两篇在欧美学术刊物上发表过的得意之作。该奖学金申请到后,每月 880 马克,经考核后可视情况调升。

 ## 彩虹奖学金

如果本人毕业于环境专业,现在又从事环境保护工作,那么本人可以通过单位或者大学申请德国绿党和绿色和平组织提供的彩虹奖学金。

 ## 卡尔—杜伊斯贝格奖学金

卡尔—杜伊斯贝格奖学金专门资助第三世界的学生来德国短期学习或进修。一般仅资助一年,获资助者一年期满必须回国。该地不接受个人申请,只接受政府部门的公派留学。

 ## 汉斯·别克勒奖学金

汉斯·别克勒奖学金本人不能直接申请,只能由所在的单位及上级主管为本人申请,证明你是位优秀的教育工作者。本人需书面保证,学成之后,必须返回祖国并至少从事教育工作 5 年。如果家属也来到德国,另有家庭补助。

 ## 德国基督教奖学金

德国基督教奖学金是基督教神职人员或优秀毕业生领取的奖学金。德国基督教助学金服务处接受个人申请,也接受团体出面申请。

 # 德国留学打工:德语水平好容易找到工作

德国政府规定,每个合法留德的外国学生,都拥有每年 120 整天或 240 半天的合法打工时间。许多雇主乐意雇用学生,原因是学生比"正常的"雇员便宜。德国小城市工资低、岗位少,所以每到假期,南方的大城市里挤满了从各地来打工的学生们。

留学生在德国打工的途径有以下几种:

 ## 留学生通过报纸找兼职工作

留学生通过报纸找兼职工作的情况很多,以德国 osnabruek 地区为例,每周的 osnabruek 周报都有免费报纸,分别是在每周的 1、3、5 派发,提供很多打工兼职岗位,另外周末的收费版本也会有很多好的招聘广告。

 留学生通过中介找兼职工作

留学生通过中介找工作的优点是较有目的性,也更有效率,但是缺点也非常明显,德国的中介不但收费很高,而且在中介登记的企业工资都比较低。

 留学生通过劳动局找兼职工作

德国的劳动局为德国公民和外国留学生提供很多兼职岗位,这些岗位信息是免费的,而且信息量非常大,唯一的缺点是更多的工作都针对德国本国人,留学生的德语水平如果不好,可能很难找到合适的工作。

在德国留学的学生除了以上几种兼职方式外,也会通过自己的熟人或朋友去寻找打工机会,这就需要留学生个人的关系网比较广、认识的人比较多。

留学生的打工和学习经常会发生矛盾,很难找出整块的时间来打工,在这样的情况下,留学生可以考虑先在学校内部找一些兼职,如给教授做助手或在学校的图书馆做管理等工作。这样的工作对留学生来说是比较理想的选择。

 留学德国的费用:公立大学一般不收学费

德国大学绝大部分是由国家拨款资助的公立大学,这些大学一般不收学费,或者只收取很低的学费,每学期约为500欧元。德国的16个联邦州分别自行决定本州内的大学是否收取学费。德国私立大学的学费通常比公立大学高出很多,但是各校具体学费差异也很大,有些学校的学费可能高达每年20000欧元。

(1)大学注册费:150欧元/学期。虽然德国多数公立大学是免费的,但是注册费是必须要交的,注册完成后学校会发给留学生免费的月票卡,这里面涵盖交通费。

(2)生活费:6000欧元/年。包括吃住的费用,每个月房租150～250欧元。

(3)书本费:600欧元/年。由于德国的原版书非常贵,因此大多数学生都会去复印图书或者去图书馆看书。

(4)保险费:240欧元/年。这一项费用是不能少的,只要跨入欧洲就一定要上保险。保险包括医疗、人身和意外伤害等。交了保险费,自己将会有一个私人医生,如果是简单的感冒、发烧的小病可以通过私人医生进行诊治,看病、买药都是免费的。如果是严重的大病,需要私人医生出具一个证明,要求去医院诊疗,这部分费用也都由保险来出,所以这个保险是很完善的,也免去了家里父母的担心。

(5)其他费用:约400欧元。欧洲学生的社交活动是很丰富活跃的,因此要有这部分支出准备。

德语水平考试：德福和 DSH 考试

德福考试

德福是一种测试大学生活环境中语言能力的中、高级考试。德福考试由德国德福考试院集中命题、阅卷，在全球各专门考试中心举行，根据考试成绩，所有应试者将得到由德福考试院签发的不同等级证书。

德福按照 3~5 级区分语言能力。5 级（TDN5）为最高级，它表示应试者已拥有非常高的语言水平，远远超过入学所要求的水平；如达到 4 级（TDN4），学生就已得到在德国大学专业学习的语言水平资格；如果成绩达到 3 级（TDN3）水平，也可得到某些大学特定专业的语言水平认可。

根据中国教育部考试中心（NEEA）和德国学术考试开发协会（GFAT）的协议，教育部考试中心和德福考试院在中国合作组织实施德福考试，每年举行两次。

近年来，赴德深造的中国学生人数迅速增长。德福在国内的推出为德国大学选择学生提供了依据，提高了德国大学招收中国留学生求学申请的效率。

考生参加德福考试的次数、年龄和学历不受任何限制，中学生、大学生、研究生均可报名。教育部考试中心在国内推出德福，并直接负责该考试的报名及实施事宜。

德福考试的优势在于以下几个方面：

（1）学生可在中国参加德福考试，不必再为参加语言考试而耗资前往德国。

（2）德福考试是语言考试，其考题内容与德国高校的学习生活有关，德福考试是完成大学学业必备的语言技能测试。

（3）德福考试分别测试 4 个方面的技能：听、说、读、写，证书上分别记录 4 个方面的成绩，因此，学生可详细了解自己在德语语言方面的优劣所在。

（4）德福考试是标准化考试，试题的类型、难易程度、题量大小相对稳定，学生可有针对性地进行复习。

（5）在中国参加德福考试并获得证书，学生可节省时间、金钱，并能在赴德之前完备所有申请大学所必需的材料。

（6）作为外国学生申请入学的德福考试得到德国所有高校的认可，如学生的德福考试等级满足大学的入学条件，学生可免试 DSH 考试（各大学入学德语语言考试）。

（7）学生可随意、多次参加德福考试，德福考试证书的有效性没有年限规定。

（8）德福考试试题及考试成绩均经严谨的科学方法予以审核。

▶▶▶ **德福考试结构及评分**

德福考试的所有命题及内容都与德国大学密切相关,适合所有学科的申请者。

1. 阅读理解

本部分考查学生的阅读理解能力,考试内容是与德国大学有关的 3 篇文章,要求理解大意及间接表达的信息。文章属于不同类型、难度各异,问答题形式也各不一样。

阅读理解部分考试时间为 60 分钟。具体评分等级如下:

(1)5 级。考生能够看懂语言和内容结构复杂的与日常学习生活有关的跨专业题材的学术文章,能够正确理解上下文关系及文章细节并看出文章所隐含的附加信息。

(2)4 级。考生能够看懂结构不太复杂、难度一般的日常文章和与日常学习生活有关的跨专业题材的学术文章,能够正确理解上下文关系及文章细节。

(3)3 级。考生能够看懂与日常学习生活有关的文章,正确理解上下文关系及文章主要细节,能够部分理解跨专业题材的学术文章。

2. 听力理解

本部分考查的是学生的听力理解能力,学生应能听懂与德国大学有关的文章,要求听懂大意及间接表达的信息,共有 3 段文章,难度各异,问答题形式也各有不同。

听力理解部分考试时间为 40 分钟。具体评分等级如下:

(1)5 级。考生能够听懂语言和内容结构复杂的与日常学习生活有关和跨专业题材的学术文章,能够正确理解上下文关系及文章细节。

(2)4 级。考生能够听懂结构不太复杂、难度一般的日常文章和与日常学习生活有关的跨专业题材的学术文章,能够正确理解文章主要观点。

(3)3 级。考生能够听懂与日常学习生活有关的文章,正确理解上下文关系及文章主要细节,能够部分理解跨专业题材的学术文章。

3. 书面表达

本部分考查学生的书面表达能力,学生应能就某个题目完成一篇前后关联、结构清晰的文章,在文章的第一部分要求学生能对示意图或表格进行描述,第二部分要求学生能就某个讨论题阐述自己的观点。

书面表达部分考试时间为 60 分钟。具体评分等级如下:

(1)5 级。考生能够写出内容连贯、结构清晰、语言适当、表达多样的与学习生活有关的日常情景文章(向奖学金提供者提交的报告等)和跨专业的学术文章(课堂记录、报告概要等)。

(2)4 级。考生能够写出内容大体连贯、结构清晰、语言表达基本适当的与学习生活有关的日常情景文章(向奖学金提供者提交的报告等)和跨专业的学术文章(课堂记录、报告概要等),语言上略微不足,但并不影响读者对文章内容的理解。

（3）3 级。考生能够写出内容大体连贯、意思表达基本明确的与学习生活有关的日常情景文章（向奖学金提供者提交的报告等）；能够写出简单的跨专业的学术文章（课堂记录、报告概要等），语言表达和文章结构上的不足略微影响读者对文章内容的正确理解。

4. 口头表达

本部分考查学生的口头表达能力，学生应具备应对大学中不同情景的语言能力，考试由 7 段难度各异的问答题组成。要求学生：能电话查询；能获得或提供信息；能说服他人；能对示意图进行描述和总结；能阐述自己的观点与看法；能对一些问题发表意见并提出理由。

口头表达部分的考试在语言实验室进行，通过录音磁带完成。录音播放问答要求，学生边听边阅读试题，学生的回答录在第二盘磁带上，以求口试的客观性，学生可在参加考试前进行录音练习。

口头表达部分的考试时间为 30 分钟。具体评分等级如下：

（1）5 级。考生应具有在与学习生活有关的日常情景（报到注册、报名选课等）中及跨专业的学术环境（社会政治讨论）中运用恰当、明确、多样的语言口头表达能力。

（2）4 级。考生应具有在与学习生活有关的日常情景（报到注册、报名选课等）中及跨专业的学术环境（社会政治讨论）中运用基本恰当的语言口头表达能力，语言上的不足不影响交流。

（3）3 级。考生应具有在与学习生活有关的日常情景（报到注册、报名选课等）中的口头表达能力（即使由于语言不足而可能造成一定程度的理解困难）；能够在跨专业的学术环境（社会政治讨论等）中初步实现交流目的。

总的看来，德福在写和说上面的要求几乎达到了国内德语专业二年级的水平，要在短时间内达到要求确有难度。

▶▶▶ **德福考试报名**

如学生准备赴德留学，无论是在国内大学在读，还是已完成大学学业，都可参加德福考试。考生应在完成约 1000 小时的德语学习，并了解德福考试后，才可能取得较好成绩。

报名流程为：用户注册→预订座位→交纳考费→查询准考证信息。

德福考试的考试费可通过以下方式支付：使用中国工商银行牡丹卡、灵通卡或招商银行的"一卡通"并办理网上支付手续，进行网上支付。

 **DSH 考试**

DSH 考试全称是"德国高校外国申请者入学德语考试"。它由德国各高校单独组织，

但基本模式统一,重点在于考查学生对所提供文章的口头及书面理解、处理和表达能力,因此,考试包括笔试和口试两部分(有些学校可根据学生笔试成绩的优异程度,免去其口试)。

DSH 是赴德留学的申请者在正式注册开始学习之前必须通过的(在该大学举行的"外国学生申请大学入学德语考试")。这是一项难度较大的语言考试,如第一次未通过,则可半年后再重考一次,每人只有两次机会。如果在该所大学最终未能通过 DSH,则不允许再在其他大学参加此项考试。

因申请学校和专业不同,对德语的具体要求也有所不同。除国际课程和个别专业外,一般都要求在申请入学时德语学习达到 800 学时。这意味着在提出入学申请之前,至少需读 1 年的正规德语强化班(至少 20 学时/周);美术、音乐等艺术类专业(设计专业除外),对特殊才能申请者有时可适当降低语言要求。

但并不是只要拥有 800 学时的语言证明就能通过 DSH 考试,这只是递交入学申请时的最低要求,有该项符合要求的语言证明,就可在申请专业的同时申请先读该大学的语言班准备 DSH 考试。否则,一旦学校同意学生的入学申请,就会书面通知学生在指定日期到该校直接参加 DSH 考试。

进入大学语言班之前,必须通过分级编班考试,然后必须学习 1～2 个学期,累积学够1000～1200 学时方能参加 DSH 考试;通过 DSH 考试,方可正式注册进入专业学习。

值得注意的是,除个别大学设有初级语言班(通常收费)外,多数大学语言班不开设初级课程。800 学时语言证明不仅是数量概念,更重要的是质量概念。如未通过分级编班考试,则只能设法就读于校外自费语言班(费用极高),既要在自费语言学习班上课准备 DSH 考试,还需挤出时间打工,一般学生很难承受。若未通过 DSH考试,就无法在大学注册,自然就无法让签证延期。

▶▶▶ DSH 考试内容

DSH 考试分两步进行,先笔试后口试,考生只有达到笔试总分2/3 以上的分数,才有资格参加口试,口试一般在笔试后约 1 周内进行。

1. 笔试部分

笔试时不准使用词典或其他工具书,笔试由难易程度相同的 3 部分组成:

(1)听力和文章内容复述。听写部分通常安排在文章复述之前,约占这部分考试内容的1/3,需逐字逐句听写,总共听 4 遍;文章复述时考生首先应听懂文章内容,并按主要内容进行总结和概括并用德语复述。一般是一篇科技常识类文章,听 2遍,允许速记,测试考生是否已具备听课或听学术报告的能力。

(2)阅读理解。考生在阅读文章后,根据指令要求,完成指定任务的主要形式有:

①解释文章中画线部分的核心词汇。

②回答问题。

③从文章中找出某一论点的出处和依据。

④总结、概括段意。

⑤给段落加小标题。

⑥针对文章内容所涉及的某一问题发表自己的看法等。

（3）语法结构。考生除应掌握德语一般语法知识外，还需掌握科技文章中常用的语法现象。考试时，考题为 5~20 个句子，根据题目要求改写句型。所涉及的主要语法有：动词、形容词和副词转为名词化；分词扩展定语；被动语态的转换；直接引语和间接引语之间的转换等。

2. 口试部分

只有通过笔试的考生才有资格参加口试。口试时抽题准备，考生可准备 15 分钟；考官就文章内容进行提问或让考生口头复述其主要内容，有时看幻灯片、图片、录像带等，看完后就其内容进行回答或讲述。

能够通过口试的考生要求能听懂所提问题，语言表达正确。

口试评分标准是：对所提问题的反应速度，表达意思是否完整，语言表达是否正确，发音、语调是否准确等，这些都是影响口试考分的重要因素。

▶▶▶ **DSH 考试难度解析**

由于 DSH 考试不是标准化考试，因此各大学之间的考试难度差异较大。

DSH 考试分为笔试和口试两部分。笔试考试分为 4 部分：听力、语法、阅读、写作；有些大学不涉及口试部分。要通过 DSH 考试，学生必须牢固掌握和熟练运用德语语音、词汇、语法、句法及文章结构等基本知识，具有较强的听、说、读、写能力，考试时间一般为 3 小时。

 德国留学申请条件和签证技巧

 德国留学申请条件

▶▶▶ **语言要求**

免试 DSH 必须具备以下条件：

（1）德国高中毕业或相当于同等水平者。

（2）具备文化部长会议颁发的"德国二级语言证书"。

（3）具有歌德学院的"中央高级考试证书"。

（4）歌德学院颁发的"小语言证书"或"大语言证书"。

(5)通过外国一所学术大学同德国大学预科或对外德语专业合作举办的 DSH。少数专业用英语授课,须提交"TOEFL 考试证明"。

德国大学的录取,相对于中国大学录取,要重新认识大学录取的概念,德国大学录取过程中对语言的要求也相对较低,仅仅满足于一纸学时证明和面试时简单的几个问句。当你手拿大学录取通知书(请注意:德国的大学录取通知书同中国的完全是两种意义。德国的大学录取通知书更准确地应称为有条件录取,必须通过语言考试才能注册)毕竟国内学生从小学的是汉语,(极少有从小为留德就开始做准备学习德语)都是临近申请前突击学习几百学时德语。赴德后必须经过德国语言班的学习并通过语言等级考试DSH2。根据德国的有关规定,两年之内无法通过大学语言考试,即被遣返回国。所以必须得埋头苦学德语,务必在国内把德语基础打扎实,最好在国内通过德语水平考试后再出国,这样一方面可使自己在德国有一个宽松的学习环境,另一方面也可迅速适应完全陌生的学习环境。

▶▶▶ **赴德国留学申请入学的学历要求**

进入本科院校要求修完基础教育 12 年,再进入大学修满两年,并且成绩优良。到德国攻读博士学位应有国内硕士学位,且成绩优良,有较强的独立工作和研究能力。

(1)12 年制高中毕业,通过正式高考进入:

①中国重点大学 4 年制本科(设有"学士"学位,下同),修满 1 个学期,不更换专业方向可申请直接入学。

②中国普通高校 4 年制本科,修满 3 个学期,不更换专业可直接入学。

③中国普通高校 4 年制本科学生,修满 1 个学期,必须通过在德国大学预科举行的"大学入学资格鉴定考试",取得"大学入学资格"方可申请入学,但不得更换专业方向。

④中国 3 年制高等专科学校修满 2 年,可申请直接入学;修满 1 年,必须通过在德国大学预科举行的"大学入学资格鉴定考试"方可申请入学。大专在校生只限申请"应用技术大学",不得更换专业方向。

(2)10 年或 11 年制高中毕业进入中国国家承认的高等学校修满 3 年者,可申请直接入学;修满 2 年者,必须通过在德国大学预科举行的"大学入学资格鉴定考试",取得入学资格,不更换专业方向,方可申请入学。

申请时,均须提交真实有效的相应学历证明。未考入大学的高中毕业生不具备申请德国大学(包括大学预科)的资格,其申请均会被拒绝。中国 2 年制大专生学历不符合申请德国高等学校的要求。中国的广播电视大学的学历通常不被德国大学所承认,除非获得了"学士"学位证书,才有可能以"同等学力"的资格申请德国的高等学校。中国大学本科毕业生如果在德国大学选择的专业同自己原来学习的专业方向相同,学校则会根据情况减免学年。

为吸引外国留学生,德国许多高校对教学大纲和课程设置作了一些改进,有些专业设立了用英语或英、德双语授课的国际课程。此外,攻读学位也有了新的途径,现在既可以按传统方式直接攻读"硕士",也可以按改革的办法在一些高校先读新设立的"学士"学位,接着攻读"硕士"学位。获得"硕士"学位后,还可以继续攻读"博士"学位。

大学学习签证上通常都注明去某城市入读某大学有效。更换城市必须有令人信服的理由,由当地外国人管理处酌情决定。

 ## 德国签证技巧

若计划在德国逗留 90 天以上,需申请德国签证(申根签证与德国签证不同,持申根签证只可作短期逗留,最长逗留时间为每半年 90 天)。在处理德国签证申请方面,德意志联邦共和国大使馆同申请人在德国未来居住地的外国人管理局紧密合作。只有在该外国人管理局做出肯定答复后,使领馆方可发给签证。因此,情况不同,申请的处理时间也有不同。处理时间通常为 6 ~ 12 周。就居留目的(如留学)发给的德国签证有效期为90 天。在入境德国后,申请人应立即去主管外国人的管理局面谈,并申请有效居留许可。德国签证的持有者只有权在德国居留,但允许德国签证持有者在申根国家做为期最长 5天的旅行,以便能到达德国(可在申根国家机场过境)。

▶▶▶ 签证材料

申请留学签证(长期)所需材料:

(1)旅行护照(申请时护照有效期应不少于 6 个月并附上护照照片页的复印件 2张)。

(2)4 张相同的白色背景的近期护照照片。

(3)3 份填写完整并亲笔签名的 PK1200 申请表。

(4)德国高校的录取通知书原件及复印件 2 份,必须在学校规定的注册日 6 周前递交签证申请。

(5)录取通知书上要求的授课语言知识证明。

(6)参加德国某语言学校语言速成班的邀请信(每周不少于 20 课时)和已交学费收据(语言速成班为时不得少于 3 ~ 6 个月,且有经过语言速成班后直接被大学录取的证明,此证明可通过与相关高校联系即可获得)。

(7)留德人员审核部的审核证书(原件及 2 份复印件)。

(8)注明留学理由的完整的德文或英文简历。

(9)自入境起的医疗保险证明原件及 2 份复印件。

(10)留学期间的资金费用证明:

①在德国境内银行账户上存有 1 年且至少 7020 欧元的存款证明(限使用存款账户)原件及 2 份复印件;

②符合外国人居留法相关条款要求的经济担保书原件及 2 份复印件。

③留学签证申请只能向留德人员审核部递交（www. aps. org. cn）。递交签证申请的时间为星期一和星期三的上午 8:30—11:30。留德人员审核部负责将签证申请转交到使领馆签证处。

④个别情况可要求提供其他材料到签证处面谈。为确保申请人的签证申请能及时得到处理，须在两个工作日内递交所需的补交材料。

⑤持有德国高校无条件录取通知书的学生，请直接到使领馆签证处面交签证申请。不必通过德国人员审核部的审核程序（不需要提供留德人员审核部的审核证书）。

该类人员除提供上述材料外还需提供：

一是无条件录取通知书原件及两份复印件。

二是中国大学的毕业证书或高考成绩单和大学在读证明（如大学尚未毕业）原件及两份复印件。通常签证处需要 6 周时间处理申请人的签证申请。

▶▶▶ 签证申请

所有持因私普通护照者须按预约时间亲自到签证处申请签证。预约电话工作时间为周一至周五上午 8:00—11:45；周一至周四下午 13:15—16:30；周五中午12:30—13:45。

▶▶▶ 领取护照

如在递交申请时同意用中国邮政 EMS 寄送护照，签证处理完毕后将立即寄回护照。若未选用上述方式，可于每周五 12:30—13:30 在签证处领取护照。

德国驻华使领馆

地 址	邮 编	电 话
北京市朝阳区东直门外大街 17 号	100600	010-8532 9000
广东省广州市环市东路 339 号广东国际大酒店主楼 19 楼（签证及领事处已搬迁到广东国际大酒店的 20 楼）	510098	020-8313 0000
四川省成都市人民南路 4 段 19 号威斯顿联邦大厦 25 层	610041	028-8528 0800
上海市永福路 181 号	200031	021-3401 0106

 出国行前准备及入境禁忌早知道

 出国行前准备

▶▶▶ 各种证件

护照、入学通知书、2 寸照片，适当带点欧元，国内的国际卡或者信用卡带 1 张。

▶▶▶ 学习用具

（1）带 1～2 个记事本，不要太厚，可以带点便笺纸（小张的，能粘的那种）。

（2）书和字典根据自己需要，如果不学德语，1 本德汉（汉德）的双解字典即可，最好带电子词典（英文德文都有）。

（3）平时常用的文具。

▶▶▶ 生活用品

（1）洗发水、沐浴液、洗衣粉、肥皂等洗涤用品带 1 个星期左右的量就可以了。

（2）化妆品（洗面奶、护肤等）要稍带多一些，在德国买东西还是需要一段时间熟悉和适应的。

（3）卫生纸、卫生巾这里也很便宜，少带。

（4）毛巾、浴巾等要多带点，床单、枕巾、被套带两床，能换洗，被子和枕头不用带。

（5）香菇、木耳和紫菜等干货可以多带。

（6）隐形眼镜的药水不用带很多。

（7）有瑞士军刀的话就带上，挺有用的。

▶▶▶ 电　器

（1）电饭锅可带可不带，如果住的是学生宿舍，可能还有以前学生用过的。

（2）手机可以带来，然后在这里买卡使用。

（3）数码相机、MP3、MP4 或 MP5。

（4）携带电脑要记得带根网线（长度最好在 10 米左右）备用，再带些安装软件、移动硬盘、U 盘、充电电池、充电器、耳麦和摄像头。

（5）多功能插线板和德国标准转换插头 1～2 个。

（6）吹风机可以带个小的。

▶▶▶ 药　品

药品不用带很多，带一些创可贴、消肿止痛药、感冒药和止泻的药就可以了。

▶▶▶ 衣　服

德国濒临北海，森林覆盖率超过 30%，所以气候相对温和。柏林和中北部地区几乎都是这样，南部山区可能会有一点差异，不过也很少有酷暑的天气。

德国属于高纬度国家，日照时间变化很大：12 月下旬上午 9 点天才大亮，到下午 4 点天就全黑，冬天常常阴云密布，难见阳光。6 月底从凌晨 4 点天就亮，到晚上 10 点天也不完全黑，好像天空中不再会有漆黑的夜幕。所以德国的冬天让人痛苦的不是寒冷，而是阴沉的天空和漫长的黑夜。

室内、公交车和地铁等都有暖气，冬天不会有多少挨冻的时候。一般室内温度 15℃～20℃，可以穿一套贴身保暖的秋衣秋裤，一条薄毛裤，一条休闲裤或者牛仔裤，一件薄毛衣。出门时直接套上羽绒服，或者再穿一件保暖的夹克或大衣即可。

羽绒服不是绝对要带的衣服，可以用皮衣、高级保暖的大衣、风衣或夹克代替（如果带了这些，可以考虑不带羽绒服）。要带羽绒服也不要很厚的，关键是要大些、防风好些。

特别注意：常换洗的内衣、秋衣和袜子等要多带些，外套和毛衣少带些。因为租的房不一定带有洗衣机，要多攒几套脏衣服以便集中去洗衣中心清洗。

入境禁忌早知道

留学生在进入德国前，要了解德国海关对于旅客入境的规定，避免在办理入关手续或携带物品的问题上发生不必要的麻烦。

留学生在留学德国入境时，将需要接受身份核查，在确认护照、签证有效后，德国海关会对留学生所携带的物品进行询问或检查。

德国政府对空中安全非常重视，留学生不能随身携带任何武器，包括刀子、枪支或其他利器上飞机，如果留学生因故携带了这些物品，也要在办理登机手续前，放入大件的行李中一起托运，否则将可能被德国海关扣留。

德国海关规定，非欧盟国家的旅客在入境时，只能携带价值不超过58.8欧元的个人生活用品，否则将被征税。不过这一条规定在被执行时是有一定困难的，因为德国海关并不能确定每一样物品的价值，在这一点上留学生可以适当灵活掌握自己的行李数量。

德国政府对于烟、酒等特殊产品，也有不同的免税规定：

（1）德国入境旅客可以携带的烟草数量是香烟200支或小雪茄100支、烟草250克或雪茄50支。

（2）德国入境旅客可以携带酒类产品的重量是22度以上的酒1公升或22度以下的酒2公升、含有酒精的饮料2公升、普通葡萄酒2公升。

（3）德国入境旅客可以携带的咖啡和茶类产品的重量是咖啡粉500克或浓缩咖啡精200克、茶叶100克或浓缩茶精40克。

（4）德国入境旅客可以携带的其他产品重量是香水50克或花露水0.25公升。

留学生如果是结伴一起办理德国入境手续，则需要把每个人所携带的烟酒类物品分开装带，否则德国海关人员会认为此类物品全部属于一个入境者而要求其纳税。另外，留学生只有年满17岁以上，才能够携带酒精或烟草类物品进入德国国境，否则将被视为违法，咖啡类物品的携带限制年龄是15岁。

德国海关对于武器、弹药和新鲜的肉类都是禁止携带的，留学生要特别注意。

留学生可以携带人民币、美元或其他货币及黄金进入德国国境而不需要进行申报，而这些货币在德国国境内也可以兑换，不会受到限制。

爱尔兰

因经济发达而赢得"欧洲小虎"美誉

爱尔兰有哪些全球知名大学

都柏林圣三一学院、都柏林大学、高威大学、科克大学学院、都柏林城市大学、利默里克大学、都柏林理工学院和梅努斯大学。

都柏林圣三一学院

都柏林圣三一学院位于爱尔兰首都都柏林,是 1592 年英国女王伊丽莎白一世下令为"教化"爱尔兰而参照牛津、剑桥大学模式而兴建,至今已有 400 多年历史,是爱尔兰最古老的大学,亦是不列颠及爱尔兰八所古典大学之一。其中学校的商学,生物医学,计算机科学等处于世界领先地位。学院占地 47 英亩,各时期的建筑自成方阵,颇具时代特色。都柏林圣三一学院是一所综合性大学,下设 7 个分院,共有 70 多个系。作为欧洲顶尖大学联盟科英布拉集团成员之一,都柏林圣三一学院科研实力雄厚,是爱尔兰第一、欧洲著名的高等学府。

都柏林大学

都柏林大学是一所著名研究型学府,爱尔兰最大的大学,位于首都都柏林,有超过 1500 名教师和 32000 名学生。学校始建于 1854 年,由约翰·亨利·纽曼任第一任校长,1997 年更名为爱尔兰国立都柏林大学。都柏林大学属爱尔兰国立大学联盟,联盟其他成员为爱尔兰科克大学、爱尔兰国立高威大学、国立梅努斯大学。学院的校友及教员中共诞生了 5 位诺贝尔奖得主,多位政府或国家首脑。都柏林大学致力于提供一流的教学和科研教育,近 5 年来,在世界最权威的 QS 世界大学排名中排名世界 89~154,爱尔兰第 2,仅次于世界闻名的都柏林圣三一学院。其中学校的商学,生物医学,计算机科学等处于世界领先地位。都柏林大学为世界著名大学联盟 Universitas 21 成员之一。其中,都柏林大学思摩菲特商学院(研究生)是爱尔兰唯一一个同时拥有美国商学院协会(AACSB 国际)、欧洲质量改善系统(EQUIS)和英国工商管理硕士协会(AMBA)认证的商学院,被誉为三皇冠认证。

爱尔兰留学优势:教育体制严谨,文凭世界认可

爱尔兰教育优势

▶▶▶ 英式教育

爱尔兰拥有世界一流的高等教育体制,接受高等教育的人数比例高于任何其他欧洲国家。爱尔兰的教育费用和生活费用较低,与其他欧洲国家相比有很大的优势。

▶▶▶ 英语国家

爱尔兰是纯正的英语国家,日常用语及授课全部使用英语,拥有深厚的文化和历史底蕴。

▶▶▶ 严谨的教育体制

爱尔兰高等学校主要由国立大学、理工学院及私立高等学校和其他学院组成。

专业优势

爱尔兰软件、电信、工程、医学、生物、商科、旅游、金融和计算机及工程专业在世界享有盛誉。

学历优势

(1)爱尔兰文凭获世界认可。国际学生毕业,部分专业学生可直接申请 2 年的工作签证。

(2)专业设置和课程安排根据实际的产业发展不断地完善和更新,所学课程和工作实践紧密结合,学生在就读学业过程中可获得在大中型公司带薪实习的机会。

入学标准

中国的高中在读学生(高二及高三)或者应届高中毕业生均可申请爱尔兰的大学预

科或本科课程。中国学生申请爱尔兰高等院校有3种选择：

（1）学生可以直接向爱尔兰的高等院校申请，若得到许可，可以直接进入爱尔兰的大学学习。爱尔兰高等院校也有许多它们自己的要求，比如中国学生国内的高考成绩就是去爱尔兰留学的一个有力凭据，这是海外学生进入爱尔兰大学最常见的途径。但重要的是，申请人要保证自己的教育背景满足高等院校的入学标准。申请人可以和具体的高校联系取得更详细的信息。

（2）中国学生在爱尔兰上中学并和爱尔兰学生一样参加中学毕业考试。有的学生边学英语边进行中学毕业考试。

（3）中国学生也可以在国内或爱尔兰进行预科学习，拿到当地的大学录取通知书后再进入大学学习。

爱尔兰奖学金：成绩优秀将会获得高额奖学金

圣三一大学奖学金

圣三一大学作为爱尔兰大学的最高代表，招收的是在学术方面非常优秀的学生，入学的时候是没有奖学金的，但每年期末有一个奖学金考试，所有都柏林圣三一大学的学生都能参加，如果能通过考试，获得很好的成绩，就会提供50%的奖学金。

都柏林大学奖学金

在本科阶段不提供国际学生奖学金，如果是入读学校的理工科或者农学等的研究型硕士，申请获得学校奖学金的可能性还是很大的。

爱尔兰国立梅努斯大学奖学金

课程主要集中在硕士和博士课程，留学生只要学习能力足够优秀，就有机会获得每年高达2万欧元的高额奖学金。如留学生学习博士课程，就可以在3年的学习过程中，一共获得6万欧元以上的奖励，而不必担心自己的学费和生活费用。

唐道克理工学院全奖奖学金

针对四川籍学生申请建筑相关课程的学生，唐道克理工学院提供了两个全奖名额，包括学生本科期间全部学费和住宿费，旨在希望学生学成后为四川的建筑行业做出贡献。

唐道克理工学院住宿奖学金

针对申请理工类课程的学生，唐道克理工学院提供了本科期间全部住宿奖学金，希望促进学生选修爱尔兰急缺人才专业。

 沃特福德理工学院奖学金

该奖学金针对电子工程、机械制造工程、计算机(信息技术)、酒店管理、旅游市场营销、音乐、国际商务、园艺学、农业科学等专业的学生,获奖者可减免每年学费25%。

 利默瑞克大学奖学金

作为爱尔兰就业率及起始工资最高的、与工业行业联系最紧密的大学,利默瑞克大学为学生提供多种多样的实习机会及奖学金,学生最多可获得本科期间每年学费均减半的巨额奖学金及至少半年的带薪实习。

爱尔兰7所国立大学的硕士、博士课程均提供名目众多的奖学金课程。学习硕士课程的中国学生申请奖学金,需要如下条件:

(1)爱尔兰大学全额奖学金的颁发条件是留学生的成绩达到GPA 3.5/4.0、英语成绩达到雅思6.5/托福600。

(2)爱尔兰大学半额奖学金的颁发条件是留学生的成绩达到GPA 2.5/3.0、英语成绩不做要求。

奖学金发放形式:

①申请到爱尔兰学校专业录取后,条件达标的学生,住宿费用减免。

②申请到爱尔兰学校专业录取后,以减免学费的形式体现。

③申请到爱尔兰学校专业+语言录取后,在缴纳学费时直接减免学费。

 # 爱尔兰留学打工:多数费用可通过打工解决

 留学打工基本情况

爱尔兰对留学生的打工不做过多的限制,只是对留学生每周打工的时间做出了要求。爱尔兰规定,留学生在课程进行期间,每周打工时间不能超过20小时,在假期每周打工时间不能超过40个小时。

爱尔兰是留学国家中留学生打工收入较高的一个国家,在欧盟国家中属于中上水平。

留学生在爱尔兰学习期间,如果可以坚持自己外出打工,那么基本上留学生的大部分学费和全部的生活费都可以通过打工收入解决。

爱尔兰为中国留学生提供的打工职位,主要是中餐馆和麦当劳等餐馆的服务生、商店的收银员、工厂流水线操作员、酒吧保安等。如果留学生的专业技能较好,也可以到一些专业性较强的行业打工,如计算机编程、钢琴家教等,这类打工收入要比普通打工收入要高出许多。

 爱尔兰留学兼职途径

爱尔兰留学生打工找兼职的主要途径有中介雇用、朋友介绍、花钱找工作和看报纸找工作等。

留学生想要在爱尔兰用中介雇用的方式找工作,就需要保证自己有足够的英语交流能力,否则无法清楚地描述自己的情况和想找的工作。留学生在找工作期间,部分中介会要求留学生提供自己的简历,这包括留学生的学历、工作经验等。

在爱尔兰找工作更实际的方法是靠朋友介绍,很多中国留学生都是靠这样的方法找到自己兼职工作的,但是这对留学生的人际交往圈要求很高,留学生需要认识的朋友较多,才能较快找到自己所想从事的工作。

爱尔兰留学生另一个常用的找工作途径是付费找工作,留学生在 USIT 的信息板上可以看到各种的招工信息,这些信息都是收费的,留学生只有花一定的费用才能获得全部信息内容。

留学生在爱尔兰找工作还有一种途径就是看各种报纸,爱尔兰的晚报上会登载有各种的招工信息,留学生只要有足够的英语水平,就可以打电话去应聘。

 留学爱尔兰的费用:低于英美发达国家

爱尔兰七所国立大学文科或理科专业学费一般为 9 万~14 万元人民币,私立或理工大学学费较低,一年 9 万元左右人民币,都柏林生活费约 8 万元人民币,假若不在首都都柏林,一年生活费约 6 万元人民币。

 爱尔兰留学申请条件和签证技巧

 爱尔兰留学申请条件

▶▶▶ **预科申请**

1. 预科申请材料

(1)毕业证书。

(2)成绩单。

(3)在读学生提供在读证明和成绩单。

(4)IELTS 或 TOEFL 成绩。

(5)其他获奖证书。

2.入学要求

(1)高中毕业或优秀高三在读学生。

(2)IELTS 5.0 分或同等水平。

▶▶▶ 本科申请

1.本科申请材料

(1)高中毕业证书公证件。

(2)高中成绩单公证件。

(3)在读学生提供在读证明和成绩单。

(4)IELTS 或 TOEFL 成绩单。

(5)个人简历。

(6)一封推荐信。

(7)其他获奖证书(若有)。

2.入学要求

(1)18 岁以上,国内大学的录取通知书。

(2)高中毕业或同等学力。

(3)平均成绩 80 分或 80 分以上(百分制)。

(4)IELTS 6.0 分或同等水平。

▶▶▶ 研究生申请

1.研究生申请材料

(1)本科毕业证书公证件。

(2)学士学位公证件。

(3)大学成绩单公证件。

(4)在读学生提供在读证明及成绩单。

(5)IELTS 或 TOEFL 成绩。

(6)个人简历。

(7)PS。

(8)两封教授推荐信。

(9)其他获奖证书(若有)。

2.入学要求

(1)本科毕业证书和学士学位。

(2)平均成绩 80 分或 80 分以上(百分制)。

（3）申请商科、人文或教育类研究生课程者，要求 IELTS 6.0～6.5 分或同等水平。

▶▶▶ 其他课程申请条件

（1）语言课程：18 岁以上，高中毕业。

（2）大学预科：18 岁以上，高中毕业，雅思 4.5 分或同等水平。

（3）专升本：大专毕业，雅思 6.0 分或同等水平。

（4）专升硕：大专毕业、工作满 2 年，雅思 3.5 分以上，先就读研究生预科，后进入硕士课程。

（5）博士课程：须有硕士学位，雅思 6.5 分或同等水平。

爱尔兰签证技巧

▶▶▶ 有效护照

自课程结束之日起，护照至少仍有 6 个月的有效期。如果有旧护照，申请人需提供旧护照复印件以便了解其过去的出入境情况。除了有效签证页外，其他各页也同样需要提供。

▶▶▶ 课程证明

学校须提供邀请信，明确此人已被录取参加全日制课程的学习（注明专业），所学课程需要 15 小时或更长学时，由个人付费。非正式的邀请信无效。学校在教育及其他办学资历方面必须取得司法部的认可。对于英语语言学校来说，通过英语学习院校协会得到教育部的认可是先决条件。

▶▶▶ 费用付清证明

必须证明学费已经全额付清。付款凭证可随租房费用、学费及其他有关开支一并写入邀请信中。

▶▶▶ 医疗保险

每个学生都要有全额个人医疗保险。接受院校的录取通知书应注明该生有医疗保险，并详细载明院校代表学生办理的保险内容。或者出国之前，该学生本人在国内办妥在爱尔兰的个人医疗保险证明。

▶▶▶ 家庭成员

申请人需介绍他们已经在爱尔兰或其他欧盟国家定居的家庭成员（包括表亲、叔侄、祖父母等）的情况。

▶▶▶ 个人情况

申请人的个人履历应清白，因为是出于对公共政策、公共安全或卫生方面的考虑（提供无犯罪记录证明）。尽管提供了所有文件，由于上述方面的原因，必要时申请人会被拒签，拒签理由恕不奉告。有过被英国拒签或在英国有不良移民记录的,其签证的签发将受到影响。如果某人没有得到赴英签证,须提供拒签理由以便据此做出能否发签证的决定。

▶▶▶ 经济能力

申请人需提供即使在紧急情况下也无须求助爱尔兰政府,有足够能力维持其在爱尔兰生活的证明。

▶▶▶ 申请人简历

申请人准备学习的课程应与其个人的简历相关。通过面试或从学校代理那里,学校应对该生情况的可靠性感到满意。有关学校或学校代理对申请人进行的考核或面试的情况可以作为申请的辅助材料递交。在提供本人简历、家庭情况、过去学习情况等证明材料后,申请人拿到签证的可能性更多。

▶▶▶ 在本国就职情况

如果申请人是在职人员,雇佣单位必须明确:

(1)雇佣单位提供全部学费,如果申请人个人支付费用,雇佣单位必须认可并表明申请人有足够经济能力。

(2)雇佣单位同意申请人暂时离职,而离职时间与录取学校的课程期限一致。

(3)学习这一专业的理由。

(4)申请人的收入水平及币种。

▶▶▶ 申请材料必须相互一致

申请材料与辅助材料中的内容不能相互矛盾。例如,申请表所列在爱尔兰停留期限不能与所学课程的长短不一致。

▶▶▶ 签证类型

在最初递交申请时,具体的课程期限需注明以便了解。如果申请人有可能学习90天(3个月)以上,应申请"D"类学生签证。少于90天的,可申请"C"类学生签证。如果持有"C"类签证者欲办理延期,须向授理再次申请的签证官提供书面申请才会得以考虑,不过只有在极其特殊的情况下才可能得到延期。凡不能出示全部材料者将被拒签,材料应详细列举交费项目,并证明款项已付。需出示的材料如下:

(1)欲学课程的具体情况。

(2)住宿情况应与房东提供的情况一致。

(3)证明有足够经济能力,所有经济能力的证明材料应与本人情况相一致。

(4)提供申请人过去在爱尔兰上学的出勤率。

(5)申请人的特有条件将起重大作用。

(6)提供带有赴爱签证的护照复印件。

▶▶▶ 基础课程

如果申请人在最初提出申请时已明确其意愿,申请学习基础课程,目的是之后在其他院校学习时间较长的非语言专业以获取文凭或学位,并且司法部认为申请人符合学习这两种课程的所有上述条件,并同意申请人在爱尔兰预计的学习期限,这种情况可以拿到签证。

▶▶▶ 再次申请的权利

被拒签后,可以再次申请签证;再次申请时,如果能提供有利的附加材料或补交上次遗漏的材料,拿到签证的机会显然多一些。

▶▶▶ 再次入境签证

学习期间,如果确实有原因可能需离开爱尔兰,但本人真心希望继续在爱尔兰的学习,可以申请再次入境签证。

▶▶▶ 继续留下的签证条件

作为签证申请程序的一部分,学生需签一份保证书,包括以下内容:

(1)在爱尔兰期间,他们将不会参加任何形式的就业。

(2)保证他们将不会违背申请时的各项要求。

(3)学生们要了解一旦他们违背了签证申请时的条件,经调查后,可能会被驱逐出境。

▶▶▶ 爱尔兰学生签证申请

当你已经把学费汇入学院银行账号后,会收到来自学院的最后接受信函。一旦你收到最后接受信函,你应当填写爱尔兰学生签证表并交给爱尔兰北京大使馆。

请注意,申请学习签证时你还应当提供下列文件:

来自爱尔兰学院的最终接受信函;资助人的财务能力证明,证明你在爱尔兰学习期间你的资助人有能力提供财务支持;资助人信件,指明他(她)将为你在爱尔兰学习期间提供财务支持(英文或中文带有英文翻译);资助人的财产信息(商业资产、个人财产)等。

这些情况应以英文书写,包括资助人的姓名和地址(如可能应提供公司名称、姓名、注册号和地址)。

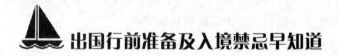 出国行前准备及入境禁忌早知道

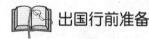 出国行前准备

▶▶▶ 携带物品

(1)厨房类。首推电饭煲:煮饭、炖肉、炖汤全靠它,也节约时间,看书时不用分心。

筷子可多带几双,自用或当礼物(国际学生很喜欢);中餐调料可以带一些,分量也不算重:鸡精、干辣椒、压缩木耳、压缩蘑菇、海米、肉松,当然这些中国城都能买到。

(2)电子类。笔记本电脑(能带尽量带,背在身上上飞机不算重量);耳麦:跟家人上网用QQ聊天,比买电话卡值;U盘或移动硬盘:多带几个;电视卡:有的宿舍没有配电视,有笔记本的配上电视卡就能看了;数码相机在国内买要便宜很多;手机:国内手机在此可直接用;电子词典;转换插头一定要带,还有CD、软件等。

(3)服装类。准备棉制内衣、裤、短袖衬衣、牛仔裤、能防雨的休闲服装,当然男生准备一套西服,女士一套晚礼服或旗袍还是必要的(至少毕业典礼要用),泳装可带,游泳是夏天主要的休闲度假方式。

(4)旅行运动类。睡袋:国内鸭绒睡袋又轻又好,这里有的宿舍不提供床上用品,旅游时很多青年旅馆和小旅店要单收床具费;运动鞋:这里有很多公园,你会发现在公园慢跑是一种享受;拖鞋:宿舍和欧洲酒店都不提供拖鞋;还应带瑞士军刀(一定要托运,不可直接带上飞机)。

(5)文具。笔记本、签字笔、眼镜(多配一副)、小闹钟、信封。

(6)药品。可以准备一些胃药、眼药水、烫伤药、跌打水、芬必得,还有清热泻火中药等。

(7)小工艺品。传统中国民间工艺品、小饰品,送老师,或当参加PARTY的礼物都行。尤其是脖上、手上戴的链子和小饰品外国女孩最爱。

▶▶▶ **出发前注意事项**

必须提前至少一周时间通知校方安排寄宿家庭,有的学校暑假期间要求提前两周通知。因爱尔兰与中国没有直航班机,因而学生需经欧洲的大城市转机。伦敦是最经济的线路,但因需申请过境签证,必须到北京使领馆面试,哥本哈根、阿姆斯特丹、布鲁塞尔等都可以成为前往爱尔兰的中转城市,而且无须申请过境签证。但请将机票复印后传真至代理处。一般学生在出发前可以联系到寄宿家庭地址、电话,以方便入境及家长与学生的联系。购票时请注意航班之间的衔接时间是否方便。

外地学生最好提前一天到达登机城市,以免因意外发生延误登机。国际航班一般提前2~2.5小时进行登机登记,起飞前1小时结束登记。如果你在起飞前1小时未到柜台前登记,航空公司有权将你的位子转让给其他乘客。学生到达机场后先购买机场建设费,然后凭护照、机票在你的航线柜台前排队办理登机手续,同时托运行李。

普通舱免费托运行李为20千克,连带手提行李(1件),总共不得超过28千克。否则,超过部分会罚款。不可以将任何贵重物品或现金放在托运行李中,否则发生丢失航空公司不负责任。

办好登机手续的学生凭护照、机票、登机牌办理出境手续(即通过边防登记),之后通过安全检查,按登机牌上的指示,到指定登机口等候登机。登机后请按登机牌上的座位号坐好,将随身的行李放在头顶上面或前面座位下方。请不要大声喧哗,以免影响周围的乘客。起飞后,飞行期间会有饮料、午餐和晚餐等供应。如果特殊需要,可按扶手旁边的按钮呼叫服务员。请不要带走飞机上任何物品,如耳机等,这些都是飞机专用耳机,有可能毁坏你家中的电器,因为功率非常大。

有的航班在办理登机手续时已将下一段的登机牌换好,学生可根据登机牌上的指示找到登机口(GATE),按登机时间登机。学生可以在过境机场浏览参观,购一些小纪念品,但切记在航班起飞前 30 分钟到指定登机处等待登机。有的航线需要中转机场等待通知,一般在起飞前 1 小时可在电视屏幕上按航班号找到登机口和时间,请密切注意,中转机场没有登机广播。如果有疑问可持机票或登机牌向机场工作人员求助。

登机前务必检查一下物品是否随身带着:护照、学校通知书、学费收据、现金或者汇票 2500～3000 欧元,爱尔兰接机人信息和寄宿家庭信息。

中途转机时如果航班延误,请及时通知接机人员。

📖 入境禁忌早知道

爱尔兰只签发入境签证,因此无论如何签证,自签发之日 3 个月有效。在入境时,移民官员对入境人员进行例行的查问,因此,如果你没有足够的证据证明自己是个真正的学生,你有可能被拒绝入境。一般说来,学生必须随身携带护照、机票、入学通知书、寄宿家庭地址及现金或旅行支票。现金或旅行支票的金额建议在 3000 美元以上,否则移民官有权认为你没有能力支付学习期间的生活费用,有非法打工的倾向。

根据爱尔兰有关法律,爱尔兰的海关官员将对入境者进行抽查,查验违禁物品,防止走私。如携带违禁品,除没收有关物品外,携带者还将被处以 3 倍的有关物品税后价格的罚款。因此,一定要了解一些出入境的注意事项。一般,出入境所带货币不受限制。

(1)可免税携带的物品。香烟 200 克,小雪茄 100 克,雪茄 50 克,烟草 250 克,烈性酒(威士忌、特加、杜松子酒)1 公升,蒸馏酒 2 公升,香水 60 毫升,香精 250 毫升。其他物品,包括啤酒、礼物、纪念品等。一般,成年人可携带 175 欧元价值的物品,15 岁以下儿童可携带 90 欧元价值的物品。烟酒及其中间产品的限量可以组合,如:可同时携带半升的烈性酒及 1 升的葡萄酒或者 100 克的香烟和 50 克的小雪茄,但未满 17 岁者不许携带烟酒。

(2)禁止或限制物品。下列是主要禁止或须取得许可后才可进口或入境的物品:武器、弹药、炸药、伤害性武器;淫秽物品(书籍、期刊、印刷品、音像制品);植物及球茎、动物及动物尸体(包括猫、狗)、鸟、禽、濒危物种、干草及稻麦秆(作包装材料用也不允许);毒品:根据爱尔兰法律,进口或携带毒品入出爱尔兰国境属违法。

自2003年1月起，欧盟以外国家的奶制品、肉制品及新鲜食物未经提前批准，禁止携带入境。

飞机到爱尔兰后需填写入境卡，将护照一并交给入境官。中国学生需在非欧盟通道排队入境。抵达爱尔兰后如果发现没有接机人，可电话联系接机人。建议学生入境后在机场换一些欧元使用，准备第二天早上乘车或打电话时需要。抵达住所后，及时通知家人报平安，并尽快到校注册，到银行将现金存好，拿着通知书、护照、爱尔兰银行卡等材料到国际办公室找指导老师去当地警察局办理落户签证。

学生在入境后1个月内须凭护照、学生证明及学生在爱尔兰银行开具的银行存款证明办理注册签证。所取得的居留期限长短与学生申请课程时间相同。

西班牙

留学生与本国学生享受同等待遇

西班牙有哪些全球知名大学

巴塞罗那大学、马德里自治大学、巴塞罗那自治大学、马德里康普斯顿大学、纳瓦拉大学、加泰罗尼亚理工大学、马德里卡洛斯三世大学、庞培法布拉大学、瓦伦西亚理工大学、萨拉戈萨大学、马德里理工大学、格拉纳达大学、阿尔卡拉大学、瓦伦西亚大学、萨拉曼卡大学、塞维利亚大学、孔波斯特拉大学、巴斯克大学、卡斯蒂利亚拉曼恰大学、穆尔西亚大学、奥维多大学、卡洛斯国王大学和拉科鲁尼亚大学。

巴塞罗那大学

巴塞罗那大学位于地中海沿岸最大城市,地中海联盟总部所在地巴塞罗那,综合实力在世界百强,伊比利亚美洲顶尖,西班牙第一,是西班牙最古老的著名高等学府之一。文艺复兴时期,1450 年 11 月 3 日,阿拉贡王国国王,"宽宏者"阿方索五世下令成立巴塞罗那大学,现在已发展演变成一所学科全面、集教育与科研于一身、多项科技成果领先世界的著名公立大学。该校各学科实力较均衡,基本都排名世界前 200 位以上,类似于复旦大学水平,符合中国国家留学基金管理委员会申请奖学金的要求。有深厚的医学、人文、理学及政商传统。巴塞罗那大学是素有"欧洲常春藤联盟"之称的科英布拉集团成员之一。

巴塞罗那自治大学

巴塞罗那自治大学始建于 1968 年,世界大学 200 强,位于西班牙加泰罗尼亚自治区的巴塞罗那省。该校因其杰出的研究和教学质量扬名世界，现不但傲居西班牙之冠，更被公认为欧洲最优秀的大学之一。巴塞罗那自治大学是一所综合性大学，拥有欧洲顶尖的师资、教学器材及实验室。拥有超过 3600 名学术研究人员，其中包括 1600 多名来自56 个国家的科学工作者。学校高度国际化，大学分别设有西班牙语，加泰罗尼亚语和英语三种语言授课模式，在 2015—2016 学年，共有 6527 名国际学生在该校学习。巴塞罗那自治大学的博士后研究课程排名全球（除美国本土的学院以外）第 34 位，是西班牙全国公私立大学中唯一进入全球前 35 名的大学。在最新 2016 年泰晤士世界大学排名中位居西班牙第一。

 ## 西班牙留学优势：教育水准世界一流，签证快

西班牙的高校教育水准堪称世界一流，但由于人口年轻化程度较高，西班牙大学一直以来只能接收少部分外国学生。目前，西班牙正日趋繁荣，学校的接纳能力也已增强，各大学均愿招收更多的外国学生。中国学生的学习水平和勤奋刻苦的学习态度在西班牙是广为人知的，有鉴于此，西班牙的大学决定将优先接收中国学生。

签证时间短，约 1 个月；免考外语；第一年是以强化英语为主的大学预科班，以后进入大学专业学习；半年后允许学生勤工俭学；住满 5 年后可申请长久居留。

 ## 西班牙奖学金：进修奖学金和艺术类奖学金

 ### 进修奖学金

（1）进修范围：
①博士学位；②博士论文；③硕士学位；④特殊课程；⑤调查研究；⑥医学专业（在科研单位、学校或医院）逗留或实习。
（2）申请办法：
①申请人必须提前与学校或相应的机构联系，以便在规定期限内申请该院校的报名表。
②包括在各大学、学院和教学中心的进修课程。
③申请人必须使用其规定的表格。

 ### 艺术类学生奖学金

西班牙国际合作署提供造型艺术、文学、视听、舞台艺术和音乐的艺术类奖学金。

申请条件如下：

（1）申请人必须从事与之有关的职业，或/和具有相关的学位。如果申请人没有学位则无须提供某些要求的材料。

（2）候选人必须被某研究个心、文化中心或与文化艺术有关的企业接收，以便在西班牙完成既定计划。

（3）候选人在递交申请的同时必须附上一份简要的计划和其接受单位明确表明的接收信。

（4）申请人必须使用其规定的表格。

 ## 西班牙留学打工：需申请合法打工学生工作证

西班牙政府允许外国学生在课余勤工俭学，但需另外申请合法打工学生工作证，工作时间不得与上课时间冲突，不得超过一般正常工作的77%（大约30小时/周），并需按照西班牙劳工法与雇主签订工作合约，雇主有义务为打工的学生上社会福利保险并支付保险费用的94%，其他的6%在工资里扣缴。社会福利保险包含100%公立医院医疗及60%药品费用。想勤工俭学的学生可在任何行业寻找打工机会，像马德里、巴塞罗那这些工商贸易旅游大城市，一般在餐饮旅游服务行业与中国有贸易往来的公司是不难找到工作的机会的，无论何种打工都需在通晓西班牙语的基础上进行。

 # 留学西班牙的费用：在欧洲属于比较低的

 ## 本科学费

西班牙各公立大学均根据通过的西班牙教育部法令来调整学费。西班牙的学生平均每学年的学费在原来学费的基础上上涨了300~500欧元，由原来的每年900~1000欧元上涨到每年1500欧元。对于前往西班牙的留学生，虽然法令规定各自治区各大学可根据本区财政状况针对非欧盟的外国学生征收全额培养成本，但是各大学校为了保持吸引各国留学生生源，决定不对外国学生征收高额学费。

西班牙马德里地区最早实施了教育部的法令，其所属六所公立大学平均每个学分上涨3~6欧元，并且费用将会控制每个学分不超过27.14欧元。

 ## 硕士学费

马德里自治区公立大学根据政府出台的法令，官方硕士学费为65欧元每学分，一学

年的学费为 3900 欧元,对外国留学生的学费收取与本国学生学费几乎相同。

此外,西班牙教育局针对学生也提出了降低重读率的理念,如果学生单科注册考试没有通过的话(补考亦没通过),需进行第二次注册并重修该科目,重修的同时单科学费翻倍,如再不通过继续第三次注册,重修费用将再翻倍。

西班牙语水平考试:DELE 考试,终生有效

西班牙语水平证书

西班牙语水平证书(DELE)是塞万提斯学院以西班牙教育科学部的名义颁发的官方证书,能有效证明证书拥有者的西班牙语水平和西班牙语运用能力。在中国,西班牙语水平证书(DELE)是证明作为外语的西班牙语或第二语言各级水平的唯一官方证书,在国际上已获得诸多企业、商会、公立及私立教育机构的承认,且足以证明在西班牙开展有语言能力要求的各项职业或学术工作所要求的语言水平,另外有助于申请西班牙外交部国际合作署的各项奖学金。该证书终生有效。证书分以下几种:

▶▶▶ 西班牙语水平证书(初级)

证明拥有者的语言水平足以理解日常生活中最常见的生活场景并做出适当反应,且能够用最基本的方式表达自己的愿望和需求。

▶▶▶ 西班牙语水平证书(中级)

证明拥有者的语言水平足以应付日常生活的基本场景,能够应付没有特别专业词汇要求的普通交流环境。

▶▶▶ 西班牙语水平证书(高级)

证明拥有者的语言水平足以应付较高语言要求的场景,并且熟知语言背后蕴藏的文化与习俗。

西班牙语水平证书考试结构和考试时间

▶▶▶ 西班牙语初级水平证书考试结构

(1)阅读理解(40 分钟)。

(2)书面表达(50 分钟),使用常用词汇书写简短作文。

(3)听力理解(30 分钟)。

(4)语法和词汇测试(40分钟)。

(5)会话(10~15分钟)。

▶▶▶ 西班牙语中级水平证书考试结构

(1)阅读理解(60分钟)。

(2)书面表达(60分钟),书写1封个人信件和1篇文章,字数在150~200个单词。

(3)听力理解(30分钟),考生将会听到4篇录音短文并回答12道选择题,录音短文内容包括通知、新闻、对话及采访。

(4)语法和词汇测试(60分钟)。

(5)会话(10~15分钟)。

▶▶▶ 西班牙语高级水平证书考试结构

(1)阅读理解(60分钟)。

(2)书面表达(60分钟),书写1封非私人信件和1篇文章,字数在150~200个单词。

(3)听力理解(45分钟),考生将会听到4篇录音短文并回答16道选择题,录音短文内容包括对话、评论及媒体报道。

(4)语法和词汇测试(60分钟)。

(5)会话(10~15分钟)。

阅卷后发出考试结果,学院将会通知考生考试成绩,该过程约为3个月。学院将会对每份成绩做单独处理,通过各个相应的考试中心把成绩发给考生。

学院申明,在考试成绩正式公布前,不会提前告知考生考试结果。

各位考生应当在收到所有与考试有关的文件前,保证与其相应的考试中心的联系通畅。

▶▶▶ 西班牙语水平证书考试时间

西班牙语水平考试一般每年举行2次,分别为5月份和11月份。报名一般安排在考试时间前两个月开始,报名时间维持一个半月左右。

📖 西班牙语水平证书考试报名信息

考试报名应当在规定的报名时间内到指定考试中心报名。注册报名该考试需提供以下材料:

(1)可在考试中心领取报名表或通过网络下载报名表,正确填写报名表(西文/英文)。

(2)带有照片的身份证明原件及复印件,并注明以下信息:证件号、国籍、出生地和出生日期。报考者在考试报名表上所填信息应与身份证件所提供的信息相一致。

（3）给予报考者考试费用交纳票据。

（4）经签章的个人申明,保证至少满足注册考试条件中第二款的两项内容(西文/英文)。

一旦考试报名成功,将交给报考者一份经签章的报名表复印件,注明考生的报考号码。考生将会通过邮件形式收到具体的考试信息,包括考试日期、考试时间和考试地点。

对于那些因行动障碍而无法依照考试指导手册规定参加西班牙语水平考试的考生,学院可为其提供参加该考试的便利条件。

西班牙留学申请条件和签证技巧

西班牙留学申请条件

▶▶▶ 申请时间

申请进入西班牙的大学,应提前一年着手准备各类材料,然后按照规定在申请截止日期前将所有必备材料递交。由于西班牙大学的中国留学生并不多,对专科以上的中国学生持欢迎态度。

西班牙公立大学的入学时间在每年的 2 月和 10 月,DELE 是外国学生的西班牙语等级考试,在每年的 5 月和 11 月举行。外国学生进入公立大学学习须通过西班牙语 DELE 考试和大学入学考试(或评估),可与西班牙本国学生一样享受低学费的待遇,但各个大学的入学要求不尽相同。不通过考试可以直接进入公立大学三年制职业技术学院学习,本科毕业后再转入研究生学习。部分公立大学硕士课程和私立大学硕士课程不需入学考试,但要缴纳较高的学费。

▶▶▶ 不同学历的申请条件

1.申请攻读西班牙本科学位(付注册费,基础研究型、职业类专业)

（1）高中毕业(没有参加高考的必须参加西班牙大学入学考试,或就读高等职业教育学院)。

（2）参加高考及有高考录取通知书。

（3）完成大学一年级课程或大专毕业。

（4）没有语言要求。

（5）申请本专业或相近专业,相同学分接受院校的评估后可以认同。

（6）已经毕业的学历送往西班牙文化处进行评估。

（7）经过评估后可以转读第二专业。

2. 申请攻读西班牙硕士学位（付学费,实用管理型专业）

（1）大本或大专同等学力,具体情况视成绩单和学历原件及公证书。

（2）没有语言要求。

（3）可以申请的专业选择余地较大。

3. 申请攻读西班牙博士学位（付注册费,研究型专业）

（1）学士学位或同等学力。

（2）没有语言要求。

（3）须申请相似或相近专业。

（4）学历在就读语言期间送往西班牙文化处进行评估。

（5）经过评估后可以转读第二专业。

综上所述,在西班牙的升学不论跨专业还是本专业升学,读硕士相对最简单（原理和英国的硕士一样,专业多、选择大、自主性强、有利于将来就业）。

 西班牙签证技巧

▶▶▶ **签证所需材料**

（1）完整填写签证申请表及近期护照照片 4 张。

（2）护照（原件及复印件）。

（3）无犯罪公证书（原件和复印件）。

（4）健康证明原件。

（5）入学通知书（原件和复印件）。

（6）申请人的西班牙语水平证明。

（7）学位证书的公证书（原件和复印件）。

（8）申请人经济保证,必须提供过去 3 个月的资金证明,显示日期、开立银行账户及该公司的证明,说明申请人的父母或监护人的年薪（原件和复印件）。

（9）西班牙住所的证明（原件和复印件）。

（10）医疗保险,涵盖在西班牙医疗费用。

（11）申请人如未成年,需得到其父母或监护人关于其在西班牙学习和居留时间的批准文件的公证认证书（原件及复印件）。

（12）申请人的 E-mail 地址,以便通知。

（13）两个写有申请人在中国的详细地址的信封以便通知。

（14）户口本（原件和复印件）。

补充材料及说明:

（1）个别情况,可能会要求申请人面试。

(2)西班牙大使馆有权要求申请人进一步提供签证所需任何证明材料。

(3)即使准备好上面所提到的所有文件,也不能肯定获得签证。

 签证费

签证费用每年不同,除签证费外,没有其他任何费用。

持有江苏、浙江和上海户口的申请人必须到西班牙驻上海总领事馆申请签证。

西班牙驻华使领馆

地 址	邮 编	电 话
北京市朝阳区三里屯东四街 9 号	100060	010-6532 0780
上海市黄浦区中山东一路 12 号 301/303/305 房间	200002	021-6321 3543

出国行前准备及入境禁忌早知道

 ## 出国行前准备

(1)出国前必须掌握一定学时的西班牙语,这也是申请签证的必要条件之一。

(2)仅持有高中毕业证书,最好有 400 分以上的高考成绩,这样可以进入西班牙公立大学就读免费本科课程。

(3)大学在读生,要至少完成大学一年级的课程,再以申请西班牙相同专业学分转换的形式,到西班牙大学继续深造,但学分是否获得对等转换,由西班牙教育文化部最终决定。

(4)大学毕业生,到西班牙后可以直接申请硕士生课程。

西班牙留学申请人为申请学校和签证需要准备:毕业证书、成绩单、无刑事犯罪证明、体检的公证和认证,还要经济担保证明、教授及就职单位推荐信,等等。大学课程的入学一般是每年的 10 月、11 月;个别课系每年的 2 月份也有招新生入学。大学课程的申请比较集中在每年的 6 月,而 9 月则进行入学前的面试。

 ## 入境禁忌早知道

(1)入境须持有效签证或西班牙居留证,否则将被原机遣返。

(2)不得携带毒品及其他违禁品。

(3)入境西班牙每人允许免税携带物品的金额不得超过 175 欧元(15 岁以上旅客)或 90 欧元(15 岁以下旅客),以下物品的限额分别为:

①200 支香烟,或 50 支雪茄烟,或 250 克烟草。

②1 公升酒精度数超过 22 度的烈性酒,或 2 公升酒精度数低于 22 度的葡萄酒及酒饮料。

③50 克香水,或 0.25 公升花露水。

④500 克普通咖啡,或 200 克浓缩咖啡。

⑤100 克茶叶,或 40 克浓缩茶。

(4)携带华盛顿公约所规定的濒危野生动、植物入出境,必须得到相关国际贸易机构的许可证书。

(5)不得携带仿冒或盗版产品,一经发现,海关有权予以扣留。

意大利

在西方最早发展高等教育设立大学的国家

意大利有哪些全球知名大学

米兰理工大学、博洛尼亚大学、比萨圣安娜大学、比萨高等师范学院、罗马第一大学、帕多瓦大学、都灵理工大学、米兰大学、比萨大学、特伦托大学、佛罗伦萨大学、罗马第二大学、圣心天主大学、那不勒斯腓特烈二世大学、帕维亚大学、都灵大学、米兰比可卡大学、威尼斯大学、热那亚大学、艾米利亚大学、的里雅斯特大学、费拉拉大学、佩鲁贾大学、罗马第三大学、布雷西亚大学、卡塔尼亚大学、锡耶纳大学、巴勒摩大学、巴里大学和维罗纳大学。

博洛尼亚大学

博洛尼亚大学是西方最古老的大学、欧洲四大文化中心之首,与巴黎大学(法国)、牛津大学(英国)和萨拉曼卡大学(西班牙)并称欧洲四大名校,被誉为欧洲"大学之母",是全世界第一所大学。建立于1088年,至今已有900多年的历史。博洛尼亚大学坐落于意大利艾米利亚 – 罗马涅大区的首府博洛尼亚,由依内里奥于1088年创立,主校区坐落于意大利博洛尼亚城的赞鲍尼大街33号,各个学院分布在市区的各处,学校的使用面积大约有35万平方米。博洛尼亚大学创建之初以法律和医学两个专业著称,已有800多年的历史。1988年在430所欧洲大学校长共同签署的"欧洲大学宪章"中,博洛尼亚大学被正式宣称为欧洲所有大学的母校。但丁、彼德拉克、丢勒、伊拉斯谟、哥尔多尼、伽利略、哥白尼等都曾在这里学习或执教。

罗马第一大学

罗马大学是罗马第一大学的简称,又称罗马一大、罗马智慧大学,成立于1303年,是意大利最大,欧洲第三大大学。罗马大学是意大利最优秀的大学之一。在最新的2016年世界大学排名(CWUR)中,位列世界第163位,意大利第一,排名超过了本国的博洛尼亚大学。在上海交大的世界大学学术排名中罗马第一大学位列世界第101~150名之间,在意大利境内仅次于比萨大学。在2014—2015年QS世界大学排名中,罗马大学综合排名位列全球202位,在意大利境内仅次于博洛尼亚大学;其中,罗马大学在哲学,现代语言学,历史学等人文社会科学学科表现出色,均位列全球50~100位,均位于意大利第一,欧洲领先地位。

意大利留学优势:学历世界公认,可技术移民

 教学质量高,学历世界公认

意大利大学在欧洲大学中的位置尤为重要,因为意大利是欧洲现代大学教育之先行者。意大利的大学教育制度对欧洲和世界大学的教育制度产生过"世界级"的影响。像其他欧洲大学一样,意大利的大学十分古老,但又充满活力。近年来,许多新专业和新学院在意大利各大学生根、发芽并茁壮成长。意大利的博罗尼亚大学、罗马大学、米兰理工大学、都灵理工大学、帕多瓦大学等学府均是世界一流大学。

 多语人才就业、发展机会多

意大利是中国在欧洲非常重要的贸易伙伴,对华交易额在欧盟中排名第二。与此同时,越来越多的意大利公司致力于开拓中国的市场。无论在海外还是在中国,无论是服装、机械,还是食品行业,意大利的公司都给懂意大利语的中国人提供了高收入的就业机会和完善的福利待遇。此外,意大利的民间同时使用西班牙语、英语、德语和法语,所以在意大利读书可以同时接受多种外语氛围的熏陶,非常适合当今社会对复合型人才的需求。目前英文水平很高的人在中国有很多,仅懂一门国际语言已不具备太多竞争力,掌握多门外语才能成为当代外语人才,多语人才具有更广阔的发展空间。

 技术移民受欢迎

意大利专业技术人才严重缺乏,1998年意大利共和国颁布了第一部移民法,法律明

确规定了外国留学生在意大利学习和工作及移民意大利的法律保证。这不仅为中国留学生在意大利提供了工作可能,而且还为中国留学生提供了移民机会。建筑、工程类专业、计算机专业、经济管理或贸易专业的毕业生在意大利找到高薪工作的可能性最大。中国留学生在意大利留学花钱较少,毕业后在意大利却有多种选择的可能。

 留学生活多姿多彩

申请到意大利留学的中国学生可以获得申根签证。在意大利,学习生活从来就不会让你觉得单调。一方面,意大利的大学有一系列的配套体育及活动设施;另一方面,在校外,足球、美食、旅行、服装等都会让你的留学生活多姿多彩。

 # 意大利奖学金:申请条件比较严格

(1)意大利奖学金种类:

食宿奖学金、现金奖学金和学生福利式助学金(或学费减免)。

食宿奖学金和现金奖学金,在填写申请表的时候,会让选择。意大利多数大学本科生奖学金发放的方式是预先颁发一半给学生,然后等考试结束,如果达到学校要求学分,再颁发另外一半。如果考试没有达到学校相应要求学分,学校会给学生3~5个月的时间补足学分,如果最终还是没有达到要求,则需要退还学校之前颁发的全部奖学金,因此建议要慎重选择。

学生福利式助学金(或学费减免),这个是根据学生的家庭收入等条件颁发,和成绩无太大关联,而且申请方式也比较容易。

(2)申请奖学金的学历资格:

申请大学本科课程奖学金或助学金的学生必须具有国家承认的高中毕业证书,毕业证书要译成意大利文,而且要得到意大利外交大使馆或领事馆及中国外交部的确认和证明(即双认证)。

申请进入专业学院和艺术学校学习的学生,要求有一所学校证明该学生已完成国内中学学业。通常,一份由外国大学签发的注册证明,加上经核实与原件相符的翻译,对于申请专业课程的学习就足够了。

申请研究生或Master课程的学生需要提供国家承认的学士学位证书及毕业证书,翻译成意大利文且公证后送外交部和大使馆(领事馆)进行双认证。

与意大利有关学位相对应的资格及所附文件要经所申请学校鉴定,而且要满足意大利专业学校及大学研究生课程的要求。

每项奖学金对学生的年龄限制均有说明,除非另有规定,一般年龄超过38周岁的申请人将不予考虑接受。

意大利留学打工：学习成绩达到规定可以打工

意大利法律规定，学生每周只有20小时的打工时间（寒暑假不限），而学生的考试及学校活动也要占去不少时间，这往往是一般企业不愿或不能雇用留学生的重要因素之一。意大利留学打工至少具备以下3个条件。

▶▶▶ 合法居留

合法居留是每个留学生的第一要务，在有合法身份的前提下，才能考虑毕业、课余假期打工的问题，不然一切都是空谈。意大利法律规定，持有学生居留的中国学生，合法居留有效期只有1年，每年居留到期之后，必须将上一年的成绩单及其他相关材料递送移民局审检。意大利成绩单即每年至少要通过的科目，第一年至少通过1科，以后每年至少两科，另外完成学业有最高年限限制，不可以无限申请学生居留。

▶▶▶ 突破语言关

作为一个外国学生，语言无法达到当地人水准，而且除了本身的专业，并没有很好的手艺，找一份好工作就很困难。初来乍到的留学生不要急着打工，首先要把语言掌握好，尽快突破语言关。语言过关了，作为外国人的你，才能找到一份比较体面的工作。

▶▶▶ 工作经验

具有适当工作经验的留学生比较受到青睐，如果缺乏工作经验，兼职工作比较难找。

留学生缺乏工作经验，一般企业会先考虑找个全职新手，而工作经验不足，时间不稳定，随时有可能辞职的学生，对企业吸引力不大。

留学意大利的费用：公立大学免收学费

意大利的学费与美、英、澳、日等热门留学国家相比较为低廉，意大利大学不将教育作为可以盈利的产业。按目前的情况看，中国学生在意大利一年的留学费用为5万~8万元人民币。意大利的公立大学收费（大学注册费）低廉，如罗马大学普通专业本科学生一年的收费折合人民币在8000元左右，中国学生在意大利公立大学上学，能享受和意大利本土学生同等的优惠待遇。但私立大学就没有这项优待了，学费也要贵很多。

相对来说，在意大利上大学的学生经济负担轻，因为意大利的生活费用可以说是全欧洲最低的，留学生每人每月的生活花费大约折合人民币在5000元，北方城市较南方城市略高一些,但比法国和英国显然低多了。留学生如果统一参加学生医疗保险,每月按时缴纳学生医疗保险金,便可以在全意大利享受免费医疗。

意大利语水平考试:PLIDA、CILS、CELI 和 IT 考试

意大利语是意大利共和国及瑞士联邦的官方语言之一。作为欧洲传统国家之一,意大利吸引着不少国际学生前去留学。留学意大利需要学生有一定的语言基础,如预注册意大利大学的中国学生,申请签证时所需具备的意大利语水平为 A2 级及 A2 级以上。在中国,意大利语考试有以下 4 种:

但丁协会 PLIDA 考试

PLIDA 考试是由意大利但丁协会举办的意大利语水平测试,是根据但丁协会同意大利外交部所签署协议、意大利外交部官方承认的,用欧共体统一的语言标准制定的,由罗马但丁协会颁发的意大利语水平证书,其考试标准是按照欧盟在斯特拉斯堡确定的欧洲语言水平等级标准而设定的。拥有 PLIDA 证书可有机会进入意大利大学和官方语言学校。

▶▶▶ PLIDA 考试结构与等级

PLIDA 考试根据欧盟确定的欧洲语言水平等级标准而设定了 6 个证书等级:

(1)PLIDA A1(起步水平)。基本的日常用语,在别人帮助下可满足简单的生存需要。

(2)PLIDA A2(初级水平)。可独立进行一些简单交流,如简单的购物、提问等。

(3)PLIDA B1(入门水平)。可听懂和表述熟悉事物,如表达自己的意见并对其做出解释。

(4)PLIDA B2(中级水平)。可与人进行比较流畅的交流,例如在意大利学习、报考学校、做一些简单的实践工作。

(5)PLIDA C1(熟练水平)。非常熟练的运用意大利语,可书写和理解较难的文章,从事复杂工作。

(6)PLIDA C2(精通水平)。可达到母语水平,相当于大学文化程度,能够参加所有包括非常专业化的工作。

各级别的考试都分为 4 部分,分别检测基本语言能力的 4 个方面:听、说、读、写;每部分各有 2 张试卷(最高级别的一些测试则有 3 张试卷),考试时间因级别不同而各不相同。

考试的评分:如考生的 4 项能力(听、读、说、写)测试都达到及格(18/30),则视为考试合格,通过考试的最低总分为 72 分,最高分数可达 120 分;如考生参加 4 项能力测试只有 1

项没通过,允许考生下次报考只参加没通过的那一项。

 锡耶那外国人大学 CILS 考试

CILS 是表示以意大利语为外语的语言能力等级的官方名称,是可用来证明意大利语运用能力及熟练程度的水平考试证书。CILS 证书由锡耶那外国人大学颁发,且被意大利外交部承认。

CILS 考试共分为 6 个等级,每级本身独立、完整,且适应学生各种社会、专业及知识需求。对那些学习意大利语者、在意大利语环境中工作学习者和那些想评估他们意大利语能力者非常有益。每一个 CILS 水平表示在不同环境和情况下的交际能力。

CILS 考试每年 6 月和 12 月在锡耶那外国人大学和别的驻外机构举行 2 次,是多数意大利大学录取国际新生的基本要求。所有侨居国外的意大利公民和非意大利语为母语者均可参加考试,没有年龄限制,无须任何教育或学历证书,考生可根据自己的实际水平参加相当水平的等级考试。

▶▶▶ **CILS 考试的结构与等级**

CILS 的 6 个等级,分别为:

(1)CILS A1。针对那些学习意大利语的初学者,表明学生刚开始把意大利语作为第二语言;考试时间约 2 小时。

(2)CILS A2。也是针对学习意大利语的初学者,只是表明接触意大利语稍多一点,但仍在形成语言能力的初始阶段;考试时间约 2 小时。

(3)CILS B1。评估考生在日常环境下自主可靠地运用意大利语的基本水平;考试时间大约 3 小时。

(4)CILS B2。该考试是中级水平;这一能力水平的使用者能证明其在广泛的不同环境和情况下运用语言的基本功,能因学习、工作或娱乐的需要有效地运用意大利语;允许欧盟以外持有这个水平证书的学生不必先经过意大利语评估而申请大学课程;考试时间大约 4 小时。

(5)CILS C1。代表了较高的运用意大利语的水平;这一水平的使用者能在较广泛的环境运用意大利语,包括异常情况、正式场合、与公众团体接触,及诸如此类的环境;考试时间大约 5 小时。

(6)CILS C2。是接近说意大利语母语者的高级水平;使用者有在正式或非正式场合完全独立自主地运用意大利语的能力,能在专业环境中有效地运用意大利语的能力;考试时间大约 5 小时 30 分钟。

CILS 考试的结构如下:

CILS 考试由 5 部分组成:听力测试、阅读理解、语言运用、短文写作和口语测试。考生必须通过相应的考试才能取得 CILS 证书。所有这些考卷都是在锡耶那外国人大学证书中心根据欧盟规定的大纲印制和评卷。考生每卷达到最低分数方可获得证书。如考生不是所有考卷都达到最低分需重新参加考试，则只需参加那些分数不够的部分。一旦获得证书，证书在1年内有效，1年后考生必须参加全部考试重新获得证书。

 ## 佩鲁贾外国人大学 CELI 考试

普通意大利语水平证书（CELI）考试是为通过专门考试的人群颁发的意大利语等级证书水平证明。由意大利佩鲁贾外国人大学颁发的意大利语水平证书符合欧洲语言测试者协会和欧洲语言共同体委员会的欧洲标准考试；佩鲁贾外国人大学颁发的意大利语水平证明相当于欧洲语言测试者协会欧洲语言统一标准最权威的欧洲机构颁发的证书。

CELI考试共分5级，旨在检验考生在社会、学校、职场上对意大利文的使用能力。各级的考试内容皆包含听力、口语、阅读及写作测验（考试内容模拟日常生活情况，以检验考生实际使用语言的能力）。

意大利教育部认定通过CELI 3考试者，其语言能力足以在意大利国内就读大学；通过CELI 5考试者，可在学校及各公、私立单位教授意大利语。

CELI考试时间：意大利语水平证书（CELI）考试，一年3次，其中6个级别的考试（A1、A2、B1、B2、C1、C2）有两季：夏季考试（6月份）和秋季考试（11月份）；在每年的第一季度还有（A1、A2、B1）的春季考试。在同一季的考试中，不允许一个人同时参加几个级别的考试。

 ## 罗马三大 IT 考试

罗马三大IT证书考试是针对将意大利语作为第二语言的外国人的语言考试，相当于由欧洲议会认可的CILS 2水平（专家水平），根据与意大利外交部文化司、意大利高等教育和研究部、意大利劳动和社会政策部签订的协议，罗马第三大学负责考核和颁发IT证书。IT考试被意大利大学和劳务市场承认。此外，拥有IT证书的人，如果想留学意大利，他们不需要再参加意大利入学语言考试。

IT考试每年6月进行，包括听力、阅读、写作和语法、词汇4部分。考生可参加全部项目的考试，也可只参加其中一项。

 # 意大利留学申请条件和签证技巧

 ## 意大利留学申请条件

▶▶▶ 学习语言阶段

高中毕业以上学历，18岁以上无须在国内有意大利语言基础可直接申请到意大利两所外国人大学入读意大利语课程。

▶▶▶ 学历教育阶段

(1)学士:高中毕业以上学历,18 岁以上,需要高考成绩达到本科最低录取分数线。

(2)硕士:本科毕业以上学历。

(3)博士:硕士学位以上学历。

每年分为两次申请时间,每年年底的申请无须进行意大利语言培训,大学注册后在 3 月可以先到意大利学习半年语言,然后 9 月入读大学。每年 4 月开始的申请要求在中国境内得到意大利大使馆承认的意大利语培训中心获得结业证书,或参加大使馆文化处组织的考试,或但丁考试合格者,可以在大使馆规定时间进行大学的预注册,然后在 9 月入读大学课程。

进入大学前需经过入学考试,如语言不合格须继续进行语言培训,各个大学一般都开设语言课程。意大利政府规定留学生必须每学年至少通过两门课程考试才可以延续居留权。申请者需要约每月 350 欧元的保证金,至少要提供 1 年的担保金。

📖 意大利签证技巧

统一申根签证用于入境申根国家,并在申根国家之间自由流动。进入意大利时,移民局有权再次要求旅行者(尽管持有申根签证)出示入境签证申请相关证明。如是从申根国家入境,须在进入意大利 8 个工作日内到当地警察局报到。"D"国家签证用于在意大利长期停留,且仅在申根国短暂中转(最多不超过 5 天)。"D + C"国家签证用于在意大利长期停留,在申根国短期停留(自进入申根国家之日起最多不超过 90 天)。

准备预注册的学生可于每年 5 月底 6 月初前往北京意大利签证申请中心提交预注册材料,并预约前往意大利使领馆办理手续的时间。

意大利签证申请中心:北京市东城区东直门外大街48 号东方银座写字楼10 层 A – B 室。

提交预注册申请时,申请人须完整出示以下所列文件:

▶▶▶ 预注册文件

1.申请预注册大学本科课程

(1)填写好从网站下载的 A 表原件及 2 份复印件。

(2)照片认证表与照片:填写好从网站下载的原件及 1 份复印件。

(3)经中国外交部和意大利驻华使领馆领事处双认证的高中毕业证书(需翻译成意大利语):原件及 2 份复印件。

(4)高中毕业证书:原件及 2 份复印件。

(5)由意大利外交部认可的 4 家语言培训机构(佩鲁贾外国人大学、锡耶纳外国人大学、罗马第三大学、但丁学院)颁发的 A2 或 A2 以上等级的语言水平证书;如还未获得证书,则需出示由授权学校出具的证明申请人已通过该语言水平考试的证明原件及 2 份复印件。

(6)向教育部学位与研究生教育发展中心申请办理高考成绩证明和会考合格证(后者针对进行高中会考的省份)及由该中心出具的付款收据。

2. 申请预注册大学硕士课程

(1)填写好从网站下载的 F 表原件及 2 份复印件。

(2)照片认证表与照片:填写好从网站下载的原件及 1 份复印件。

(3)经中国外交部和意大利驻华使领馆领事处双认证的学士学位证书(需翻译成意大利语)的原件及两份复印件。

(4)经中国外交部和意大利驻华使领馆领事处双认证的完整的大学成绩单和课程说明(需翻译成意大利语)的原件及两份复印件("有条件地"提交预注册申请也需出示)。

(5)学士学位证书:原件及两份复印件。

(6)由意大利外交部认可的 4 家语言培训机构(佩鲁贾外国人大学、锡耶纳外国人大学、罗马第三大学、但丁学院)颁发的 A2 或 A2 以上等级的语言水平证书;如还未获得证书,则需出示由授权学校出具的证明申请人已通过该语言水平考试的证明原件及两份复印件。

(7)向教育部学位与研究生教育发展中心申请办理学位证书认证及由该中心出具的付款收据。

▶▶▶ **办理签证文件**

(1)签证申请表须用英语或意大利语填写并由申请人签名。

(2)浅底色证件近照。

(3)护照需签名,且在签证到期后至少有 90 天有效期(两份护照信息页复印件)。

(4)机票预订单。

(5)资金证明(方式可为:信用卡及最近 3 个月的对账单,或旅行支票,或证明申请人已获得奖学金的相关文件):原件及两份复印件。

(6)在意大利的住宿证明(私人提供住宿的证明、租房合同、学校/机构/机关提供的住宿证明)。

意大利签证申请中心将对申请人提交的文件进行核对,并为申请人预约到意大利使领馆办理手续的时间。

接到前往意大利使领馆办理手续的通知后,申请人应提前 15 分钟到达使领馆,并出示由意大利签证申请中心出具的申请材料接收收据及个人身份证件。

下列人员也可以"有条件地"提交预注册申请:

(1)高三在读即将参加高考的学生。

（2）大学本科最后一年在读的学生。

上述情况下，申请人应在每年7月底前将需补充的材料提交给意大利签证申请中心（签证中心将把文件转交给意大利使领馆）。

意大利驻华使领馆：北京市朝阳区三里屯2号。

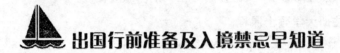

出国行前准备及入境禁忌早知道

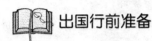

出国行前准备

▶▶▶ 行李准备

（1）行李箱。各航空公司标准有所不同，请在出发前与机场航空公司确认。中国国际航空公司行李物品规定（CA），除美加航线外托运20千克（学生30千克），手提10千克。行李箱的防压功能一般与其自身重量成正比，购买时请酌情考虑。另外准备较为结实的双肩包，用于以后的学习、旅游。

（2）服饰。四季冷暖衣物，鞋、袜、内衣、帽子、手套等，以够穿够换为标准（冬天一般都有暖气，室内外温差较大）。

（3）生活用品。毛巾、浴巾、水杯、梳子、发饰、小镜子、雨伞、拖鞋、闹钟、化妆用具（眉毛镊子等）；眼镜（隐形、框架）；轻薄棉被、枕头（可购买真空袋，压缩后占体积较小），换洗卧具（棉织品相对较贵，一般情况下不好买被罩），转换插头（意标或者欧标），插线板，网线，针线盒，指甲剪等。

（4）常用药品。在意大利消炎药类属于处方药，药店是不会随便卖给顾客的。适当准备一些常用的消炎、退烧、感冒药是必需的。

（5）文化用品。简单文具[各种笔、笔芯、橡皮、笔记本（推荐买活页夹及活页纸）、记事本、便笺纸、夹子、尺、胶带、计算器等]；字典（英语、意大利语，有条件可准备电子词典）；专业书籍，因为书本物品较重，可以不用带太多，否则行李超重，机场罚款很重，倒不如以后回国时再带去，反正第一年也未必能用上很多专业书籍，并且很多资料也可以在网上图书馆查到。如有需要可准备1~2本中文读物用于消遣。

（6）厨房用品。筷子、勺子、饭盒、菜刀（放在托运箱里）；另外可带些调味品，准备一份菜谱，如果行李空间重量允许，建议携带一个小型的电饭锅，虽然意大利也有出售，但是比较贵。

（7）电脑。如果已有笔记本电脑则直接带上，如无，也可以在意大利买，意大利文操作系统、意式键盘、无假货、保修方便。

（8）相机。欧洲数码相机价格较贵，推荐从国内购买。

（9）手机。国内的手机在意大利只需换卡就可以正常使用,意大利出售的手机为西文系统,一般不能收发中文信息。

出国前建议做一次全面体检,特别注意一些在国外会很贵的治疗,如牙疼等。

▶▶▶ 换汇

中国银行是国家外汇管理局唯一指定办理私人换汇业务的银行,可以在取得正规大学入学通知书和正式签证后,前往当地中国银行办理出国留学换汇手续。外币存款货币可以通过银行柜台或申请电话银行服务后,通过电话办理中国银行外汇宝(个人外汇实盘买卖)业务,以国际外汇市场价格兑换前往国家的货币,避免汇率损失。

出国攻读正规大学预科以上(含预科)的自费留学生,可按年度购买当年学费和生活费所需外汇。第一年购汇必须本人亲自办理。

两万美元(含)以下:银行直接办理。

两万美元以上:凭所在地外汇局出具的"售汇核准件"及规定的有效凭证到外汇局授权的外汇指定银行办理。

所需资料:本人护照、签证、工作单位(或街道)证明、户籍证明、录取通知书、学费生活费等证明文件。

入境禁忌早知道

尊重当地风俗习惯,遵守当地法律规定,注意交通安全(在实行靠左行驶的国家应尤其注意)。严格按照签证或居留许可证上允许的时间在有关国家停留。

如需在国外停留较长时间或所在国局势不稳,建议到中国驻当地使领馆进行公民登记,以便出现紧急情况时与使领馆能及时取得联系。

注意防盗、防骗、防诈、防抢、防打。在住处不要给陌生人开门;不要让小孩告诉陌生人父母不在家;出门时尽量不要随身携带贵重物品或大量现金,也不要在居住地存放大量现金;不要在私车的明处摆放贵重物品,如车胎被扎,修车时务必要先锁好车门;不要将文件、钱包、护照等重要物品放在易被利器划开的塑料袋中;不要在黑暗处招呼出租车;不要轻易让陌生人搭乘车;不要和陌生人一起行走;在公共场合要表现平静,不要大声说话,避免突出自己;不要在公共场所参与他人的争吵;不要在街上乱捡东西,以防被敲诈;不要在黑市上换汇;如警察检查护照等证件,应先请他出示证件,记下他的警牌号、警车号;交罚款时不要当街交给警察,而要凭罚款单交到银行等指定地点。

如发生被抢、被盗、被骗或被打事件,应立即向当地警方报案,并要求其出具报警证明,以便日后办理保险理赔、证件补发等手续。

留意当地报纸、电视等媒体信息,了解当地政治、经济、社会形势,与邻为善,入乡随俗,尽快适应当地生活,融入当地社会。

合法权益受到侵害时,应找正当途径解决,不要采取贿赂等不合法方式,以免问题复杂化。

熟记当地火警、急救等应急电话。

照顾好自己。注意在外饮食健康,尽量避免吃未煮熟的食物或喝未煮开的水(除正规密封罐装矿泉水);切勿前往疫区、辐射区、赌博、色情等场所。

通过电话或电子邮件等与家人或朋友保持正常联络,以免亲友担忧。

马来西亚

高校毕业生颁发英美等国著名大学证书

🔍 马来西亚有哪些全球知名大学

马来亚大学、马来西亚博特拉大学、马来西亚国立大学、马来西亚理工大学、马来西亚理科大学、马来西亚石油大学、马来西亚国际伊斯兰大学、马来西亚北方大学和玛拉工艺大学。

📖 马来亚大学

马来亚大学是一所文理学科和医学兼有的综合性大学,是马来西亚规模最大和最著名的大学之一,也是一所全马历史最悠久的学府。它的前身是 1905 年成立的爱德华七世王学院和 1929 年成立的莱佛士学院。爱德华七世王学院主要是培养医学人才,莱佛士学院是培养教育方面人才的。资格及学术水平广受世界承认,是马来西亚公认首屈一指的名校。

1949 年 10 月 8 日这两所学院合并成立了马来亚大学。它主要是为当时的马来亚和新加坡培养高级人才。这所大学发展很快,于 1956 年在新加坡和吉隆坡分别设立了两所分院。1960 年由于新、马两国分离的原因,原吉隆坡的分院被政府接纳为国家大学,马来亚大学于 1962 年 1 月 1 日正式成立。马来亚大学是马来西亚唯一一所拥有斯坦福大学、东京大学、台湾大学、北京大学、清华大学等名校加盟的环太平洋大学联盟成员大学,与海内外著名学府都有着广泛的联系。

📖 马来西亚国立大学

马来西亚国立大学是马来西亚五所研究性大学之一,马来西亚国立大学成立于 1970 年,是马来西亚第三所公立大学。本校有两个校区,总校坐落于雪兰莪州万宜新镇,离吉隆坡市区约35公里,占地面积1096公顷(16440亩),分校坐落在吉隆坡市区,占地19.9公顷,而其大学医院和教学医院,马来西亚国立大学医疗中心则位于蕉赖地区。该校在校学生约27000多人,其中本科生有19000多人。研究生和博士生人数为8500多人,约占学生总人数的30%。目前有来自世界各地的留学生1000多人,攻读各个专业的硕士和博士课程。本校是东南亚乃至全球非常著名的大学,文凭和学历得到国际的广泛认可,2005年被《泰晤士报》教育专刊列为世界科技类大学100强。《泰晤士报》在2009年世界大学排行榜中,首度公布亚洲地区大学排行榜,其中马来西亚的几所著名高校名列前100名,该校位列第51名。

马来西亚留学优势:卓越的教育规划及质量

卓越的教育规划及质量

教育特别是高等教育已经成为马来西亚的一项重要出口产业。马来西亚政府致力于将自己的国家发展成为东南亚的教育中心。各大学严格按照美国、英国、加拿大、澳大利亚、新西兰等著名留学地的教育制度和学术要求设计,教育质量得以确保。而马来西亚高等院校亦邀请来自世界各地的资深教师,并提供许多目前世界最热门和最新兴的专业课程。

转签第三国

马来西亚多所大学与英国、美国、澳大利亚、新西兰、加拿大等国著名大学建有双联课程或学分转移制度,学生在完成英语课程、2+1或1+2课程的前部分之后,可以方便地转入第三国大学学习,手续简便,条件宽松,是加入世界著名高等学府的最佳途径。另外,马来西亚私立高等院校的3+0课程颁发获世界各国承认的国际著名大学的学位及文凭,费用却比在外国留学节省50%。

纯正的英语教学

马来西亚是英语流行国家,拥有很好的语言环境和丰富的英语教学经验,使学生自然进入英语世界。

签证优势

办理马来西亚留学的手续简单快捷,无须经济证明,无须英语成绩。

适合华人学生的环境

华人占25%，生活习惯相同，使中国学生从不感到陌生，而且与中国没有时差。国家安定，经济发展迅速，社会治安稳定，人民友好热情；气候宜人，环境秀丽，通信交通发达，拥有世界各地的美食佳肴。

就业前景广阔

马来西亚虽然不是一个大国，但是一个繁荣的国家，而且与中国有着良好的合作关系，而且马来西亚在海外有大量的企业，多数聘用外籍雇员管理，这为在马来西亚受过高等教育的高素质留学生提供了较多的就业机会。

 ## 马来西亚奖学金：主要依据学业成绩获得

为了保证来马来西亚的中国学生人数，马来西亚政府在2007年9月为中国留学生推出了新的奖学金计划，使留学生在赴马来西亚学习之前就可以申请到奖学金。具体的实行方式是学费全免，或者半免，或者是免除30%。主要的依据是根据学生在国内的学业成绩，还需要通过马来西亚官方的考试。

中国学生赴马来西亚免费游学项目是邀请中国学生到马来西亚的学校居住、学习，了解马来西亚的学校设备、教学方式、饮食、住宿、交通、学生生活等，以坚定他们选择去马来西亚留学的信心。这个项目还会为游学的学生提供免费的住宿、交通、机票等一切费用。

 ## 马来西亚留学打工：移民局批准后可以打工

马来西亚政府允许留学生半工半读。

2004年年底，马来西亚政府宣布开放国际学生的打工市场，原则上允许国际学生在学习间隙可以从事兼职打工，以资补相关的学习和生活费用。

打工的时间每周时间不超过20小时，打工的地点可以是当地的酒店、油站、餐厅、商场。其中，工作领域的限制包括在以上4个领域兼职打工的国际学生不能从事出纳员的工作，只能从事服务员、售货员或在厨房内的工作；在学期或公共假期期间，国际学生也被规定不能超过7天。

此外，所有准备申请在马来西亚兼职打工的国际学生必须持有马来西亚政府认可的合法的学生准证，并且必须通过其就读的国立或私立学校来提出申请。但是，不同级别的院校受理申请的部门也有所不同,其中就读国立大学或大专院校的国际学生,向州一级别的移民局申请即可,而来自私立院校的国际学生,就必须到移民局总部提出兼职打工的申请。移民局将会根据提交的相关材料来决定批准或不批准兼职打工的申请。

在申请兼职打工时,留学生一定要先获得其就读院校的推荐信,然后和该院校代表共同到相关部门当局提出申请,推荐信中要注明该学生的学期和假期时间表。通过相关的审查并获得批准后,相关部门会注明申请者兼职的期限,并在其护照上盖章。获得批准后,申请者所在的院校将有责任对该申请者进行相关的监控,并且每3个月向移民局呈报该申请者的出勤报到情况及相关的学习成绩。根据相关规定,国际学生必须确保本身的学习成绩达到其所在院校要求的合格标准,否则其兼职申请将会被拒绝或取消。

留学马来西亚的费用:每年 7 万马币左右

(1)英语强化班费用。一般三个月为一期,费用为 2000～4300 马币。

(2)专业课程费用。一学年 2 万～3 万马币。双联课程学费:一学年 2 万～2.5 万马币。"3 + 0"课程:平均一学年 2 万～2.5 万马币。

(3)伙食费。早餐 2～4 马币,中餐和晚餐一般需要 5～8 马币。假如自己做饭会廉价些。马来西亚生活费用不高,有许多商品比国内廉价,在外就餐费用与国内大城市持平或者还会少一些。

(4)住宿费。学校宿舍一般为 700～800 马币每个月,校外租房一般为 450～600 马币每个月(大部分学院没有学生宿舍,学生必须在校外租房住)。

整体费用估算下来,马来西亚读本科(学士学位)每年的学费和生活费用(含食宿)约为 7 万马币,读研究生(硕士学位)每年的学费和生活费用(含食宿)也是约为 7 万马币。与赴美、英、澳、新西兰等国攻读同类课程所需费用相比,可以节约留学费用 50%～70%。

马来西亚留学申请条件和签证注意事项

马来西亚留学申请条件

▶▶▶ 本科申请条件及材料

一般高中毕业生、中专毕业生及高二、高三在读生均可申请马来西亚的本科大学。

(1)高中毕业生申请本科需要准备的材料有:

高中毕业证公证书一份(如果暂时未拿到毕业证的学生可以开具毕业证明,然后去做公证)。

高中三年六个学期期末考试成绩单公证书一份(平均分达到总分的75%)。

护照整本复印件一份。

8张两寸蓝底照片(有的学校需要白底照片)。

申请表一张。

(2)中专毕业生申请本科需要准备的材料有:

中专毕业证公证书一份。

中专三年六个学期期末考试成绩单公证书一份(平均分达到总分的75%,有的学校是两年专业课,最后一年是实习,也需要在成绩单上表述清楚)。

护照整本复印件一份。

8张两寸蓝底照片(有的学校需要白底照片)。

申请表一张。

(3)高二读完的学生申请本科(需要在本科专业课之前加一年预科)需要准备的材料有:

高中在读证明公证书一份。

高中两年四个学期期末考试成绩单公证书一份(平均分达到总分的75%)。

护照整本复印件一份。

8张两寸蓝底照片。

申请表一张。

▶▶▶ 硕士申请条件及材料

本科毕业获取毕业证书和学位证书就可以申请马来西亚的硕士课程(只有本科毕业证,无学位证的学生也可以申请,不过可选的学校比较少)。申请需要准备的材料有:

护照整本复印件一份。

高中三年期末考试成绩单公证书和毕业证公证书各一份。

大学成绩单、毕业证、学位证公证书各一份(如果本科之前有读大专的学生同样需要提供大专成绩单和毕业证公证书各一份)。

以学校名称为抬头的教授英文推荐信两封。

以公司名称为抬头的工作经验证明一份,需要负责人签字并加盖公章。

学校报名表一份。

8张两寸蓝底照片。

个人英文简历一份。

个人英文陈述一份,叙述为什么选择这所学校及专业。

注:有的学校可以接收无学位证的学生申请硕士;有的学校可以不需要高中阶段的材料;如果学生是专升本读完的本科,那么大专期间的成绩单和毕业证公证书也需要

提供。

 马来西亚签证注意事项

（1）留学方案的合理性。马来西亚签证申请中最为重要的一点,就是留学方案的合理性。怎么确定申请人是一个真正的学生呢? 签证官会根据以下几种因素来做出判断与决定:年龄、工作经历、学历水平、以前的评定及学习记录、未来去马来西亚的学习计划,以及有关在校期间的学习成绩,等等。

（2）签证材料准备要充分。材料准备的是否充分是马来西亚签证通过的关键因素之一。例如,申请人提供的资金证明,必须能够支付他在马来西亚的学费及生活费用,这对马来西亚签证申请的通过是很有利的。材料准备的过程中,资金来源是必须解释清楚的。因为签证官是根据材料来做决定的,有的申请人可能很有钱,但是材料准备得不充分、不详细,不能很好地反映真实的财务背景,最终也会导致拒签,所以在材料准备方面越充分越好。

（3）签证主管机构:

马来西亚大使馆

管辖范围:其他省份

地址:北京市东直门外大街 13 号

邮编:100600

马来西亚驻上海总领事馆

地址:上海市延安西路 65 号

上海国际贵都大饭店四楼

邮编:200040

马来西亚驻广州总领事馆

管辖范围:广东、福建、海南、江西、湖南

地址:广东省广州市天河北路 233 号中信泰富商厦 19 楼 15 至 18 单元

邮编:510610

马来西亚驻香港领事馆

（中国香港学生持香港特区护照无须申请学生签证）

管辖范围:中国香港

地址:香港告士打道 50 号马来西亚大厦 25 楼

 马来西亚入境禁忌早知道

（1）马来西亚海关拒绝入境人员主要集中在年龄 35 岁以下的女性,原因是为了防范那些进入马来西亚境内从事某种特殊职业的人员。目的是尽量减少该情况的出现,特别赋予海关执法人员拒绝可疑人员入境的权利。

（2）马来西亚入境的过程中,一旦有旅客因为上述原因而被拒绝入境,那么将受到长达24小时的监管,之后被遣返回国。为了避免类似的情况出现,马来西亚教育联盟提醒留学人员一定要在入关时打扮朴素、端庄、大方,避免被海关人员非善意的盘问和由此引发麻烦。

（3）留学人员可以按照自己的需要携带现金入境,海关对此没有特别的限制。海关规定对入境物品必须缴税的包括:地毯、服饰、珠宝、巧克力、手包、烈性酒、含酒精的饮料、烟草和香烟等。

（4）马来西亚的法律对从事毒品走私的人员处罚极其严厉,如果入境人员携带了毒品或涉嫌走私毒品,最高可以被判处死刑。在此提醒留学人员,在机场不要帮助陌生人看管行李或帮助其他人托运行李,尽量避免出现不必要的麻烦。

乌克兰

原苏联科技、文化和教育中心

留学乌克兰不仅可以取得顶尖大学的学位，还可以收获创业能力

乌克兰是一个名副其实的教育强国，也是一个盛产美女的国家。留学乌克兰不仅可以取得顶尖大学的学位，还可以收获创业能力。

施某在乌克兰哈尔科夫国立大学毕业后取得了硕士学位，他没有打算在乌克兰就业，直接打道回府。他回国后也没有急着找工作，而是和几位朋友合伙开了一家科技公司。短短两个月，他们便和国内几家上规模的公司签下了订单合同。施某说，他回国的创业意识和能力都是在乌克兰留学生活中获得的。

对于大多数中国人来说，乌克兰是个比较陌生的国家。施某选择乌克兰留学，一是认为乌克兰的生活费用不高，比中国的大城市低；二是想去欧洲开开眼界，锻炼自己独立生活的能力。

乌克兰高等教育非常重视实践，从该国的优势学科就能感觉出来，比如水下焊接、机械制造和维修等。许多用人单位招聘人才不看重文凭，主要在意是否有能力胜任工作岗位。高校老师鼓励学生课余时间去校外实践，接触社会、融入社会。

施某在乌克兰留学，有将近一年的时间都是在做服装贸易生意。两年前，施某就和三位朋友从中国批发服装到乌克兰南部城市零售，生意很火爆。后来由于忙不过来，还聘用当地居民帮忙。

在乌克兰，学生大学毕业后，家长一般都会让孩子独立谋生，决不允许呆在家里"啃老"。不少乌克兰青年都喜欢做点小买卖或者创业，创业比打工强多了，收入也相对要多很多。施某的创业意识就是在乌克兰形成的，这也是乌克兰留学经历给他的第二大收获。

人们传说乌克兰盛产美女，这话一点不假。由于乌克兰女孩多数天生丽质，再加上她们的娱乐方式就是打扮和逛街，她们不追求名牌，买的都是很便宜的衣服，颜色搭配得很好，也显得非常漂亮。大多数漂亮女孩大学一毕业不是着急就业，而是忙着嫁人，很多姑娘年龄不大就出嫁了，剩女几乎没有。有意思的是，在乌克兰的马路上，你会经常看到开着高级轿车的美女，她们是乌克兰街头的亮丽风景线。

乌克兰有哪些全球知名大学

哈尔科夫国立大学、国立基辅大学、基辅国立理工大学、哈尔科夫国立理工大学、顿涅茨克国立大学和苏梅州立大学。

国立基辅大学

国立基辅大学全称基辅塔拉斯－谢甫琴科国立大学，是乌克兰的最著名的综合性大学。国立基辅大学成立于 1834 年，至今已有 166 年的历史，在欧洲及世界上的教育机构中占据了重要地位，享有良好的声誉。该校是乌克兰最重要的教育机构，也是乌克兰的教育、科学和文化的中心。根据 1998 年欧洲高等教育会议上的权威性统计，基辅大学被确认为乌克兰最好的高等学校。1939 年该大学以塔拉斯－谢甫琴科命名。塔拉斯·谢甫琴科是乌克兰及世界著名的思想家、诗人、画家，是乌克兰为自由而奋斗的战士。国立基辅大学是世界上著名的大学，已与世界上 32 个国家的 52 所大学建立了友好校际关系。最近三年里向国外派出科教人员 3000 多人，同时接收了 600 多位来自世界各国的留学生。仅 1998 年在基辅大学就举行了 7 次国际性学术讨论会。

哈尔科夫国立大学

哈尔科夫国立大学是东欧最古老的大学之一，也是乌克兰著名的科学和教育中心，建立于 1805 年 1 月 29 日，它是当时小俄罗斯和当今乌克兰境内最早建立的大学（利沃夫大学在 1817 年才达到综合大学的规模），也是俄罗斯沙皇敕造的五所大学之一，其他的四所大学分别是：维尔纽斯大学、塔尔图大学，莫斯科大学和圣彼得堡大学。距今近 200 年的历史了。该大学已经培养出众多世界著名的科学家、文学家、历史学家、天文学家、数学家、心理学家、化学家等等优秀的各类专家，他们有获得诺贝尔生物学奖的米奇尼科夫、诺贝尔物理学奖朗道夫、诺贝尔经济学奖库兹涅茨，还有，历史学家巴伽里、天文学家巴拉巴索夫、心理学家 阿列克谢·列昂捷夫 、津琴科、化学家别柯拖夫、数学家良布诺夫、奥斯特拉格拉斯基、别解布良、圣依望·玛克西莫维奇主教 等等。哈尔科夫国立大学排名为乌克兰第 1 名，东欧地区第 8 名，欧洲大学 100 强。

乌克兰留学优势：科教水平一流，就业前景好

 ## 科教水平一流

乌克兰是一个教育、科技、文化极为发达的国家，全国 70%～80% 的人受过高等教育。乌克兰科技实力极为雄厚，其科技力量占了原苏联的四分之一，原苏联的科技力量又占了全世界的四分之一；它还集中了原苏联的军事工业、重工业、造船业和航空航天业，这些在原苏联都有着举足轻重的地位，在全世界也卓然领先；乌克兰的实用发明、专利占了原苏联的 40%。在苏联解体后，世界上诸多发达国家掀起了到乌克兰引进科技引进人才的浪潮。

 ## 留学费用低廉

留学乌克兰低廉的学费、生活费让很多学生和家长动心，让更多的学生实现了留学深造的理想。费用相当于就读于中国大学的费用。进入大学后，享受本国大学生所有免费和优惠待遇，宿舍条件一流，设备完善，有浴室、厨房。全天供应热水，免费使用天然气、电和供暖服务。留学乌克兰接受世界一流教育，一年的花费仅为欧美等国的十几分之一。

 ## 就业前景好

乌克兰通过民主改革，欧洲一体化进程步伐加快，政治民主，经贸繁荣，发展强劲。中乌科技、文化、经贸、军工等各方面的交流合作正大规模深入地发展，为留学生提供了巨大的发展空间和更多的就业机会。

 ## 留学乌克兰无须语言基础

乌克兰高校授课以俄语为主，第一年预科主要是学习俄语。年龄在 17 岁以上，35 岁以下的高中、职业高中、中专或大学在校生可以直接申请进入乌克兰大学预科进行学习。乌克兰许多学校设有专门的预科系，全力以赴地帮助留学生在一年内通过语言关，然后可以自主选择任何一所乌克兰大学就读。

签证易通过

赴乌克兰留学签证属反签，学生在取得学校邀请函的同时，也获得了乌克兰外交部

领事司签发的入境许可，这样极大提高了在领事馆获得入境签证的成功率，而且从申请学校到乌克兰院校注册，只需1～2个月，签证成功率高。

 赴欧美留学的跳板

乌克兰留学对于想到欧美留学而又难以办到签证的留学生来说，从乌克兰中转是一条省钱省力的捷径。乌克兰很多专业的毕业生在欧美很受欢迎，每年都有留学生从乌克兰去欧美学习和工作。留学生可先在乌克兰用较低廉的费用就读世界名校，打造良好的基础和适应欧美生活的能力，待获得学士或硕士学位后再转道欧美进一步深造和学习。

 乌克兰奖学金：申请资格以理工科为主

留学乌克兰所获得的奖学金大多来自于政府部门，大企业的资助，因此获得奖学金的概率也较大。乌克兰奖学金申请是以理工科为主，因为大多数研究项目都是高深的理工类，理工类学生容易拿到奖学金，理工科的学生则会根据导师的具体情况拿到不同数额的奖学金。获得奖学金的要求不尽相同，不但对学生的成绩、潜力和责任有一定要求，而且还对学生的个人才华和优点也有所要求。

 乌克兰留学打工：不鼓励留学生课余时间打工

乌克兰虽然没有对留学生是否可以打工做出任何限制，但是并不鼓励留学生利用课余时间打工，乌克兰教育部门认为打工会分散学生学习精力。事实上，即使留学生去打工，也不会有很多收益。

如果留学生想去打工一定要先取得校方的同意，并到当地的劳动部门和就业中心办理劳动许可证。有些留学生到乌克兰后从事商品倒卖，把国内的商品贩卖到乌克兰赚钱，乌克兰教育部门对此很不赞同。现在乌克兰的高校为了保证教学质量管理很严，如果考勤和考试通不过，学校会将学生除名，签证部门也不会给这样的学生续签。

 留学乌克兰的费用：相当于就读国内大学费用

 **学　费**

一般在首都基辅的大学学费为1200～2500美元/学年，在外地（如敖德萨、哈尔科

夫)的大学学费相对较低一些,有的每学年只收 800 美元。艺术类(如声乐、器乐、油画、芭蕾等)需要有一定的基础,收费也高于普通大学。攻读研究生和副博士学位,通常学费为每学年 1500 ~ 3500 美元。

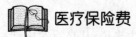 ## 医疗保险费

留学乌克兰需要交纳医疗保险费,每人 100 美元/年,在办理一年一次的居住签证时交纳,也可以享受在乌克兰的医疗免费服务。

 ## 住宿费

留学生公寓,每人至少 6 平方米的空间,房租每学年 200 ~ 400 美元。在首都基辅一年的住宿费用大约是 300 美元,其他城市要便宜一些。

留学生也可以在乌克兰居民家中租房。既可以与房东共用一套房,也可以单独居住,并且提供家庭必备用品、24 小时热水、天然气炉灶、电视机、冰箱等,价格也不贵,多人合租比住留学生公寓便宜一些。

生活费

在乌克兰的留学生由于家庭背景不同,消费观念不同,花费也不同。在学校餐厅进餐,每月伙食费一般约在 60 美元;除学费和住宿费外,每个学生每年生活费通常在 1200 ~ 1400 美元之间。当然,想要过得好一些的话,就要花费更多的钱。在乌克兰,肉类比较便宜,蔬菜却比较贵。乌克兰住房内(包括学生宿舍)大都带有厨房设备,煤气水电免费,如果自己做饭的话,一般每月 50 美元就可以吃得比较好了。

总之,留学乌克兰接受发达国家一流教育,费用相当于就读于国内大学的费用。

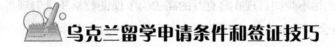 # 乌克兰留学申请条件和签证技巧

乌克兰留学申请条件

在乌克兰,申请本科课程者须高中毕业或具有同等学力;申请研究生课程者须为国家正规本科院校毕业(大专毕业生也可);身体健康,品德优良且无犯罪记录;年龄在 15 ~ 35 岁。申报音乐、艺术类院校者除上述条件外,还需提供个人相关作品等。

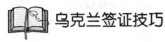 **乌克兰签证技巧**

留学生要获得签证,首先要申请。签证申请程序可以分为以下几个阶段:

(1)学生递交申请阶段。申请乌克兰留学的学生必须递交以下文件:

①填写好赴乌克兰签证申请表,并附上 2 寸正面免冠免墨镜证件(用彩色新近照片一张)。

②有效护照或能代替护照的国际旅行证件。

③乌克兰境内学校所发合法的邀请函。

④申请人的出生证明。

⑤申请人最终学历证。

⑥申请人在校的分数单。

⑦国际健康证明书。

⑧艾滋病检验证明。

必须注意的是,除前三项外,以上文件均需在中方公证处公证并由中国外交部领事司认证,并附有俄文译文。

(2)签证官对学生申请进行评估阶段。签证官收到申请人或代理的文件后,一般在 14 个工作日内就会给出接受申请的通知或直接批准的结果。

乌克兰驻华使领馆

地　　址	邮　编	电　话
北京市三里屯东 6 街 11 号	100600	010-6532 6359
上海市淮海中路 1375 号 4 楼	200031	021-6295 3195

 出国行前准备及入境禁忌早知道

 出国行前准备

▶▶▶ **携带适量生活用品**

(1)根据自己的体质状况,随身携带保健药品(常用药:牛黄解毒片,感冒冲剂,消炎药,创可贴,退烧药等)。

(2)洗漱用品。

(3)床上用品一律不用自带。

（4）四季服装：手套、围巾、帽子、长棉靴 1 双（旅游鞋）、羽绒服或皮衣。

（5）做饭用品：电饭煲、饭盒、筷子、小切菜刀、调味品等。

（6）转换插座两个（由圆插头转换为扁插座）和接线板 1 个。

（7）手机和充电器。

（8）特色礼品（小饰品）（入学后备用，根据与师生关系情况互赠礼品）

（9）数码照相机一部。

▶▶▶ 各种文件备份

（1）毕业证书、学位证书及成绩单复印件（英语或俄语）必须公证，并加盖中华人民共和国外交部领事司和乌克兰驻华使领馆领事部确认章，即双认证。入境时须出示原件和复印件。

（2）体检证书和艾滋病检查证书复印件（英语或俄语）必须公证。

（3）国内毕业证书格式较多，且由各自学校盖章，乌方难以确认证书的真伪。鉴此，来乌前应到中国教育部学位与研究生教育发展中心进行国内毕业证书的文凭认证。

（4）乌克兰校方邀请函原件、有效护照，乌克兰驻华使领馆领事部签发的学生签证。

▶▶▶ 学习用品

（1）《俄汉双解词典》和《汉俄双解词典》。

（2）《乌克兰语汉语词典》。

（3）英汉、汉英双解词典。

（4）书包及课堂书写工具。

📖 入境禁忌早知道

（1）持学生签证者不得从事经商或与学习无关的职业。

（2）言语举止文明，禁止在公共场合及校园内聚众打架斗殴。

（3）遵守校方规章制度，出入宿舍应主动出示证件，须将房间备用钥匙存放在宿舍管理处保管。

（4）尊重当地人风俗习惯，与之和睦友好相处，尊重学校教职人员。

（5）保持公共卫生，特别是公共厨房卫生。

波 兰

600 年前就开始接收欧洲留学生

🔍 波兰有哪些全球知名大学

华沙大学、雅盖隆大学、华沙工业大学、波兹南大学、波兰矿冶大学、罗兹大学、哥白尼大学、弗罗茨瓦夫大学和弗罗茨瓦夫工业大学。

📖 华沙大学

华沙大学是波兰最大、最好的国立大学,位于波兰首都华沙,始建于 1816 年。华沙大学是欧洲著名大学,也是世界 500 强大学。华沙大学不仅是波兰的政治文化中心、也是世界主要的学术中心。华沙大学行走在全球信息科学的前沿地带,开创了世界两大顶级的考古学派,培养了世界钢琴演奏家肖邦、波兰的多位总统及政要、以色列前总理梅纳赫姆·贝京等众多举足轻重的人物。华沙大学现拥有 20 个二级学院,30 个教学研究中心,是一所涵盖了自然科学、社会科学、人文科学等 32 个学科的综合性研究型大学。华沙大学现拥有 7100 位教职员工,其中各类教师共 3250 人;各类学生共 53500 人。200 多年来,华沙大学有 5 位杰出的校友获得了"诺贝尔奖"。

📖 雅盖隆大学

雅盖隆大学是波兰历史最悠久的大学,由波兰国王大卡齐米日建于 1364 年 5 月 12 日,也是世界上最古老的大学之一。截至 2014 年,雅盖隆大学整整走过了 650 年风雨历程。从建立之初,雅盖隆大学就是欧洲地区最重要的科研学术研究基地之一,而且还是一所位于世界大学五百强内的国际化大学。雅盖隆大学是一所世界闻名的大学,他是欧洲大学协会、乌德列支网络和科英布拉集团的成员。作为波兰最古老的且欧洲第六古老的大学,雅大的声誉吸引了大量的国际学生,雅盖隆大学是波兰唯一的,欧洲仅有的几所被美国教育部完全承认的大学。在历史的长河中,雅盖隆大学的发展与波兰国家的命运紧紧相连。无论是在波兰遭受俄罗斯、普鲁士及奥地利三国瓜分时期,还是波兰在饱受第一次、第二次世界大战战火洗礼期间,雅盖隆大学一直坚强地矗立着,为学者们遮风挡雨,提供安全而有利的学术研究讨论环境。

波兰留学优势:就业率高,转道欧盟捷径

 ## 申请条件宽松

相对北欧而言,入学条件宽松。申请大学本科:高中毕业或同等学力,年龄18～30岁;申请硕士研究生:大学本科或同等学力,年龄28～50岁。

 ## 良好的波兰语、英语、法语和德语等语种学习环境

学习波兰语、英语、法语和德语等费用约2万人民币/年,生活费用2万～3万人民币/年,比国内的语言培训机构的学费还便宜。

签证手续简捷,经济担保要求低,签证不需要面试

公立大学的申请到签证批准,一般仅需2～3个月。签证所需的银行定期存款仅需3000美元,且没有其他限制。

 ## 就业率高

21世纪以来波兰经济发展非常迅速,提供了很多就业岗位,但波兰劳动力外流比较严重,对人才的需求量比较大,去波兰留学,就业较为方便是留学生最为看重的一点。另外,波兰作为欧盟正式成员国,是欧盟高等教育体系的组成部分,留学生在波兰学习一两年后可以申请到欧盟其他成员国继续深造。

转道欧洲、美国的中转站

(1)波兰在2004年正式加入欧盟,2007年成为申根国。留学波兰,转道德国等欧盟国家的最好捷径:作为邻邦,由于历史原因,德国一直将波兰看作最亲密的经济伙伴。两国有着漫长的边境线,相似的文化生活,经济互补性很强。外出工作的波兰人中,有八成首选德国。在波兰西部地区,德语应用极为广泛,被很多人利用,将波兰作为"跳板"方便

转道德国。

（2）留学波兰 1~2 年后，转学到欧美深造：波兰的大学与英国、美国等国大学相互承认学分，并且.提供专升本和跨专业申请等，学校录取灵活便利。

波兰奖学金:只有足够优秀,才能获得奖学金

波兰奖学金分为公费奖学金和高校提供的奖学金，公费奖学金面向两国互派的留学生。另外，留学生在波兰享受的是国民待遇，只要足够优秀，就可以获得学校提供的奖学金。

欧盟国家学生的奖学金主要由 Socrates/Erasmus 项目提供，所有国际学生也可向学术认可与国际交流办公室申请波兰政府奖学金。

波兰留学打工:几乎不可以打工,收入很低

外国留学生在波兰几乎没有打工的权利。留学生在波兰打工一旦被警察抓住的话，老板也会被重罚的，签证也有可能作废。其实，波兰并不是一个很富裕的国家，大部分波兰人都去西欧淘金，留下来的都是学生或者是有高薪工作的人，要么就是老人。波兰政府正在努力用高薪拉回在西欧打工的波兰人，来弥补国内劳动力市场短缺的困境。波兰的基本设施建设工人主要来自波兰以东的国家。

作为一个留学生来说，在波兰的主要任务是学习，在有条件的情况下要格外谨慎选择适合自己的打工机会。在波兰要想一边上学一边打工，机会是很渺茫的，波兰不像英国，几周就可以赚到一个月的生活费。

留学波兰的费用:花费远低于欧盟其他国家

在波兰，由于学校间的激烈竞争，以及受到波兰整体消费水平的影响，学习和生活的花费也远低于在欧盟其他国家。

（1）学费。①波兰语授课：第一年语言学费 1500~2500 欧元；大学专业课学费仅700~3000欧元/年；医科和艺术类也不过 2700 欧元/年。同时还可选修英语、德语、法语等第二外语教学课程。②英语授课：经济类、法律类计算机和工程类学科每年学费仅1400~2400 欧元；酒店管理专业 3500~4500 欧元/年，还可带薪实习，收入比较可观。

（2）生活费。留学波兰，一年生活费 1000~1500 欧元，这要比欧盟其他国家的花费低许多。

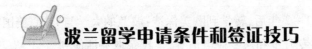

波兰留学申请条件和签证技巧

波兰留学申请条件

（1）申请到波兰留学，如果申请本科，需要提供高中毕业或同等学力。

（2）申请硕士则需要大学毕业或同等学历证书或在读证明。

由于目前在波兰留学的中国学生较少，波兰方面为了吸引更多学生，各院校对中国学生并无硬性的雅思或托福成绩规定，对于中国留学生来说，只要通过校方的面试即可进行申请。

波兰签证技巧

▶▶▶ 签证申请材料

波兰使领馆自 2006 年 6 月以来，就留学生签证申请材料进行了简化，由原来需要提交的 15 项简化到现在的 7 项。

（1）护照。

（2）签证申请表格附签证照片一张。

（3）波兰高等院校（在波兰学习的学生居住地）当地所属教育管理委员会出具的关于中国中学毕业证书与波兰中学毕业证书同等有效，以及该证书持有人可以在波兰共和国的高等学校可选择的专业学习的证明。

（4）学校录取申请人在该校学习的证明原件；支付至少一学年学费的付费证明；学习计划；在校食宿费标准。

（5）资金担保：签证申请人则必备持有可支付一年生活费至少 2000 欧元的证明。

（6）健康证明。

（7）从中国到波兰的单程机票订单。波兰使领馆签证处的简化政策为留学波兰的中国学生提供了便利。在留学服务中心领取护照签证时，要妥善保存好签证申请表的副本，进入波兰海关时交给海关 1 张，另外一张在加盖入关印章后妥善保管，在出关时再交给波兰海关。波兰移民局要求入境的外国人自入境之日起一个月内办理居留签证的手续。安顿下来并办好学校有关手续后，尽快到移民局领取"延长签证期限申请表"（黄色）。该表要求用波兰语填写。此外，必须提交 1 张彩色照片和所住旅馆或宿舍提供的住宿证明，学校外事处出具的学习证明。领到居留签证后，要注意居留期限，并计算好下次延长居留签证的时间。

波兰驻华使领馆

地 址	邮 编	电 话
北京市建国门外日坛路 1 号	100020	010-6532 1235
上海市建国西路 618 号	200031	021-6433 4735
广东省广州市沙面大街 63 号	510133	020-8186 1854

 # 出国行前准备及入境禁忌早知道

 ## 出国行前准备

(1)备份文件及学习用品:各种国内学历证件照片及材料、笔记本电脑、电源转换插头,接线板。

(2)携带生活必需品:床单、被罩、枕巾,常用药、电饭锅、菜刀等。

(3)四季换洗衣服:

春季:波兰风很大,带几件防风的衣服。如果是商学院的学生,多准备几套西装,用到的机会较多。另外读其他专业的学生,也要准备一套正装,以备考试的时候穿,在波兰参加考试尽量穿正装,以表示对导师的尊敬。

夏季:波兰过去夏天不是很热,经常穿的还是长袖的衣服,短袖几件就可以了,穿的时间最多一周,不过近年来全球变暖,波兰也与时俱进变暖了。尤其近两年,夏季与其他欧洲国家一样炎热。

秋季:两套衣服即可,波兰人很喜欢穿牛仔裤,在秋天是比较合适的。

冬季:羽绒服、围巾、手套、棉鞋。房间内都有暖气,通常都是在 25 ℃～28 ℃,带两三套衣服就可以,一套屋内穿,加一件羽绒服,或厚的外套在室外穿。波兰 1 月中旬到 4 月,雪会很大,因此要准备好过冬的衣服。

 ## 入境禁忌早知道

▶▶▶ 入境携带行李规定

(1)携带白酒数量不能超过 1 升;葡萄酒不能超过 2 升;啤酒不能超过 5 升。

(2)香烟不能超过 200 支;细雪茄不能超过 100 支;雪茄不能超过 50 支,烟叶不能超过 250 克。

(3)香水不能超过 50 毫升。

(4)医疗用品不能超过个人所需。

（5）禁止携带毒品；携带武器、弹药入境需波兰领事部门证明；携带武器、弹药出境需波兰警察部门证明；禁止携带濒危动物；携带艺术品入境需符合艺术品来源国法律，携带艺术品出境需波兰文化部或相关部门许可；禁止携带石棉制品入境；禁止携带废弃物入境（如废弃电子设备等）。

▶▶▶ 波兰公共交通设施

（1）火车。波兰境内的交通以火车为主，铁路局简称为 PKP，价格便宜而又班次密集，是值得搭乘的交通工具，分为特快车、直达车与普通车，特快车需先订票，普通车不需要，但仅适合短途旅程。另外有一种 Polrail Pass 的车票，这是一种在一定时间内可到任何地方的车票。

（2）公共汽车。波兰的公共汽车对于市区短程的交通更是便捷快速，无论市区公共汽车到任何地方仅需 3 兹罗提，直达车 10 兹罗提；另外市营的电车只要 3 兹罗提，不但非常便宜，购票也十分方便。

（3）出租车。在波兰搭出租车只要到招呼站或利用电话叫车，因为通货膨胀原因，采取议价，假日或夜间搭车要多付一半车费用，离开市区要付来回车费，由机场到市区的出租车约为 200 兹罗提。

在华沙乘车，乘坐公共汽车、电车和地铁均使用一种车票，买一张票就可坐电车、汽车和地铁；可在固定的售票处购票，也可到遍布大街小巷的书报亭或一些商店购票；购票没有时间限制，需要时随时买。公交车车票种类很多：有单程票、一天内有效票、节假日票、月票、季度票和半年票，也有市内票、郊区票、专线票，还有通用票等。各种公交车辆均没有售票员，车上设有车票打孔器，乘客上车后第一件事就是将车票打孔。车票检查员不时登上车进行突击性检查，发现有人没票，便很有礼貌地请他下车，然后毫不客气地按规定罚款。

华沙的公共汽车和电车运行十分准时。车站整洁有序，设有座位和候车亭。亭内有公共交通图和来往车辆的时间表，精确到分钟，很少出现误点情况。车到站后，乘客按顺序上车下车，没有拥挤、抢座位的现象，也没有人维持秩序。公交车上干净、舒适、安静，无人大声喧哗或喊叫。一般情况下，老人、病人、孕妇及带小孩的人都有座位。司机室与乘客严格隔开，绝不允许任何人与司机聊天，以免影响公交车行车安全。

奥地利

教育科研发达,留学费用较低

 奥地利有哪些全球知名大学

维也纳大学、维也纳工业大学、因斯布鲁克大学、林茨大学、格拉茨大学、格拉茨工业大学、克拉根福大学和萨尔茨堡大学。

维也纳大学

维也纳大学是奥地利历史最悠久的大学,也是德语区国家最古老的大学之一。始成立于1365年,是27位诺贝尔奖奖金获得者的母校。维也纳大学目前拥有八个系。她同时也是奥地利最大的大学,欧洲最大的大学之一,在校生8万人之多。大学有80多处校舍,分散在维也纳各区。其中古老、宏伟的主校位于维也纳市一区。具有欧洲文艺复兴式的古典风格的大学主楼是维也纳大学的中枢所在,整幢建筑长161米、宽133米,占地面积约21500平方米,由2幢对称的教学楼组成,面对环城大道,两厢有长廊相接,背靠马路。地下室是雄伟的大礼堂,二楼中央是庆典礼堂,一边是会议室,另一边是校长办公室等行政机构。维也纳市立医院——这一世界著名的现代化医院也隶属于维也纳大学。

因斯布鲁克大学

因斯布鲁克大学建立于1669年,是奥地利规模较大的综合性国立大学,下设有布伦讷档案研究所,因斯布鲁克STI研究所和纺织化学及纺织物理这三大研究所。同时该校还拥有建筑学院,土木工程学院,教育学院,化学和药学学院,数学、计算机科学和物理学院,心理学和体育科学学院,政治学和社会学学院,生物学院,地理和大气科学学院,法学院,管理学院,经济和统计学院,天主教神学院,语言文化学院和哲学历史学院等 15 个专业学院,开设有普通化学、无机化学及理论化学,古代史和古东方学,美国研究,分析化学和无线电化学,英国语言文学,建筑理论和建筑史,工程力学,圣经学和历史神学,欧洲民族学和民俗学,考古学,银行和金融学,植物学,欧洲法和民法,教育学,地质研究和古生物学,语言文学,分子生物学,体育科学,环境工程,岩土工程和隧道工程,公路建设和交通规划,心理学等 70 多个本科、硕士和博士专业。

奥地利留学优势：留学性价比高

入学条件宽松

奥地利高校不论公立,还是私立院校,申请时都没有德语成绩要求。但是奥地利教育市场尚未完全开放,一般公立大学在招生时首先保证本国学生的入学要求,其次是欧盟国家,剩余名额再提供给海外学生。

奥地利高等教育学制为 3 年学士,2 年硕士,可继续攻读博士学位,并且不受年龄限制。凡具有高中毕业证即可直接申请本科,高等教育采用欧洲 ECTS 学分制,学分学位全世界承认。

留学费用较低

奥地利公立大学专业课程对中国留学生来说,基本上是免费教育(对中国等发展中国家的学生享受学费返还政策,只收取少量的书本费和注册费)。由于奥地利政府对学生采取各项优惠及经济补贴政策,如交通费,保险费及大学生公寓补助等,因此在奥地利的留学生,一般每月吃、住、行等所有费用均不多。与奥地利同水平的发达国家,如德国留学的费用相比,无疑奥地利是性价比较高的留学国家。

资金担保金额少,返签证成功率高

奥地利签证实行返签证,签证率较高。无须国外亲戚经济担保(仅要求申请者本人在奥地利存有相当于人民币五万元左右的欧元存款即可)。

传统申根协约国,与欧洲其他国家往来方便

奥地利位于欧洲的中心地带,又是申根协约国,因此,在学习之余,到欧洲各地旅行

都是畅通无阻。一般前往这些国家,可免签证停留 90 天,可以说留学奥地利,就可以遨游整个欧洲。

 ## 自然环境幽雅,社会环境安全

奥地利得天独厚的自然环境不但是世界上著名的旅游胜地,为莘莘学子的学习提供了一个天然的游学环境,而且还是世界上最安全的国度之一,留学生一般不会受到当地社会环境的间接伤害。

 # 奥地利奖学金:种类、名目繁多

奥地利留学奖学金种类繁多,主要有以下 20 多种:

(1)欧盟第 7 框架项目 PEOPLE:Marie Curie 项目及个体奖学金。

(2)Alban – Berg 基金。

(3)奥地利银行信贷机构的奖学金,用于奖励与萨尔斯堡相关的儿童和青少年研究领域的论文。

(4)人才奖学金,授予维也纳兽医大学友好协会的学生。

(5)博士奖学金 – Schering 基金。

(6)维也纳兽医大学 Fircks 基金会的博士奖学金。

(7)Martha Sobotka – Charlotte Janeczek 基金。

(8)EMBO 欧洲分子生物学组织的长期奖学金。

(9)EMBO 欧洲分子生物学组织的短期奖学金。

(10)ERCIM 欧洲信息学与数学研究联合会的"Alain Bensoussan"奖学金项目。

(11)Ernst Mach 奖学金。

(12)Konrad Lorenz 进化与认知研究院的研究奖学金。

(13)考古学领域的研究奖学金。

(14)授予年轻的大学德语和奥地利文学教师的 Franz Werfel 奖学金。

(15)Hans/Blanca Moser 基金。

(16)卡拉扬中心的器乐学习奖学金。

(17)维也纳技术大学的 Joint Study 项目。

(18)颁给获准政治避难者的 Liese Prokop 奖学金。

(19)Mondi Austria 学生奖学金。

(20)博士后奖学金 – Schering 基金。

(21)Richard Plaschka 奖学金。

（22）Heinrich Jörg 基金会授予格拉茨大学自然科学系的奖学金。

（23）用于 Alpbacher 夏季学校的奖学金。

（24）外交学院奖学金。

（25）记者教育奖学金。

（26）奥地利共和国奖学金基金提供的奖学金。

在奥地利，还有各种社会福利及救济金在国民生活中扮演着重要的角色，助学金便是其中之一。广义的助学金包括家庭补助金、助学金等，此外还有奥地利高校基金。为全面普及国民高等教育，奥地利的各类大学一般不收取学费，但大学生必须在学习之余打工挣钱，用于支付学习期间的生活消费。为减轻大学生的负担，奥地利经过长期的探索及实践，如今已经形成了一套完善的助学金体系，通过不同渠道，以各种方式资助在校的大学生，使一些贫困学生能更好地专注于学习，并且尽快地完成学业。

奥地利留学打工：寒暑假期可以打工

2003 年 1 月以前，奥地利政府不允许欧盟以外的外国留学生在奥地利做兼职。按照奥地利政府所订颁的"融合计划"，外国留学生自 2003 年 1 月起工作的限制已经予以放宽，开放了外国留学生在寒暑假期间（2 月、7 月、8 月和 9 月）工作。但是，此政策中也有一项保留，即"仅限于工作非为维持当事人生活所需"。依制订融合计划的内政部法务专家的解释：此一条文仅在于防止外国人以就学为名义在奥地利工作。外国学生只要提出在奥地利学校就读的学业成绩证明，便可以在假期从事任何工作；任何行业均可于假期月份内雇用外国留学生为短期劳工。这样通过假期的打工基本上能够将生活费挣到，可以说在奥地利读书，与到其他欧洲国家相比，生活压力较小。

留学奥地利的费用：支出较少，主要是生活费

（1）学费。奥地利公立大学包括国立音乐大学，均不收取留学生的学费。大学德语班每学期一般收取人民币 2000 ~ 3000 元，当留学生通过德语考试进入大学后则享受免费教育；私立音乐学院一般每学期学费折合人民币不到 10000 元。德语学校的收费高低不同，每学期一般在人民币 2000 ~ 10000 元；英语授课的私立大学要有一定的 TOEFL，或 IELTS 成绩与经济基础即可申请，但是费用较高，学士学位课程每学年需 8000 欧元左右，两年的硕士学位需 16000 欧元左右。

（2）住宿费。留学生可以住学生公寓，也可以选择家庭住宿，其费用在180~360欧元/月。

（3）生活费。奥地利学生餐厅收费一般2~4欧元/餐。留学生必须先购票，然后凭学生证享受优惠价格。不习惯学生餐厅饮食或想省些钱的留学生，可以选择自己做饭，奥地利的大超市一般都供应亚洲食品。总体来说，在奥地利留学的生活费每年需人民币30000元左右，包含食宿、保险和交通等费用。

 # 奥地利留学申请条件和签证技巧

 ## 奥地利留学申请条件

▶▶▶ 公立大学申请条件

（1）申请者必须是正规大学（3年制以上，含3年制大学及全日制成人高校）的在读生，或研究生在读生。

（2）通过高考、被大学录取者，或大学毕业、被研究生录取者。

（3）正规大学毕业生（另有规定）。

（4）无德语、英语水平要求。

▶▶▶ 德语学校申请条件

无语言要求，必须具有高中或中专学历，年满18岁。

▶▶▶ 私立大学申请条件

奥地利还有部分私立大学是用英语授课的，一般要求具有高中、中专学历，最好有托福或者雅思成绩，但成绩要求不高。

▶▶▶ 私立音乐学院申请条件

无学历、语言要求，音乐初学者也可以申请，但要求年满18岁，申请者必须参加录取考试。

 ## 奥地利签证技巧

▶▶▶ 签证所需材料

（1）大学入学通知书及接受高等院校课程教育的确认证明（翻译、认证）。

（2）毕业证、成绩单（翻译件、认证），递签时需提供原件。认证需到全国学位与研究生教育发展中心认证。认证件由中心直接寄往使领馆。

（3）住宿证明（租赁合同和户口本及房屋财产证明。在政府部门登记的房产证明，如果租赁人不是房主，则需要提供房主许可证明，其中房主书面声明许可转租）。

（4）疾病与事故保险证明。

（5）资金证明。

（6）护照。

（7）申请表（照片）。

（8）出生证明（公、认证）。

（9）国籍证明（公、认证）。

（10）无犯罪证明（公、认证）（有效期3个月）。

（11）健康证明（有效期3个月）。

▶▶▶ 签证注意事项

（1）签证前，保持精力充沛、衣冠整洁，不要过于暴露或花枝招展。出门前确保口腔无异味，牙齿上无异物沾黏，不要浓妆艳抹。

（2）由于携带材料较多，建议不要挤公交车去使领馆，以免材料丢失，最好乘出租车前往签证。

（3）一般情况下，奥地利使领馆签证官非常认真，每个人面签时间均在半小时左右，所以要有足够的耐心在外面等待，最好是提前到使领馆排队等候。

（4）签证官会在窗口处先简单检查所提供的材料，询问是否会说德文还是英文，如果都不会，他会安排工作人员翻译。随后，签证官会带领申请者进入办公室，坐下来面对面交谈，并详细地核对每一份材料。这个时候务必确保手机关机，以免打断谈话。

（5）签证官提出问题的时候，最好马上回答，实话实说，不要犹豫或是过久的思考，否则容易让签证官产生怀疑。只要材料齐全，签证官通常不会提问很多问题，但是材料不齐全的话，最好尽量向他解释清楚。

（6）签证结束后，工作人员会根据签证类型收费，并提供一张带有签证编号的取证单，到时申请者凭这张取证单领取签证及护照。

奥地利驻华使领馆

地　址	邮编	电话
北京市建国门外秀水南街5号	100060	010-6532 2061
上海市淮海路1375号上海启华大厦3楼A座	200031	021-6474 0268

出国行前准备及入境禁忌早知道

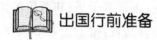 出国行前准备

▶▶▶ 全身体格检查

（1）及时进行体格检查，并带好体检证明（务必在户口所在地的出国人员体检中心体检）。

（2）检查牙齿，配眼镜（最好准备两副），带上医生的验光诊断证明。

（3）携带适量常用药，例如感冒药，阿司匹林，止痛片，消炎药，治腹泻药，创可贴等，还要带上体温表。

▶▶▶ 留学费用保存

（1）办理汇票是最理想的，或者电汇、银行划账、信用卡也可以；国际信用卡也很方便留学生，例如父母持有国际信用卡，并且申请主副卡，父母拿着主卡，留学生在奥地利拿着副卡，使用则具有同等功能；最大的优点是：父母亲每个月都会收到对账单，也就是说孩子花了多少钱，家长也会一清二楚。

（2）另外适当带些欧元作为零钱用。

▶▶▶ 各种文件备份

（1）至少要带九张护照照片。

（2）各种重要文件要及时备份，如各种证明，公证书，证件，签证和护照，录取通知书甚至机票都要复印一式两份且分开放，一旦出现意外，方便寻找或补办。

▶▶▶ 日常用品准备

（1）奥地利的电源插座和国内的不一样，最好临行前备好转换插头或接线板。

（2）折叠雨伞 1 把；洗漱用品、化妆品适量；电动剃须刀两个。

（3）床上用品：床单 2~3 条，枕巾 2~3 条。

（4）如果行李不超重，最好自带电饭锅和简单的碗、杯、盘等餐具。

▶▶▶ 学习用品准备

（1）便携电子词典（带计算器功能）。

（2）较详细的英语双解词典和德汉词典。

（3）笔、笔记本、纸张、文件夹，橡皮，铅笔（带足铅笔芯），签字笔，耐用书包。

（4）语言学习机、耳机、U 盘、存储卡。

（5）笔记本电脑最好带上购买发票，出入境时可申请免税。

（6）软件方面可多带点中文 Windows 常用的。

▶▶▶ 常用衣服准备

西服正装两套；正统衬衫若干件，颜色以白和浅蓝为主；领带若干条；非西服的便服要带一些，如牛仔裤、运动服、运动鞋、凉鞋等；内衣 6 套、拖鞋两双；带上大衣或风衣，羽绒服或皮衣，薄毛衣（羊毛衫），手套、围巾、帽子、雨衣、防雨夹克，皮鞋（2～3 双），深色袜（应多带一些）等。

 ## 入境禁忌早知道

▶▶▶ 奥地利入境注意事项

（1）首先要清楚奥地利系申根国家，入境须持有申根国家签发的有效签证，不能提前入境。

（2）维也纳国际机场将欧盟国家和非欧盟国家的乘机及抵达区域严格分开。从非欧盟国家经维也纳转机赴欧盟或申根某国及再转机回国，须事先办妥签证，否则原机送回。

（3）在奥地利签证到期如需延期，须本人到申根国家以外的奥地利驻其他国家使领馆办理。手续复杂，候签时间较长。如本人所持为一次出入境签证，本人则不可能出境办理。

（4）入境时禁止或限带物品，详见海关相关规定。

欧洲内部市场建立之后，欧盟就非欧盟成员国入境旅客向欧盟国家携带物品制订了以下统一的规定：

（1）免税物品数量。（可免税携带进入欧盟的物品数量。物品数量适用于 17 岁以上的成年人）①烟草：香烟 200 支或小雪茄 100 支（3g 每支），或雪茄 50 支。②酒：烈性酒 1 升（酒精度 22%）或香槟、甜烧酒或葡萄酒 2 升（酒精度 22%）。

（2）旅行物品税率。

175 欧元以下：通过欧盟国际机场入境的旅客可免税携带价值 175 欧元以下日常物品。

175～350 欧元：乘机入境携带的所有物品税率均为 13.5%（特例：咖啡、酒精制品、烟草制品、燃料）。

350 欧元以上：所有进入欧盟，价值超过 350 欧元的物品均须纳税，进口物品除了交纳增值税之外，还需支付商品税。

1000 欧元以上：价值超过 1000 欧元的进口物品均应书面报告。

特例：通过陆路和海路的方式进入欧盟境内的物品，价值超过 125 欧元的，需交纳关税。

（3）汽油和柴油。非欧盟国家旅客可免税携带 10 升燃料入境。超额数量应交纳规定的关税。

（4）古董及动植物入境规定。①古董：被证明超过 100 年的所有物品均被视为古董，并应交纳 16% 的营业税。②动植物：携带入境的动植物应依据《华盛顿物种保护协议》（CITES）出示 CITES 证书。根据该协议动植物被分为 4 个濒危类别（A－D）。A 类为所有面临灭绝的动植物物种及所有有危害的物种，这些动植物不得带入欧盟。其他 B，C 和 D 类动植物只有经政府严格检查后，方可带入欧盟一国。

▶▶▶ **奥地利公共交通设施**

（1）快速火车。连接市郊车站的是快速火车。快速车站有醒目的"S"标志，火车线路称为 S1、S2 路等。如果想从维也纳抵达另一个地方，或到维也纳郊外的旅游景点去参观，乘坐快速火车是最快捷的方案。27 岁以下的学生可凭借学生证申请价格约为 20 欧元打折卡（须交一张护照照片）。凭此卡在奥地利境内乘坐火车可以享受五折的优惠。

（2）地铁。在奥地利市区内，连接各个地方最快捷的交通工具是地下铁路，它们分别为 1 路、2 路、3 路、4 路和 6 路。在所有地铁站口都有醒目的"U"作为标记，地铁线路则用 U1、U2 等来表示。

（3）有轨电车。在维也纳市区内，线路最长的要属有轨电车。有轨电车的线路以某一个字母或数字来表示，如 D 或 1 路等。在比较狭窄或者多弯的街道上，行驶的是公共汽车。公共汽车的线路往往在一个数字后加上 A 或 B。

（4）计程车。奥地利计程车很多，但是招手即停的现象并不多见，一般情况需进行电话预约，或在计程车站上车。虽然乘坐计程车不太方便，但是对待计程车司机一般是要给小费的。

（5）自行车。在维也纳，自行车一般仅作为体育锻炼的工具，因为维也纳街道上有很多有轨车辆的轨道，所以留学生骑车最好在专为自行车留出的行车线上行驶。

希 腊

大学多为英美高校的分校

 希腊有哪些全球知名大学

雅典国立科技大学、亚里士多德大学、雅典大学、克里特大学、帕特雷大学和雅典经商大学。

雅典大学

雅典大学是希腊最古老和最具影响力的大学，不仅是当时新成立的希腊国的第一所大学，而且也是全巴尔干和地中海中部地区的第一所大学。1841年由丹麦设计师主持修建了新的校舍，新型班级也出现了。创立伊始称为奥森大学，只有工程、法律、医学、艺术四个系，33位教授、52名正式生和75名旁听生。之后专业不断增加，学生人数也逐年增多。1932年改为现名，现有92000名学生和2000名教师，有政治、医学、哲学、法律、理学、神学等6个学院，学科涵盖30个学科门类，有75个博士学位授予点，哲学、法学、医学、经济学、考古与艺术史是雅典大学的强势学科。希腊最著名的大学当属雅典大学，雅典大学是希腊建国之后成立的第一所大学，具有十分悠久的历史。对于希腊而言，雅典大学也是一个比较鲜明的特征，它代表着希腊文化发展程度，同时还伴随着古希腊的神话寓言故事。

亚里士多德大学

亚里士多德大学是希腊最大的大学。它以哲学家亚里士多德而命名，位于塞萨洛尼基，校园占地面积23.0万平方米，接近的塞萨洛尼基市中心。一些教育和行政设施由于实际和运作上的原因位于校园。在亚里士多德大学有超过95000多名本科生和研究生，86000人攻读学士学位课程和9000人攻读研究生课程。此外，教学和研究职工人数2248

人(716 名教授,506 名副教授,576 名助理教授,450 名讲师),科学教育人员 84 人和专业实验室教学人员 275 人。教学使用的主要语言是现代希腊语,但有相当数量的课程使用英语、法语和德语,这些举措主要是为国际学生考虑。

希腊留学优势：学校含金量高，入学条件宽松

学校含金量高

希腊学校采用欧美教育体系,英语教学,师资配置、课程设置和颁发的文凭都和英美母校一致;最后一年如果学习成绩优异、资金达到要求,学生都可以到英美的母校就读。

入学条件宽松

入学不需要语言成绩,如未达到语言要求,学校可提供英语预科班;部分学校还承认中国成人、自考、电大、函授学历,可以转学分,缩短留学时间;本科(含预科)入学年龄一般要求 18 ~ 30 岁、研究生一般要求 26 ~ 35 岁。

签证率高

签证政策较为宽松,签证时间较短,获签率高。留学希腊签证属于欧洲申根学生签证,可以自由出入欧盟国家;面试只要能够应付一般学习及生活的英语水平即可;因此留学希腊签证成功率较高。

希腊奖学金：申请比较严格，不易获得批准

希腊的大学设有希腊互换奖学金项目,主要是面向访问学者、硕士插班生及互换学生,各地受理机构均可申请,并且要求年龄必须在 50 岁以下,必须有英语、法语及希腊语基础,获互换奖学金的本科生需在希腊大学学习希腊语一学年。由于要求比较严格,申请不容易获得批准。各大学校还设有内部奖学金,有的学校要求在提出入学申请的同时一并申请奖学金,有的学校则是要求到校后再进行申请办理。

希腊留学打工：有学生居留证、税卡即可打工

在希腊,留学生虽然可以合法打工,但是必须拿到,并且要及时办理手续即申请税卡。

留学生办理好学生居留证签证后,就可以合法打工了。一般每周至少有20小时打工时间。在希腊的中国人很少,生活消费较低,打工机会也很多,比较适合中国学生。目前,大部分留学生都是在中国餐馆或货行打半工(300～500欧元/月)或全工(600～900欧元/月),也有少数学生在旅行社工作(60～80欧元/天),不少学生暑期在岛上餐馆工作(1000～1200欧元/月),但大部分学生为免交税而没有办理相关手续。目前在希腊比较好的打工选择为:翻译、导游、餐馆服务、家教、保姆等。多数收入为25～100欧元/天或5～20欧元/小时。

留学希腊的费用:不到英美等国的一半费用

(1)学费。希腊的学费每年仅需4000～6000欧元。在希腊,留学生用较低的代价可以获得英、美、欧等大学的学位,大学文凭含金量高,世界公认。

(2)住宿费。学校为留学生提供学生公寓,学生也可以在外自行租房,这样能更快地融入新的环境和锻炼自己的语言能力。一般二室一厅70～80平方米的房子租金为500～600欧元每月,房间里有基本的家具,一般是4～5人合租,另外搭铺为每月100欧元,住宿费用也比较低。

(3)生活费。希腊的牛奶、面包、鸡蛋、巧克力等比较便宜,折合人民币和在北京的价格差不多,一般价格都在0.5～1欧元。水果、蔬菜、牛肉、海鲜等相对较贵。如果在外用餐,中餐在正餐中是最便宜的,一般二菜一汤(一荤一素)在10～20欧元;其次是希腊餐,通常一盘海鲜面加一盘蔬菜色拉、一杯开胃酒及一点面包,需花费15～25欧元;意大利的正餐与希腊正餐的价格差不多;最贵的是法国餐,每位通常要花费50～100欧元;此外,快餐的价格都比较便宜,5欧元就能吃饱。在希腊,如果没有过高的要求,自己做饭的话,一般每人每天只需6欧元左右。而且在希腊打工的话,雇主基本上都会提供两餐,自己每天只需做一顿饭,只花费2～4欧元即可。一般情况下,在希腊一个人每月300欧元即可维持生活。

总之,希腊的留学费用低廉,总共加起来还不到英美等国的一半。

希腊留学申请条件和签证技巧

希腊留学申请条件

▶▶▶ **大学入学条件**

(1)必须是高中或高中以上毕业。

（2）申请学生要具有一定的英文水平。

（3）学校会对申请学生进行语言测试。

（4）身体状况良好，无重大疾病。

（5）具有一定的经济基础，可以维持在希腊期间的正常学习及生活费用。

（6）留学的目的是以学习为主的。

（7）学校对申请学生无明确年龄要求。

▶▶▶ 硕士学位申请条件

（1）大学本科毕业。

（2）要求申请学生的 TOEFL 成绩最好在 530 分以上，或同级其他考试成绩。

（3）身体状况良好，无重大疾病。

（4）具有一定的经济基础，可以维持在希腊期间的正常学习及生活费用。

（5）留学的目的是以学习为主的。

（6）学校对申请学生无明确年龄要求。

希腊签证技巧

▶▶▶ 签证材料

（1）护照。

（2）教育机构的入学通知书。

（3）经济材料：证明学生可以支付包括学费、住宿、旅费及其他费用在内的各项费用等。

上述文件要及时提交给希腊驻华使领馆以申请签证。

注意：①照会或公函上应注明访问目的和停留时间，提供邀请函、电；②申请人需邀请单位向希腊外交部提出入境申请，希腊外交部批准后，通知其驻华使领馆和邀请单位，此时申请人可向希驻华使领馆申办签证，填写签证申请表一张，交照片一张，办理时间需提前两周申请签证。

▶▶▶ 签证流程

（1）学生准备好所有材料，将资料邮寄至希腊被申请大学并支付报名费。学校审核通过后向学生寄出有条件录取通知书和一些相关的合同。学生及家长签署各项合同后，向学校寄出，同时通过银行国际转账向学校支付学费、管理费及住宿费等。学校经过审核确认后，会给学生寄出无条件录取通知书。

（2）带齐所需证件、证明，到希腊驻华使领馆办理签证。赴希腊国签证属于欧洲申请学生签证，需要进行面试，但目前暂时不需要预约，学生可直接前往使领馆面试。一般情况下签证需要 2 个星期(除周末外的 10 个工作日)。希腊留学签证通常成功率较高,目前较少拒签纪录。

希腊在签证手续上执行申根协议的有关规定,颁发申根签证。留学签证每年更新一次。此外,签证还可以申请一半,即如果是 4 年的学习签证可以延期 2 年,如果需要学语言还可以延长 1 年,一共可以有 7 年的有效期。

为了确保签证能够顺利通过,学生必须具有一般程度的英语水平和 20 万元人民币左右的资金证明,否则将有可能被拒签。

希腊驻华使领馆

地 址	邮 编	电 话
北京市光华路 19 号	100026	010-6532 1317

 出国行前准备及入境禁忌早知道

 出国行前准备

留学希腊,在出发前需要携带的物品:

(1)电脑软件,可以带一些常用的操作系统,应用软件,工具软件,上网软件等的安装盘。还要带上以前的电子版本的信息,例如编过的程序,写过的文章,有用的文档,可以用刻录机刻到光盘上,带几张光盘出去就可以了。

(2)文具用品,一般文具用品可在当地商店购得,至于所需用的特殊文具用品可以自行携带。

(3)日常用品,所有日用品皆可在希腊一般商店买到,价钱也不贵。想做饭的同学最好准备电饭锅。

(4)带上照相机、收音机、随身听、吹风机和理发用品等。携带电器用品得注意要准备插头转换器。

(5)适量礼品,不必准备太贵重的礼物,十欧元左右的国内小礼物准备一些,根据实际需要到时送给教授或外国友人。

(6)食品,新鲜食品及肉类制品海关查禁得非常严格,再稀奇的土产也不要闯关。茶叶等干货,可根据个人需要适量携带。

(7)特殊物品,为了避免在国外生活时,精神倍感寂寥,例如全家福及亲友的照片,以及其他可以增添生活情趣或平常精神寄托的物品,可以适当携带。

入境禁忌早知道

(1)来自欧盟以外第三国的旅行者可以携带下列物品入境:香烟200支或雪茄50支或烟草250g,酒2瓶,香水50克。外币入境不限金额,但应先申报数额时,出境时方可如数携出。

注:17岁以下的旅行者不能免税携带烟草或酒精制品。

(2)货币及外汇管理:希腊是外汇管制国家,黄金、外国货币可自由携带入境,如超过1000美元应申报。而入境时若未在货币管制窗口事先申报携入数额时,则出境时只允许携带1000美元。出境时希腊海关会抽验,故须诚实申报。至于旅行支票的携入携出则不受海关限制。

匈牙利

教学水平与美国、欧盟名校相近

🔍 匈牙利有哪些全球知名大学

塞格德大学、罗兰大学、德布勒森大学、布达佩斯经济技术大学、佩奇大学和布达佩斯大学。

📖 罗兰大学

罗兰大学于1635年由红衣主教帕茨玛尼·彼得建立,1921年更名为皇家匈牙利帕兹马尼·彼得大学,1950年大学重组,正式更名为厄特沃什·罗兰大学,以世界著名物理家厄特沃什·罗兰命名。经过380余年的发展,已成为覆盖各类学科的综合性高等学府,是匈牙利规模最大、历史悠久的综合科研性大学。罗兰大学位于首都布达佩斯,目前共拥有7个校区,新校区在风景如画的多瑙河畔。罗兰大学一共有8个学院:人文学院、法学院、信息学院、自然科学学院、社会学学院、教育和心理学学院、特殊教育学院(巴尔茨·古斯塔夫非凡教育学院)、儿童和幼儿教师培训学院,还有著名的罗兰大学孔子学院,中欧的孔子学院中心就设在罗兰大学。罗兰大学目前在校生32000人,教师及研究员1800名,留学生2000多人,学院在1985年成为"欧洲常春藤联盟"—科英布拉学术集团成员。

📖 德布勒森大学

德布勒森大学办学历史可以追溯到1538年,并于1912年被确立为匈牙利最高的综合性学府,是匈牙利久负盛名的国立大学,也是匈牙利规模最大的公立大学,还是中欧历史上第一所大学医学院,颁发的医学文凭和学历受到世界卫生组织(WHO)的认可,在世界医学学术领域极具声望。德布勒森大学是匈牙利国内为数不多的接受政府奖学金资助的学府之一,留学于德布勒森大学的国际学生可以收到匈牙利当地政府资助,年学费仅为其他同等大学的三分之一或者二分之一。

匈牙利留学优势:有机会获取英美学历和移民

(1)匈牙利教育体系完善,教育水平居世界领先地位,尤其在医学、经济和技术方面有卓著的成就。在校生中,国留学生比例高达56%,几乎所有匈牙利的公立大学都是中国教育部认可的,毕业后取得的证书可以通过中国教育部认证。匈牙利医学教育水平在欧洲非常有影响,特别是兽医;农业以绿色农业著称,其现代作物栽培技术居世界先进水平。

(2)匈牙利与许多欧洲国家签订了多边协议,互相承认学历。

(3)目前匈牙利还有与英美等国合办的大学和课程,就读2+2或3+1学制的专业,前两年或三年就读于匈牙利学校,全部使用外国母校教材,后两年或一年就读于英美母校,在英美母校获取学士证书,毕业后可留英美就业。匈牙利的大学学分绝大部分参加了欧盟的ECT学分系统,欧盟完全认可,从而使转学到欧盟各国大学成为一件水到渠成的事情。

(4)高中毕业即可申请,无TOEFL、IELTS要求(含三校生)相对于其他欧洲国家,匈牙利的学费低廉、生活费年仅需人民币2万元左右,是其他国家花费的三分之一。

(5)留学生毕业后发展空间大,在欧盟成员国间就业机会多。

(6)留学签证周期短,签证率高。

(7)为留学生开设英语课程,期间可免费教授匈牙利语。

(8)担保金仅需10万元人民币,且无存期要求。

(9)从预科到博士都可以申请。

(10)就业紧俏发展空间广阔。随着中匈两国经济贸易的发展,急需大量了解匈牙利国家文化的匈牙利语翻译。同时匈牙利社会福利好,毕业生发展空间很大,毕业后可去欧盟24个申根国家工作,并在拥有合法工作的前提下移民定居。

匈牙利奖学金:自费留学生很难获得奖学金

匈牙利大学基本上不向外国留学生提供奖学金。中国与匈牙利政府互换项目奖学金必须通过国家留学基金委评审,一般不面对留学海外的自费生。出类拔萃的自费留学生可以通过使领馆教育处申请"国家优秀自费留学生奖学金"。

匈牙利留学打工：只能以实习方式打工

根据匈牙利有关规定,持留学签证者不可以打工。但是,留学生可以联系有关单位前往进行实习工作。

在匈牙利进行正规留学的外国学生,无论本科还是研究生,均可参加有偿实习工作,弥补学费开支不足。留学生实习工作条件与匈牙利本国学生相同,同样享受法律保护和约束。条件是:必须年满 18 周岁,持学校颁发的学生卡,每周工作不得超过 20 小时,每天不得超过 8 小时。一般掌握标准为每周 20 学时以后,以实习方式打工,假若纯粹以打工为生是行不通的。

留学匈牙利的费用：比其他欧盟国家要经济划算

(1)学费。大学预科一般 1400～3000 欧元/学期,大学本科 2500～5000 欧元/学期,研究生 2500～6000 欧元/学期。医学院的学费稍贵些,平均每学年 10000～15000 欧元。

(2)住宿费。留学生一般入住学生公寓,每学期费用约在 600 欧元,含暖气、水、电费和税。留学生也可以自行租房住宿,这样更经济划算。可在外合租公寓,每月约 210 欧元,一般有 60 平方米的使用面积,2 间卧室,可供 4 人住宿,但不含水、电费和税等其他费用。

(3)生活费。一般情况下,一名留学生在匈牙利一个月所有的生活费大概在 500～700 欧元。

整体而言,留学匈牙利的花费比其他欧盟国家要经济划算很多。

匈牙利留学申请条件和签证技巧

匈牙利留学申请条件

(1)匈牙利高等教育教学严谨,但入学门槛却不高,不需要高考成绩,无具体语言要求,高中及同等学力或以上学历即可申请本科,大专、本科及同等学力可申请读研究生。同时,授课语言均为匈牙利语,学生在学习专业知识的同时,还能够掌握一门语言技能。

(2)报名者须填写所申请大学(学院)及预科班的报名表。

（3）已成功地通过入学考试。

（4）缴纳第一学年的学费，如未能成功来匈牙利，大学（学院）将全额退还所交学费（报名费及考试费不退还）。

（5）申请签证者持有的护照应至少还有两年的有效期。

（6）经过公证及中国外交部认证的高中毕业证（须有英文译本）。

（7）不超过 30 天的体检证件（包括艾滋病病毒试验）。

（8）所报名的大学（学院）发出的录取函，此函须注明：申请签证者参加过考试并成绩合格，已交付第一学年的学费，学校将为学生安排住宿。

📖 匈牙利签证技巧

匈牙利为欧盟国家，签证为申根签证，可畅游欧洲。匈牙利留学签证所需资料如下：

（1）学校申请表。

（2）最高学历公证件。

（3）最高学历成绩单公证件。

（4）英语水平证明或其复印件。

（5）如已工作，2 封推荐信。

（6）6 张近期护照照片，背面写上名字。

（7）健康证书。（国际预防接种证书，国际旅行健康证明书）

（8）护照及复印件。

（9）无犯罪公证件。

（10）出生公证件。

（11）父母声明公证。

（12）银行存款证明。

（13）人简历（单页）。

（14）学校申请费用。

（15）学校的录取通知书及住宿安排计划。

注意：以上材料都必须经过外交部和匈牙利使领馆的认证。

将以上材料送交匈牙利驻华使领馆，签证官会对学生申请进行评估。最快一周可给出结果，一般会在 14 天之内给出接受申请的通知或直接批准的结果。

匈牙利驻华使领馆

地　　址	邮　编	电　话
北京市三里屯东直门外大街 10 号	100600	010-6532 1431

出国行前准备及入境禁忌早知道

📖 出国行前准备

（1）登机前，要根据匈牙利当地四季气候状况携带衣物。春、秋雨季须随时准备雨衣或雨具。夏季则可穿着轻便的服饰，6—8月的夏季季节气候十分温和，温度约在27℃。冬季则寒冷，尤以1月最为酷寒，冬季宜穿着厚重盖头的御寒大衣保暖。

（2）联络接机一定要记住尽量提前。学校一般都会提前安排接机服务，如果学生是准备住在学校宿舍，学校会安排有关人员到指定机场接机；如果学生住寄宿家庭，一般是由将入住的家庭派人接机；如果学生是通过留学中介办理的，在学生出发前，中介都会帮助学生安排好接机事宜，学生只需随身带好接机人的联系方式，万一航班误点可以到了目的地机场后与接机人及时取得联系。

（3）申请宿舍要尽早。如果学校提供住宿，在没有熟人的情况下，最好选择住学校宿舍，作为过渡阶段。等基本适应当地的生活和学习后，可考虑按照自己的生活方式选择其他的住宿形式。

（4）一旦遇到困难可以联系在读学校的事务局或国际学生服务处。有关签证办理的事项找移民局，当你的人身安全受到威胁或者在当地发生法律纠纷等事情时可以向中国驻当地大使馆求助。

（5）出境前携带的现金总额不能超过5000美元，建议带2000美元左右即可，最好带旅行支票或汇票，既方便又安全。到目的地后再开一张银行卡，将带的钱存到附近银行。

📖 入境禁忌早知道

（1）匈牙利是申根成员国之一，并完全采用申根成员国通用法规。申根签证及入境规定仅适用于不超过90天的短期居留。超过90天的长期居留的规定将按照本国法律施行。

（2）匈牙利的公共交通设施。匈牙利的大众运输系统可说是欧洲最好的运输系统之一，尤其是首都布达佩斯。由BKV经营的大众运输工具——市郊电车、公车、市区电车和触轮式电车，出行十分便捷。值得注意的是，这里行车车速普遍很快，因此必须遵守交通规则，注意红绿灯，走人行横道，无交通信号灯的地方必须慢行并举手示意。公共交通工具如地铁、公汽、电车等均无人售票，应主动及时买票。留学生可以享受学生优惠票价。